国家社会科学基金项目（21BJL101）

知识产权贸易促进国内国际循环有效联动：动力机制与激励政策

顾晓燕 ◎ 著

中国财经出版传媒集团

经济科学出版社

Economic Science Press

·北 京·

图书在版编目（CIP）数据

知识产权贸易促进国内国际循环有效联动：动力机制与激励政策／顾晓燕著 . -- 北京：经济科学出版社，2024.9. -- ISBN 978 - 7 - 5218 - 6336 - 9

Ⅰ. F113.3

中国国家版本馆 CIP 数据核字第 2024WN6885 号

责任编辑：孙丽丽　胡蔚婷
责任校对：杨　海
责任印制：范　艳

知识产权贸易促进国内国际循环有效联动：动力机制与激励政策
顾晓燕　著
经济科学出版社出版、发行　新华书店经销
社址：北京市海淀区阜成路甲 28 号　邮编：100142
总编部电话：010 - 88191217　发行部电话：010 - 88191522
网址：www. esp. com. cn
电子邮箱：esp@ esp. com. cn
天猫网店：经济科学出版社旗舰店
网址：http：//jjkxcbs. tmall. com
北京密兴印刷有限公司印装
710×1000　16 开　18.75 印张　290000 字
2024 年 9 月第 1 版　2024 年 9 月第 1 次印刷
ISBN 978 - 7 - 5218 - 6336 - 9　定价：78.00 元
（图书出现印装问题，本社负责调换。电话：010 - 88191545）
（版权所有　侵权必究　打击盗版　举报热线：010 - 88191661
QQ：2242791300　营销中心电话：010 - 88191537
电子邮箱：dbts@ esp. com. cn）

代　序

　　党的十九届五中全会提出了"加快构建以国内大循环为主体、国内国际双循环相互促进的新发展格局"的重大战略部署，强调"以创新驱动、高质量供给引领和创造新需求"。当今全球产业链供应链加速重组，我国产业关键环节被"卡脖子"以及制造关键环节仍受制于人的窘境依然存在。知识产权贸易一头连着生产技术端，一头连着消费市场端，集技术研发创新、产品市场渠道和产业战略发展为一体，与核心技术突破、产业链现代化水平、消费升级关系密切，能够促进"双循环"有效联动。因此，在全球产业布局分散化和区域化加速调整、中国参与新一轮经济全球化的方式可能发生重大转变的背景下，研究知识产权贸易促进国内国际循环有效联动的动力机制与激励政策，对于有效推动知识产权贸易增强国内国际产业的协同性、实现区域间有序的产业分工合作、巩固中国全球价值链中心节点位置具有重要的理论与实践参考价值。

　　本书是金陵科技学院顾晓燕教授团队在其主持的国家社会科学基金项目"知识产权贸易促进国内国际循环有效联动的动力机制和激励政策研究"的基础上，经过修改、丰富和完善而形成的一部佳作。在学术思想方面，将知识产权贸易视为畅通经济循环的核心节点，以经济循环的起点和终点，即生产和消费为切入点，构建"技术－市场"两维度分析体系，剖析知识产权贸易与国内国际循环相互促进的关联性，为双循环有效联动的相关研究提供新的分析框架；同时，"两头在外"以国际循环为主的发展格局主要利用生产要素的成本优势，双循环新发展格局下的经济发展则需依托高端生产要素培育技术创新竞争优势，研究知识产权贸易对双循环有效联动的作用，为新发展格局下培育国际合作与竞争新优势的相关研究提供了新的分析视角。在学术观点方面，知识产权贸易集技术研发创新、产品市场渠道和产业战略发展为一体，在全球价值链分工模式下融合了"技术垄断"下的研制创新和"市场竞争"下的贸易发展。技术端、市场端共同发力是提升知识产权贸易对双循环有效联动的促进效应的关键，基于"技术－市场"维度，本书从技术端的要素配置优化、技术创新协同、产业结构升级，市场端的市场消费催生、需求引领倒逼、消费能力提升等方面提出知识产权贸易促进国内国际循环有效联动的动力机制，学术观点具有新颖性。在研究方法方面，第一，基于全球价值链视角，通过构建耦合协调度模型，测算了国内国际循环有效联动水平，从而较为科学准确地把握"双循环"有效联动的具体情况。第二，利用社会网络分析法测算了知识产权国际贸易网络指数。在此基础上，利用 TOPSIS 多属性决策法，对知识产权国际贸易网络情况进行综合评价，得到知识产权国际贸易网络拓扑结构指数，这是对利用社会网络分析法对知识产权国际贸易网络指数进行测算的进一步拓展。在影响因素识别方面，通过构建半参数模型和面板门槛模型就知识产权国际贸易对双循环有效联动可能存在的非线性关系进行检验，得到更加稳健的结论。第三，通过构建 IPT－ELDIC 系统动力学模型，开创性地从整体、系统、动态视角对国内国际双循环有效联动开展最优化探索，克服了静态分析或结构化范式研究的局限性。第四，在案例研究方面，基于扎根理论，对恒瑞与华为两个企业的知识产权贸易进程及促进国内外循环有效联动的激励策略进行了由下而上的概念提取、范畴归纳与理论建构，具有案例研究方法与过程上的创新性，为后续激励策略的具体化政策体系提出建立了坚实的实践基础。

本书紧扣时代背景，从知识产权贸易视角审视国内国际循环有效联动，研究立意深远，视角新颖独特，研究内容丰富，研究方法科学，论证逻辑严密，理论实践并举，是具有突出现实价值的力作。通过该书，我们可以深刻理解知识产权贸易影响国内国际循环有效联动的逻辑机理、知识产权贸易对国内国际循环有效联动具有重要推动作用，同时也启示我们在知识产权贸易如何促进国内国际循环有效联动上进行更深层次的思考。该书体现了笔者严谨的治学态度，但书中难免还存在疏漏之处，欢迎学术界同仁批评指正，共同完善知识产权贸易与国内国际循环有效联动的后续研究。

刘厚俊

2024 年 8 月

前　言

　　党的十九届五中全会明确提出要加快构建以国内大循环为主体、国内国际双循环相互促进的新发展格局，党的二十大报告进一步强调要增强国内大循环内生动力和可靠性，提升国际循环质量和水平。双循环新发展格局既强调基于要素融通以实现高质量供给的国内大循环，亦重视基于市场融通以实现高水平开放的国际大循环。知识产权贸易一头连着生产、技术端，一头连着消费、市场端，与核心技术突破、产业转型、消费升级、外贸竞争优势重塑等密切相关，能够在高质量供给和高水平对外开放中促进双循环有效联动。但从目前理论研究和实践现状来看，知识产权贸易促进国内国际循环有效联动的理论基础和现实依据还未充分梳理夯实；其作用机理和动力机制还缺乏基于理论层面的明确建构；相关影响效应有待求证和检验；知识产权贸易促进国内国际循环有效联动的激励策略和政策实施更是亟待从实践层面清晰呈现。以上问题的研究对知识产权贸易促进国内国际循环有效联动的实现具有重大意义，也是本书着力研究的主要内容。

　　第一部分，知识产权贸易促进国内国际循环的理论基础。分别对知识产权贸易和国内国际双循环的现有理论文献进行了汇总、梳理和比较，深入探究了双循环投入产出模型、比较优势理论相关模型和知识产权贸易基础理论的前沿发展、核心逻辑，内在关联，为本书奠定了必要的理论基础。第二部分，知识产权贸易促进国内国际循环的现实依据。从狭义和广义两个视角对知识产权国内国际贸易现状及发展规律进行了梳理，对我国知识产权贸易竞争地位进行综合研判，廓清了现阶段国内国际知识产权贸易发展的总体格局和宏观视野，为后续理论及实证研究建立了重要的现实基础。第三部分，知识产权贸易促进国内国际循环有效联动的作用机理。首先，从生产端着重探讨知识产权贸易助推创新链高级化、产业链现代化、供应链安全化以及供给侧高端化，对推动国内循环以及以更高水平融入国际循环的作用机理。其次，从消费端着重探讨知识产权贸易引致的进口溢出效应、出口倒逼效应、外资提质效应、内贸扩容效应，对提高国内供给能力、推动国内循环结构升级以及实现更高水平对外开放的作用机理。第四部分，知识产权贸易促进国内国际循环有效联动的动力机制。首先，由供给侧出发，基于"技术"维度，从要素配置优化、技术创新协同及产业结构升级视角分析知识产权贸易对国内国际循环有效联动的动力机制；其次，由需求侧出发，基于"市场"维度，从市场消费催生、需求引领倒逼及消费能力提升视角分析知识产权贸易对国内国际循环有效联动的动力机制；再次，从"技术–市场"视角综合分析动力机制，创新性总结提出了提升国内国际循环质量水平的内生动力及外生推力。第五部分，知识产权贸易对国内国际循环有效联动影响效应的论证和检验。第一，立足知识产权国内贸易，探讨并验证知识产权国内贸易对国内国际循环有效联动的影响及可能存在的异质性，进一步采用空间滞后模型和空间误差模型对理论假说进行逻辑一致性的空间计量检验。第二，立足知识产权国际贸易，基于一般视角和网络视角分别探究及检验知识产权国际贸易对国内国际循环有效联动的影响、作用机制及可能存在的异质性，采用社会网络分析法、空间杜宾模型、TOPSIS 多属性决策等方法进行实证检验。第三，进行知识产权贸易促进国内国际循环有效联动的系统动力学仿真，从整体、系统和动态视角分析知识产权贸易与国内国际循环有效联动之间的动态反馈机制，探索两者之间的动态演化关系，从系统动力学的维度对影响效应进行仿真检验。第六部分，知识产权贸易促进国内国际循环有效联动的激励策略及政策体系。首先，基于跨案例研究框架，运用扎根理论研究知识产权贸易促进国内国际循环有效联动的激励策略。激励策略分别为规模经济效应激励策略、技术进步效应激励策略与创新生态系统效应激励策略。规模经济效应激励策略以实现国内大循环为目标、技术进步效应激励策略以实现高质量创新为目标、创新生态系统效应激励策略以实现高水平开放为目标。以策略目标为导向，分别从创新驱动政策体系、统一大市场政策体系和高水平开放政策体系三个层面提出具体政策建议。

本书是金陵科技学院顾晓燕教授主持的国家社会科学基金一般项目"知识产权贸易促进国内国际循环有效联动的动力机制和激励政策研究"的研究成果。项目组在理论研究和理论应用方面做出了积极的探索，对现有双循环理论和知识产权贸易相关理论进行了丰富、深化和拓展，具有一定的理论指导意义。理论研究与实证分析都进一步强化了知识产权国内贸易与知识产权国际贸易的一体化发展，对双循环新发展格局下对外贸易高质量发展、创新发展、内外贸一体化发展乃至实现贸易强国和知识产权强国的战略调整、政策制定和政策选择，均有一定的借鉴意义。本书无论是对于宏观与微观层面更好地联通国内国际两个市场、更有效地利用国内国际两种资源，还是更好地促进双循环有效联动都具有一定的指导意义和应用价值，对我国重塑国际竞争新优势，推动经济高质量发展具有重要实践参考价值。感谢项目组成员朱玮玮、罗茜、陶静、薛平平、杨红、赵迪、王原雪、田家林、刘丽、李忠海对本书所作的贡献。本书撰写过程中虽尽力做到数据充分，资料翔实，但难免存在疏漏之处，敬请广大读者批评指正，在此谨致感谢！

Contents 目录

第一章

绪　论

第一节　研究背景及意义

一、研究背景

自改革开放以来，中国积极融入全球化浪潮，实现了经济高速增长，但由于全球化发展动能大幅减弱，中国经济增长面临外需大幅萎缩的发展危机和内部经济循环不畅的问题，这一局面已严重阻碍了中国国际竞争力的持续提升。面对新变局，党的十九届五中全会明确提出要加快构建以国内大循环为主体、国内国际双循环相互促进的新发展格局，强调"以创新驱动、高质量供给引领和创造新需求"。党的二十大报告进一步提出要"增强国内大循环内生动力和可靠性，提升国际循环质量和水平"。从双循环新发展格局的根本意义来看，其既强调基于要素融通以实现高质量供给的国内大循环，亦重视基于市场融通以实现高水平开放的国际大循环。知识产权贸易作为高质量供给和高水平对外开放的重要体现，一头连着生产技术端，另一头连着消费市场端，展现了一国的科技创新能力、产业发展能力和国际竞争能力。知识产权贸易与产业创新、核心技术突破、消费升级、竞争优势重塑等密切相关，能够在高质量供给和高水平对外开放中促进双循环有效联动（顾晓燕等，2023）。

二、研究意义

（一）理论意义

从双循环与知识产权贸易两个维度出发，基于投入产出模型、比较优势理论与超边际分析、信息不完全专有性与"诺德豪斯－斯乐"模型、外部性理论、技术差距理论与生命周期理论、内生增长理论、国家竞争优势理论等相关理论构建了知识产权贸易促进国内国际循环有效联动的理论框架。基于在以上理论研究和理论应用方面所做出的积极探索，研究成果是对现有双循环理论和知识产权贸易相关理论的丰富、深化和拓展，具有一定的理论指导意义。

（二）实践意义

在深刻剖析相关理论基础上，探讨知识产权贸易现状和演变规律，并进行比较分析，有助于研判中国知识产权贸易的真实水平；探寻知识产权贸易促进国内国际循环有效联动的动力机制与激励政策，有助于积极探索知识产权贸易和国内国际循环有效联动的战略重点及调整方向。研究成果无论是对于宏观与微观层面更好联通国内国际两个市场、更有效利用国内国际两种资源，还是更好地促进双循环有效联动都具有一定的实践指导意义和应用价值，对我国重塑国际竞争新优势，推动经济高质量发展具有重要实践指导意义。

（三）政策意义

2019 年 11 月中共中央、国务院发布《关于推进贸易高质量发展的指导意见》，2020 年 11 月国务院办公厅又印发《关于推进对外贸易创新发展的实施意见》，2021 年国务院办公厅印发《关于促进内外贸一体化发展的意见》，知识产权贸易是对外贸易高质量发展、创新发展的重要体现，理论与实证分析都强化了知识产权国内贸易与知识产权国际贸易的一体化发展，因此，对双循环格局下对外贸易高质量发展、创新发展、内外贸一体化发展乃至实现贸易强国的战略调整、政策制定和政策选择，均有一定的参考价值。

第二节　文献回顾及述评

一、文献回顾

（一）知识产权贸易的相关研究

"知识产权贸易"的相关研究一直备受国内外学者的关注，已经取得了一些成果。从内涵上来看，知识产权贸易主要包含狭义和广义两层含义。首先，狭义的知识产权贸易，指的是以知识产权为标的的贸易，例如专利许可服务贸易、商标许可贸易、版权贸易，等等（代中强，2007）。专利许可与转移能促进科技创新成果在不同区域、不同企业之间的转化应用，增强技术创新能力，弥补技术缺口或者实现技术重组，专利许可获取的研发资源是技术创新的直接来源（Li and Rizzo，2020）。学者们对狭义的知识产权贸易竞争力进行了国别比较，中国狭义知识产权贸易长期以来处于逆差状态，贸易竞争力与美国等发达国家相比，还有一定差距。其次，广义知识产权贸易，指的是同时还包括含有知识产权的产品的贸易，例如高附加值、高科技产品（李浩，2005）。含有知识产权的产品的贸易能够促进创新链－产业链－市场链的有效衔接，促进了自主创新，决定了一国在全球价值链中的分工位置，是企业创新能力的重要体现，是推动创新驱动战略实施、推动贸易大国转向贸易强国的重要标志（顾晓燕等，2018）。知识产权密集型产业的发展是提升产业竞争力的重要举措（王黎莹等，2018），是知识产权贸易的重要支撑。

针对知识产权贸易，学者们更多的是从国际层面探讨知识产权贸易活动涉及的法律问题，如知识产权保护、知识产权摩擦和知识产权贸易壁垒等（宋渊洋等，2022；曹璋等，2020）。研究定性较多，而基于定量角度研究知识产权贸易特征的相关研究则较少。但随着知识产权贸易在国际贸易中发挥着越来越重要的作用，国内学者开始尝试采用知识产权国际贸易数据探讨全球知识产权贸易的网络特征。段德忠等（2019a）利用全球知识产权贸易量数据探讨了"一带一路"沿线国家的知识产权贸易网络结构和演化过程。段德忠等（2019b）基于全球知识产权进出口贸易额数据，探讨了各国知识产权或技术贸易网络格局和时空的演化特征。

（二）国内国际双循环的相关研究

从世界范围来看，大型经济体依托国内大市场开展国际大循环是一个普遍规律，但随着国际国内环境发生复杂深刻的变化，过度依赖国际大循环的发展战略的弊端凸显。针对这一现状，习近平总书记提出新发展格局的全新发展模式，其思想内涵主要为：以国内大循环为主体、国内国际双循环相互促进的新发展格局（马艳等，2022）。一方面，新发展格局要求以国内大循环为主体，加快关键核心技术攻关，打造自主可控现代产业体系；另一方面，新发展格局要求国内国际双循环相互促进，国内需求的形成及有效供给有赖于国际供应链与产业链的协同，国际领先技术的获得也需融入全球创新链（江小涓和孟丽君，2021）。

新发展格局需要实现供给与需求在更高水平和更高层次上的动态平衡（沈坤荣和赵倩，2020）。首先，在供给侧动力方面，葛扬和尹紫翔（2021）认为，"双循环"新发展格局的建构需要建立在供给侧结构性改革的基础之上。企业技术创新有利于推动国内大循环的形成，自主创新是经济循环畅通的关键（黄群慧和倪红福，2021），以自主创新促进产业链现代化水平的提升，以全球价值链、产业链、供应链的融入促进高水平对外开放，通过发展国内价值链、塑造国际品牌，巩固和提升我国内循环和外循环的比较优势（顾晓燕等，2023）。其次，需求侧动力方面，消费升级是拉动经济增长的最稳定力量，能倒逼产业结构优化以及制造业转型升级，发挥国内超大市场规模优势，形成规模庞大的内需体系，推进我国内需结构的合理化和高级化，将巨大的内需潜力转变成经济高质量发展的内生动力（顾晓燕等，2023）。

在新发展格局思想的指引下，国内学者首先就国内循环和国际循环的科学内涵进行了深刻的讨论。基于循环的角度，刘志彪（2020）指出国内循环是指投资－生产－分配－流通－消费环节形成的循环。张涛等（2021）则从流通环节对国内循环的内涵进行界定，认为国内循环为人口、货物和信息等多种要素的流通。随后，学者们从国家边界的角度对国内循环的内涵进行更为细致的界定。陈普和傅元海（2022）认为国内循环为商品生产、流通和消费均在本国内部发生的经济循环。与之相对应，国际循环是指一国生产产品需要借助国外力量，如，从国外进口原材料或出口至国外完成制造或最终产品被国外市场消费（黎峰，2022）。李俊锋和李鲲鹏（2022）则从更广义的角度对国内循环和国际循环的内涵进行了界定，认为国内循环包含本地消费和本地投资，国际循环则主要由一国的国际贸易、外商直接投资和对外直接投资构成。

在界定国内循环和国际循环科学内涵的基础上，国内学者针对国内循环和国际循环的测算进行了广泛的探索。丁晓强和张少军（2022）首次从分布格局和依存强度等层面分别构建国内循环和国际循环指标，基于中国省际层面投入产出表探讨了中国国内循环和国际循环的分布结构及地位。就国际层面来看，黄群慧等（2021）通过构建国内循环和国际循环模型，利用全球投入产出表测算了其指数。在此基础上，陈昌兵（2022）在构建供给和需求层面的国内循环和国际循环测算框架的基础上，依据全球投入产出表测算了 1995～2018 年中国的国内循环和国际循环发展情况。

关于国内循环和国际循环之间逻辑关系的研究，现有文献关于国内循环和国际循环之间关系的探讨多是认为二者之间是相互影响、相互促进的关系。实际上，如果从需求的角度对国内循环和国际循环的内涵进行界定，认为国内循环和国际循环分别为国内需求和国外需求的话，在早期的新经济理论中，则早就对国内市场需求与出口规模之间的关系进行了讨论。新经济地理理论强调，在规模收益递增、垄断竞争和存在运输成本的情况下，拥有较大市场需求规模的地区也是净出口地区。此结论意味着，本国市场需求规模扩大可以促进其出口规模增长（宋大强和朱帆，2017），即外部需求增加。随后，国内外学者从国内需求（即：本地市场需求）角度讨论了其驱动国外需求（即：进出口贸易）发展的主要逻辑。有学者认为这种由国内需求引发国外需求的主要驱动机制在于位于本地的国内生产商在开放经济下的自选择行为（Melitz，2003）。与此同时，国际贸易对国内需求的影响却存在着争议。一方面，由于净出口对国内支出造成较大影响，出口贸易的发展会削弱内需与总产出变化之间的联系（郭强等，2021）。另外，国外循环条件的变化也会通过激发国内市场过度竞争导致国内非出口企业全要素生产率下降（靳玉英，2022）；另一方面，进出口贸易通过产品竞争、市场化改革和劳动力就业效应等，促进了国内经济发展和国内循环（李惠，2022）。综上所述，上述研究确定了双循环中国内循环对国际循环的重要推动作用，国内循环与国际循环存在相互影响、相互作用的关系。

随着研究的深入，学者们更多地将国内循环和国际循环视为一个整体，分别从耦合协调度、空间关联性以及有效联动等方面探讨了国内循环与国际循环之间的联动关系。代表性文献有，赵文举和张曾莲（2022）通过构建国内循环和国际循环耦合协调度模型测算了1999～2019年中国国内循环与国外循环之间的耦合协调度水平，探讨了双循环联动情况的分布动态、空间差异及收敛情况。基于中国省际投入产出表，刘秀玲等（2023）在修正传统进出口依存度测算方法的基础上，探讨了中国省级国内循环和国际循环的空间关联特征。

（三）知识产权贸易对国内国际循环有效联动影响的相关研究

以国内循环和国际循环内涵的科学阐述以及国内循环和国际循环水平的有效测算作为基础，学者们针对国内循环和国际循环以及二者之间有效联动的驱动因素进行了热烈的讨论。国内学者认为国内循环主要受国内消费、产业结构、税收竞争和区域创新能力等因素影响（周小柯等，2022），国际循环主要受国际贸易及技术引进等影响（张曾莲和邓文悦扬，2022）。如果将国内循环和国际循环视为相互联系、相互促进的系统来看，一方面，国家间构建的国际经贸关系是驱动双循环新发展格局布局形成的主要原因（杨盼盼等，2022），其中交易效率持续提高是驱动"以国内循环为主体、国内国际双循环相互促进"的核心力量（宋德勇和文泽宙，2022）。另一方面，有文献认为，国际环境和国内经济发展阶段演变是导致双循环有效联动的主要原因（江小涓和孟丽君，2021）。国际环境演变主要是指逆全球化、新冠肺炎疫情和贸易保护主义等，国内经济发展阶段变化主要是指供给侧改革和社会主义现代化等因素（王一鸣，2020）。宋德勇和文泽宙（2022）认为高水平的技术进步是驱动双循环有效联动不可或缺的重要因素，而知识产权贸易作为衡量国际技术转移的重要指标，对技术输出国和输入国分别有着巨大的经济和技术溢出效应（冯志刚等，2022）。

综上所述，目前关于知识产权贸易与"双循环"有效联动的直接研究文献尚很缺乏，但已有围绕以下四个方面的知识产权贸易研究与"双循环"问题具有一定程度的相关性，因而能够为"知识产权贸易促进国内国际循环有效联动研究"提供有益借鉴和启发（顾晓燕等，2023）。

第一，知识产权贸易与技术创新。知识产权贸易已经成为国际贸易的一种主要形式和竞争手段，体现了一个国家的创新能力（宋林和张永旺，2018），技术创新是畅通"双循环"的关键。

第二，知识产权贸易与供给体系。"双循环"要求提升供给体系对国内需求的适配性，知识产权贸易能助推高质量供给体系的构建（顾晓燕和朱玮玮，2022）。中国在全球知识和技术合作中已经担当起大国的角色，成为了全球创新网络枢纽国（Branstetter et al.，2018），开展知识产权贸易能够有效连接国际市场的创新网络与高水平科技供给，推进"双循环"的联动互促（顾晓燕等，2023）。

第三，知识产权贸易与产业体系。中国已经深度嵌入国际分工体系，通过参与国际合作与竞争能有效促进产业技术的升级、产业体系的健全（Tian et al.，2019）。与劳动力和资本要素相比，技术要素的循环更能有效推动产业升级，而知识产权贸易是推动技术要素循环的重要抓手（谭志雄等，2022）。"双循环"的核心是加快建设高质量现代产业体系，知识产权贸易能有效促进创新链产业链的衔接（顾晓燕等，2018），助推现代产业体系建设。

第四，知识产权贸易与消费升级。消费升级是推动国内大循环的关键，激发消费潜力，刺激消费需求，是有效协调国内循环和国际循环的重要手段（朱孟晓和田洪刚，2022）。知识产权贸易能带动消费升级，消费升级引领产生的高水平需求不仅会倒逼国内的产业结构升级，带动国内大循环，也会增加对国外高端产品的需求，实现国内循环和国际循环的相互促进（顾晓燕等，2023）。

二、研究述评

综上所述，现有成果对本研究的深入展开具有重要参考意义，但是仍存在一些亟待解决的理论与实践问题。主要体现在：

第一，国内外关于知识产权贸易的研究要么侧重于狭义知识产权贸易研究，探讨其对内生经济动力的牵引作用，要么侧重于探索适应经济社会发展和国际竞争力提升的知识产权保护引致技术创新的机制保障问题，缺乏基于全球新一轮国际经贸规则变革重构背景下知识产权贸易对国内国际双循环联动的动力机制的考察和实证研究。

第二，当前围绕双循环新发展格局的内涵、现实逻辑、战略意义的研究较为深入，但是针对双循环新发展格局下知识产权贸易驱动国内国际循环有效联动的激励政策和实施路径仍不清晰。

第三，现有文献对知识产权国际贸易的研究较多，忽视了对知识产权国际贸易和国内贸易之间的动态联动机制的考察，忽视了知识产权国内贸易与国际贸易的一体化推进。

第四，目前定量研究以狭义知识产权贸易为主，缺乏广义知识产权贸易的定量研究，影响了知识产权贸易对双循环有效联动实证检验结果的精准性和科学性。

知识产权贸易是促进创新链、供应链、产业链、价值链四链融合，形成高质量供给体系，畅通国内国际双循环的重要抓手。如何有效利用专利许可、专利转让等集成国内外专利技术，形成知识产权合力，助推完备产业链的构建？如何利用知识产权贸易有效提高中高端供给，引领创造新需求？如何利用知识产权贸易激发国内需求潜力和促进更高水平开放，实现双循环有效联动？如何从技术和市场维度挖掘知识产权贸易促进双循环有效联动的动力机制？如何聚焦广义知识产权贸易，实证检验促进效应，提出激励政策？可见，本书有广阔的研究空间。

第三节 研究内容及方法

一、研究内容

本书着力围绕以下几个问题展开：第一，梳理理论基础建立理论依据；第二，分析特征事实建立现实依据；第三，揭示知识产权贸易促进国内国际循环有效联动的作用机理；第四，探索知识产权贸易促进国内国际循环有效联动的动力机制；第五，论证知识产权贸易对国内国际循环有效联动的影响效应；第六，提出知识产权贸易促进国内国际循环有效联动的激励策略；第七，提出知识产权贸易促进国内国际循环有效联动的政策体系，详见图 1-1。

第一章 绪论。阐述了研究背景、研究意义、研究内容、研究方法、创新之处以及研究不足。

第二章 知识产权贸易促进国内国际循环有效联动的理论基础。从国际国内双循环和知识产权贸易两个维度，对现有理论文献进行梳理、汇总和比较，深入探究投入产出模型、比较优势理论与超边际分析、信息不完全专有性与"诺德豪斯-斯乐"模型、外部性理论、技术差距理论、生命周期理论、内生增长理论、国家竞争优势理论等相关理论的前沿发展和核心逻辑，充分挖掘其与本书的内在关联，为本书奠定必要的理论基础。

第三章 知识产权贸易的特征事实分析。从狭义和广义两个视角对知识产权国内国际贸易现状及发展规律进行梳理，对我国在全球知识产权贸易发展格局中的竞争地位进行综合研判。本章廓清了现阶段国内国际知识产权贸易发展的总体格局和宏观视野，为后续理论及实证研究建立重要的现实基础。

第四章　知识产权贸易促进国内国际循环有效联动的作用机理。分别从生产端和消费端出发探讨其作用机理。首先，考虑到知识产权贸易可以集成专利技术以及高技术含量的中间品，从生产端着重探讨知识产权贸易助推创新链高级化、产业链现代化、供应链安全化以及供给侧高端化，对推动国内循环以及以更高水平融入国际循环的作用机理。其次，从消费端着重探讨，知识产权贸易引致的进口溢出效应、出口倒逼效应、外资提质效应、内贸扩容效应，对提高国内供给能力、推动国内循环结构升级以及实现更高水平对外开放的作用机理。

第五章　知识产权贸易促进国内国际循环有效联动的动力机制。结合作用机理分析，基于技术和市场维度深入剖析知识产权贸易促进国内国际循环有效联动的动力机制。首先，由供给侧出发，基于"技术"维度，从要素配置优化、技术创新协同及产业结构升级视角理论与实证分析知识产权贸易对国内国际循环有效联动的动力机制。其次，由需求侧出发，基于"市场"维度，从市场消费催生、需求引领倒逼及消费能力提升视角理论与实证分析知识产权贸易对国内国际循环有效联动的动力机制。最后，从"技术－市场"视角综合分析动力机制，创新性总结提出了提升国内国际循环质量水平的内生动力及外生推力。

第六章　知识产权国内贸易对国内国际循环有效联动影响的实证检验：基于一般视角。立足知识产权贸易的国内贸易，基于中国省际面板数据，探讨知识产权国内贸易对国内国际循环有效联动的影响及可能存在的异质性，并进一步构建面板门槛回归模型，对上述影响的非线性特征进行实证检验。

第七章　知识产权国内贸易对国内国际循环有效联动影响的实证检验：基于空间视角。采用空间自相关分析方法，分析知识产权国内贸易、国内国际循环有效联动的时空动态演变特征。在充分考虑知识产权国内贸易、国内国际双循环有效联动可能具有空间关联性的条件下，提出理论假说，采用空间滞后模型和空间误差模型控制可能的空间溢出效应，对理论假说进行逻辑一致性的空间计量检验。

第八章 知识产权国际贸易对国内国际循环有效联动影响的实证检验：基于一般视角。首先，基于理论分析，通过构建半参数模型和面板门槛模型就知识产权国际贸易对国内国际双循环有效联动可能存在的非线性关系进行检验；其次，构建空间杜宾模型就知识产权国际贸易对国内国际双循环有效联动可能存在的空间溢出关系进行验证。

第九章 知识产权国际贸易对国内国际循环有效联动影响的实证检验：基于网络视角。首先，在理论分析的基础上，将社会网络分析法与空间杜宾模型结合，从网络关系视角实证检验知识产权国际贸易网络扩张对国内国际"双循环"有效联动的影响。其次，利用 TOPSIS 多属性决策法，对知识产权国际贸易网络扩张情况进行综合评价，得到知识产权国际贸易网络拓扑结构指数。进而，利用 3SLS 法等对知识产权和国际贸易网络拓扑结构对国内国际循环有效联动的影响进行实证检验。

第十章 知识产权贸易促进国内国际循环有效联动的系统动力学分析。从知识产权贸易影响国内国际双循环有效联动的动态反馈机制视角，选取知识产权贸易为研究对象，对知识产权贸易促进国内国际双循环有效联动作用机制进行系统动力学仿真分析。主要在知识产权贸易通过技术和市场两条通道促进国内国际循环有效联动理论分析和实证检验的基础上，借助 Vensim 软件，从整体、系统和动态视角分析知识产权贸易与国内国际循环有效联动之间的动态反馈机制，探索两者之间的动态演化关系。

第十一章 跨案例研究框架下知识产权贸易促进国内国际循环有效联动的激励策略研究。对恒瑞与华为知识产权贸易促进国内国际循环有效联动的激励策略进行基于扎根理论的跨案例研究。研究发现，激励策略分别为规模经济效应激励策略、技术进步效应激励策略与创新生态系统效应激励策略。规模经济效应激励策略的目标是实现国内大循环，重点是要扩大知识产权贸易规模，构建统一大市场政策体系。技术进步效应激励策略的目标是实现高质量创新，重点是提高知识产权贸易质量，完善创新驱动政策体系。创新生态系统效应激励策略是实现高水平开放，重点是要降低知识产权贸易系统风险，构建高水平开放的政策体系。

第十二章 知识产权贸易促进国内国际循环有效联动的政策体系分析。

提出知识产权贸易促进国内国际循环有效联动的政策体系，包括创新驱动政策体系、统一大市场政策体系和高水平开放政策体系。创新驱动政策体系从提升企业和产业层面的知识产权贸易质量，建立重要技术领域知识产权贸易优势的角度提出相关政策建议。统一大市场政策体系重点在于通过要素、功能与效率方面的政策协同扩大知识产权贸易规模，构建统一大市场以促进国内国际循环有效联动。高水平开放政策体系旨在通过多主体间的高质量协同创新，构建良好的创新生态环境，从而降低知识产权贸易风险，实现高水平开放，助推国内国际循环有效联动。

二、研究方法

（一）文献研究法

文献研究法主要指搜集、鉴别、整理文献，并通过对文献的研究形成对事实的科学认识的方法。本书从国内国际双循环和知识产权贸易两个维度，对现有理论文献进行梳理、汇总和比较，深入探究相关理论的前沿发展和核心逻辑，充分挖掘其与本书的内在关联，为本书奠定必要的理论基础。此外，在政策研究部分，通过对大量政策文献的研究提炼对策建议，也是对文献研究方法的应用。

（二）统计描述法

描述统计是通过图表或数学方法，对数据资料进行整理、分析，并对数据的分布状态、数字特征和随机变量之间关系进行估计和描述的方法。本书运用数据分析和图表分析对知识产权贸易的特征事实进行了梳理，廓清了现阶段国内国际知识产权贸易发展的总体格局和宏观视野，为后续理论及实证研究建立重要的现实基础。

（三）比较分析法

比较分析法是通过对比分析客观事物，从而认识事物本质和发展规律，并进行正确评价和决策的方法。研究多处采用了比较分析法，例如从狭义和广义两个视角比较分析知识产权贸易现状和演变规律，并与其他国家进行横向比较研究，再如案例研究中对恒瑞和华为两个企业的知识产权贸易发展进程以及促进国内国际循环有效联动激励策略的比较分析。

（四）理论分析法

采用了逻辑演绎分析方法，分别从生产端推演分析创新链高级化、产业链现代化、供给链安全化、供给侧高端化与国内国际循环有效联动的作用机理；从消费端推演分析进口溢出效应、出口倒逼效应、外资提质效应、内贸扩容效应拉动消费增长推动国内循环以更高水平嵌入国际循环的作用机理。

（五）实证研究法

采用了多种实证研究方法，在指标测算方面，利用社会网络分析方法对知识产权国际贸易网络进行测算；利用 TOPSIS 多属性决策法对知识产权国际贸易网络结构进行综合评价。构建了半参数模型和参数模型，如面板门槛模型和空间计量模型等对解释变量与被解释变量之间存在的因果关系进行识别。通过构建 IPT – ELDIC 系统动力学模型，从整体、系统、动态视角对国内国际双循环有效联动开展最优化探索。

（六）质性研究法

质性研究是在自然情境下，采用多种资料收集方法（访谈、观察、实物分析），对研究现象进行深入的整体性探究。采用了跨案例研究和扎根理论研究两种质性研究方法，并将二者融合应用。首先建立跨案例研究框架，选择恒瑞和华为两个目标案例，其次运用扎根理论研究方法归纳知识产权贸易发展进程，推演促进国内国际循环有效联动的激励策略以及实施路径，为相关政策的提出确立战略目标。

技术路线如图 1 – 1 所示。

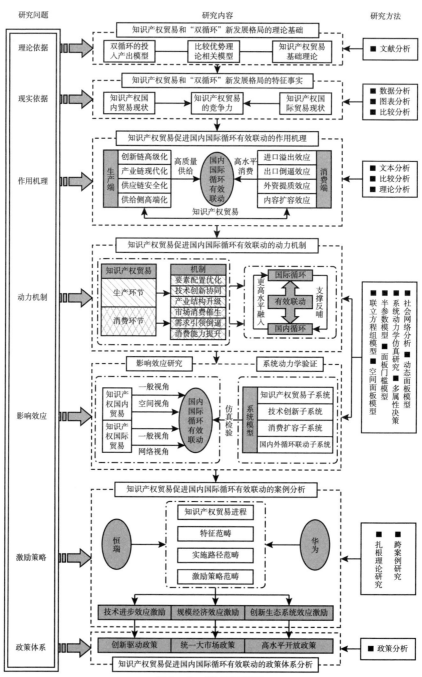

图1-1　技术路线图

第四节 创新之处及不足

一、创新之处

（一）学术思想方面的特色和创新

一方面，将知识产权贸易视为畅通经济循环的核心结点，以经济循环的起点和终点，即生产和消费为切入点，构建了"技术—市场"两维度分析体系，剖析知识产权贸易与国内国际循环相互促进的关联，为双循环有效联动的相关研究提供了新的分析框架；另一方面，"两头在外"以国际循环为主的发展格局主要利用生产要素的成本优势，双循环新发展格局下的经济发展则需依托高端生产要素培育技术创新竞争优势，研究知识产权贸易对双循环有效联动的作用，为新发展格局下培育国际合作与竞争新优势的相关研究提供了新的分析视角。

（二）学术观点方面的特色和创新

知识产权贸易集技术研发创新、产品市场渠道和产业战略发展为一体，在全球价值链分工模式下融合了"技术垄断"下的研制创新和"市场竞争"下的贸易发展。技术端、市场端共同发力是提升知识产权贸易对双循环有效联动的促进效应的关键，基于"技术—市场"维度，从技术端的要素配置优化、技术创新协同、产业结构升级，市场端的市场消费催生、需求引领倒逼、消费能力提升等方面提出知识产权贸易促进国内国际循环有效联动的动力机制，学术观点具有新颖性。

（三）研究方法方面的特色和创新

在指标测算方面，第一，基于全球价值链视角，通过构建耦合协调度模型，测算了国内国际循环有效联动水平，从而较为科学准确地把握"双循环"有效联动的具体情况。第二，利用社会网络分析法测算了知识产权国际贸易网络指数。在此基础上，利用 TOPSIS 多属性决策法，对知识产权国际贸易网络情况进行综合评价，得到知识产权国际贸易网络拓扑结构指数，是对利用社会网络分析法对知识产权国际贸易网络指数进行测算的进一步拓展。在影响因素识别方面，通过构建半参数模型和面板门槛模型就知识产权国际贸易对双循环有效联动可能存在的非线性关系进行检验，得到更加稳健的结论。第三，通过构建 IPT – ELDIC 系统动力学模型，开创性地从整体、系统、动态视角对国内国际双循环有效联动开展最优化探索，克服了静态分析或结构化范式研究的局限性。第四，在案例研究方面，基于扎根理论，对恒瑞与华为两个企业的知识产权贸易进程及促进国内外循环有效联动的激励策略进行了由下而上的概念提取、范畴归纳与理论建构，具有案例研究方法与过程上的创新性，为后续激励策略的具体化政策体系提出建立了坚实的实践基础。

（四）研究内容方面的特色和创新

基于广义层面的知识产权贸易内涵，对知识产权国内贸易、国内国际双循环有效联动的空间动态演变特征进行了多角度分析，是研究内容的创新。基于国际分工和比较优势等理论，从"技术—市场"维度构建知识产权贸易驱动双循环联动治理机制创新的理论框架。在此基础上，分别从供给侧和需求侧层面识别知识产权贸易促进国内国际循环有效联动的动力机制，为知识产权贸易驱动国内国际循环有效联动的形成机理进行理论剖析，为影响因素和作用路径识别研究做铺垫，为实现新格局发展目标提供一个全新的分析框架。

二、研究不足

第一，关于知识产权国际贸易网络指数测算方面，只使用度数中心性和接近中心性指数衡量了知识产权国际贸易网络扩张情况，未来可以考虑将更多网络指数纳入分析，以更全面地衡量知识产权国际贸易网络扩张水平。第二，在测算知识产权国际贸易网络结构指数时，仅使用了 TOPSIS 法对知识产权国际网络度数中心性和接近中心性进行综合评价，没有考虑多个指标之间的权重分配问题，未来可使用熵权 – TOPSIS 法对该指标测算进行优化，以更全面衡量知识产权国际贸易网络结构情况。第三，在对双循环有效联动效率进行测算时，使用了耦合协调度模型。耦合协调度模型通常被用于分析系统复杂性，以确定系统中各部分之间的相互作用是否和谐以及整体运行效率，未来可以进一步利用非参数估计法，如数据包络分析法对双循环效率进行估算，以期验证结果的稳健性。

第二章

知识产权贸易促进国内国际循环
有效联动的理论基础

知识产权贸易是促进国内循环与国际循环有效联动的重要手段，要分析其背后的动力机制，首先需要对相关理论进行详尽的梳理，奠定研究基础。本章着重从国内国际双循环和知识产权贸易两个角度总结相关前沿理论，包括国内国际双循环的投入产出模型、比较优势理论相关模型，以及知识产权贸易的基础理论。

第一节　双循环的投入产出模型

投入产出核算是目前国际通行的国民核算体系的重要组成部分，投入产出模型作为多部门线性经济模型，描述了线性世界中的生产与分配关系。在国内国际双循环的相关研究中，投入产出模型是较常被使用的一种规范的理论分析方法，也是本书从全球价值链视角测算国内国际循环有效联动水平的理论基础之一。

一、投入产出模型的基础理论

国民经济的生产过程就是以一定的投入，通过技术转换为产出的过程。投入产出法可以通过编制投入产出表，借助线性代数工具构建投入产出数学模型，来研究国民经济各部门间的投入产出依存关系。如表 2 - 1 所示，投入产出表的基本结构由四个象限构成，反映了国民经济部门间的生产、分配和消耗的平衡关系。其中，列向分为中间投入和初始投入（增加值），表示国民经济生产过程中投入及其构成；行向则分为中间产品和最终产品，表示国民经济中产品的产出及分配使用去向。具体从象限来看，中间投入与中间使用交叉构成第一象限，反映了部门间的关联性，称为中间产品象限；中间投入与最终使用交叉构成第二象限，反映了各部门产品的最终使用情况，称为最终产品象限；初始投入（增加值）与中间使用交叉构成第三象限，反映了各部门消耗的最初投入情况，称为初始投入象限；最终初始投入（增加值）与最终使用交叉构成第四象限，目前虽然已有很多研究，但是仍未得到很好的解释，较公认的观点是其反映了国民经济生产中的再分配问题。

表 2 - 1　　　　　　　　　　　　简化的投入产出表

项目		中间使用				最终使用				总产出
		部门1	部门2	…	部门n	消费	资本形成	出口	最终使用合计	
中间投入	部门1	x_{ij}				C_i	K_i	E_i	Y_i	X_i
	部门2									
	…									
	部门n									
增加值	劳动者报酬	W_j								
	固定资产折旧	D_j								
	税利	M_j								
	增加值合计	N_j								
总投入		X_j								

投入产出法的发明者列昂惕夫（Leontief，1966）先后对投入产出表展开了大量的深入研究，其中产业关联度和波及效应模型应用最为广泛，主要用以反映国民经济各产业部门间投入产出依存关系和作用力。列昂惕夫的投

入产出分析方法是从引入系数开始的，这样就将核算框架转化成了一种可用于国民经济分析的经济模型。

（1）直接消耗系数，也称为直接投入系数（direct input coefficient）、直接需求系数（direct requirements coefficient）或者技术系数（technical coefficient），指生产单位某产品对另一产品的消耗量，用来反映各产业部门间和产品间的直接经济关联。公式为：

$$A_{ij} = \frac{x_{ij}}{X_j} \quad (i, j = 1, 2, \cdots, n) \tag{2.1}$$

其矩阵形式可以表示为：

$$A = \begin{bmatrix} A_{11} & \cdots & A_{1n} \\ \vdots & \ddots & \vdots \\ A_{n1} & \cdots & A_{nn} \end{bmatrix} \quad (n = 1, 2, \cdots) \tag{2.2}$$

式（2.1）中，直接消耗系数 A_{ij} 表示生产一单位 j 产品所需要直接消耗的 i 产品数量，两部门间依赖程度越高，A_{ij} 的值就越大；A 为直接消耗系数矩阵，X_j 表示 j 部门的总投入。

（2）完全消耗系数，指某产品每生产一单位最终产品对另一产品的完全消耗量，其数值为直接消耗系数与全部间接消耗系数之和。

在产品的生产过程中，各部门间除了直接消耗关系，还存在间接关联，完全消耗系数就是用以反映产业部门间这种直接和间接关系的重要概念。如果用完全消耗系数 $\bar{b}_{ij}$ 表示生产每单位最终产品 j 需要直接和间接消耗 i 产品的数量，则可以用 $\bar{B}$ 表示完全消耗系数矩阵。公式为：

$$\bar{B} = (I - A)^{-1} - I \tag{2.3}$$

其中，$(I - A)^{-1}$ 被称为里昂惕夫逆矩阵，即完全需求系数矩阵，用 B 表示，其矩阵表达形式为：

$$B = (I - A)^{-1} = \begin{bmatrix} b^{11} & \cdots & b^{1n} \\ \vdots & \ddots & \vdots \\ b^{n1} & \cdots & b^{nn} \end{bmatrix} (n = 1, 2, \cdots) \tag{2.4}$$

其中，b_{ij} 称为最终需求系数或者是追加需求系数，是里昂惕夫逆矩阵 $(I - A)^{-1}$ 的第 i 行 j 列的值，表示 j 部门必须提供的全部产品量。

根据投入产出表，即可建立投入产出模型：

$$Ax + y = x \qquad (2.5)$$

不难推导出，当最终产品需求变化 Δy 时，各部门产出因此将间接变化的数量 Δx_{IE} 可以表示为：

$$\Delta x_{IE} = ((I - A)^{-1}) \Delta y \qquad (2.6)$$

（3）影响力系数。更进一步，在投入产出分析中，通常用影响力系数来反映国民经济中某部门每增加一单位最终使用对各部门产生的拉动力。影响力系数的值越大，该部门成为主导产业的可能性就越大。影响力系数 $U_{\cdot j}$ 的公式为：

$$U_{\cdot j} = \frac{\sum\limits_{i=1}^{n} b_{ij}}{\frac{1}{n} \sum\limits_{j=1}^{n} \sum\limits_{i=1}^{n} b_{ij}} = \frac{B_{\cdot j}}{\overline{b}} \qquad (2.7)$$

具体地，当影响力系数 $U_{\cdot j} > 1$ 时，表示 j 部门对其他部门的影响力超过国民经济平均水平，且该系数的值越大，表示 j 部门对其他部门的拉动作用就越明显；影响力系数 $U_{\cdot j} = 1$ 时，表示 j 部门对其他部门的影响力相当于国民经济平均水平；当影响力系数 $U_{\cdot j} < 1$ 时，表示 j 部门对其他部门的影响力不及国民经济平均水平，且该系数的值越小，表示 j 部门对其他部门的拉动作用越不明显。

（4）感应度系数。同时，在投入产出分析中，通常还会用感应度系数来反映国民经济中某部门每增加一单位初始投入对各部门产生的推动力。感应度系数的值越大，该部门成为瓶颈产业的可能性就越大。感应度系数 $U_{i\cdot}$ 的公式为：

$$U_{i\cdot} = \frac{\sum\limits_{j=1}^{n} b_{ij}}{\frac{1}{n} \sum\limits_{j=1}^{n} \sum\limits_{i=1}^{n} b_{ij}} = \frac{B_{i\cdot}}{\overline{b}} \qquad (2.8)$$

具体地，当感应度系数 $U_{i\cdot} > 1$ 时，表示各部门对 i 部门的需求超过国民经济平均水平，且该系数的值越大，表示 i 部门受到其他部门的影响就越明显；感应度系数 $U_{i\cdot} = 1$ 时，表示各部门对 i 部门的需求相当于国民经济平均水平；当影响力系数 $U_i. < 1$ 时，表示各部门对 i 部门的需求不及国民经济平均水平，且该系数的值越小，表示 i 部门受到其他部门的影响就越不明显。

影响力系数与感应度系数的波动反映了各生产部门间的相互关联程度，可以借助变异系数来进一步分析，即：

$$V_{i.} = \frac{\sqrt{\mathrm{Var}_j(b_{ij})}}{B_{i.}}, \quad V_{.j} = \frac{\sqrt{\mathrm{Var}_i(b_{ij})}}{B_{.j}} \tag{2.9}$$

在投入产出基本模型的基础上，国内学者构建了较为规范的国内国际双循环研究体系，探索了国内国际双循环的测度方法，极大地推进了国内国际双循环的理论研究进程。

二、国内国际双循环的度量方法

近年来，基于投入产出模型的全球价值链测度研究取得了突破性的进展。库普曼（Koopman et al., 2014）提出了增加值贸易核算的统一框架，就此搭建起了传统贸易统计与国民经济核算的桥梁。王等（Wang et al., 2017）进一步在生产分解的框架下将增加值分解为国内价值链活动和国际价值链活动。鉴于增加值贸易核算方法所涉及的要素投入、中间品生产活动、最终品消费活动，与国民经济循环的生产、分配、流通、消费环节形成了很好的对应关系，国内部分学者开始尝试将增加值贸易核算方法引入国内循环和国际循环的测度研究之中（王欠欠和田野，2022）。

基于世界投入产出模型，陈全润（2022）以中国经济对国内、国外最终需求的依存度，度量了中国参与国内循环和国际循环的相对程度；黄仁全和李村璞（2022）测度了国内国际双循环的依存度、关联度和感应度，并从增加值率变化效应、结构变化效应、最终品产出变化效应等角度探索了经济增长动力；陆江源等（2022）在区分了最终需求地理区位后，构建了国际、国内（省外）、国内（省内）循环的测度框架。

进一步地，部分学者将生产过程的国际联系纳入了研究，引入了对全局 Leontief 逆矩阵的分解，即当生产过程跨境时，其对应的 GDP 应算作国际循环部分。在相关研究中，黄群慧和倪红福（2021）对 Leontief 逆矩阵进行结构分解，黎峰（2021）借助局部 Leontief 逆矩阵和全局 Leontief 逆矩阵将一国总产出分解为国内循环和国际循环，建立了能够清晰区分市场目的地和资源来源地的国内国际循环研究方法。

在上述研究的基础之上，王欠欠和田野（2022）借鉴王等（Wang et al.，2017）将增加值按价值链活动类型分解的研究方法，从生产活动所涉及的区位和最终需求的去向两个维度对一国 GDP 进行分解，测度其对国内循环和国际循环的贡献，构建了全球价值链视角下的国内国际循环测度框架。表 2-2 展示了该模型下 G 国 N 部门的国家间投入产出关系。

表 2-2　　　　　　　　典型的 G 国 N 部门的国家间投入产出

项目		中间使用				最终使用				总产出
		国家 1	国家 2	…	国家 G	国家 1	国家 2	…	国家 G	
中间投入	国家 1	Z_{11}	Z_{12}	…	Z_{1G}	Y_{11}	Y_{12}	…	Y_{1G}	X_1
	国家 2	Z_{21}	Z_{22}	…	Z_{2G}	Y_{21}	Y_{22}	…	Y_{2G}	X_2
	…	…	…	…	…	…	…	…	…	…
	国家 G	Z_{G1}	Z_{G2}	…	Z_{GG}	Y_{G1}	Y_{G2}	…	Y_{GG}	X_G
增加值		VA_1	VA_2	…	VA_G					
总投入		$(X_1)'$	$(X_2)'$	…	$(X_G)'$					

表中元素 Z_{SR} 表示 S 国对 R 国的中间品出口，是 N×N 维的矩阵；VA_S 表示 S 国总增加值，是 1×N 维的行向量；元素 X_S 表示 S 国各部门的总产出，是 N×1 维的列向量；元素 Y_{SR} 表示 S 国向 R 国出口的最终品，是 N×1 维的列向量。

可定义直接消耗系数矩阵 $A_{SR} = \dfrac{Z_{SR}}{X_R}$，表示 R 国每生产 1 单位产出所需的 S 国中间品投入；总增加值系数矩阵 $V_S = \dfrac{VA_S}{X_S}$，表示 S 国每生产 1 单位产出所需的 S 国总初始投入价值。

为简化模型，以下公式先省略前述下标。将总产出的中间品使用去向区分为本国使用和国外使用（即出口），将最终需求区分为本国使用和国外使用用，可以将总产出行向平衡方程表示为：

$$X = AX + Y = A_L X + Y_D + A_F X + Y_F \tag{2.10}$$

其中，下标 L 表示本国，F 表示国外。A_L 表示每生产一单位产出时需要的本国中间品价值，是本国中间投入系数的对角分块矩阵；A_F 表示每生产一单位产出时需要的国外中间品价值，是国外投入系数的非对角分块矩阵；$A_F X$ 即中间品出口，且 $A_F = A - A_L$。Y_D 表示本国消耗的最终需求；Y_F 表示出口到国外消耗的最终需求；且 $Y_D + Y_F = Y$。

用 B 表示里昂惕夫逆矩阵，即 $B = (I - A)^{-1}$。进一步推导，不难得出：

$$BY = (I - A_L)^{-1} Y_D + (I - A_L)^{-1} Y^F + (I - A_L)^{-1} A_F BY$$
$$= L Y_D + L Y_F + L A_F BY \tag{2.11}$$

其中，$L = (I - A_L)^{-1}$ 为本国里昂惕夫逆矩阵，继续将（2.10）式左乘对角化后的增加值系数，即可得到生产分解基本模型：

$$GDP = \hat{V} BY = \hat{V} L Y_D + \hat{V} L Y_F + \hat{V} L A_F BY \tag{2.12}$$

其中，GDP 是 GN×1 维的列向量，其元素表示各部门增加值，将一国所有部门的增加值加总即可得到该国的国内生产总值。$\hat{V} L Y_D$ 表示增加值中用于国内消费的最终产品生产的本国中间品生产所投入的部分；$\hat{V} L Y_F$ 表示增加值中用于出口的最终产品生产的本国中间品生产所投入的部分；这些生产活动全部位于一国经济领土之内，不涉及跨境，称为本国价值链活动的增加值。$\hat{V} L A_F BY$ 表示增加值中用于出口到国外进行下游生产的本国中间品生产所投入的部分，这些生产活动需要跨境协作，称为国际价值链活动的增加值。

以上理论为国内国际循环的度量提供了规范的研究方法，是研究知识产权贸易促进国内国际循环有效联动的重要理论基础，本书第八章的国内国际双循环联动指标测度即建立在"投入—产出"模型基础之上。

第二节　比较优势理论相关模型

比较优势理论最早由大卫·李嘉图在其代表作《政治经济学及赋税原

理》中提出，此后赫尔普曼和克鲁格曼（Helpman and Krugman，1987），以及格罗斯曼和赫尔普曼（Grossman and Helpman，1991）等学者，引入了产品差异、规模经济等概念，逐步构建了动态比较优势理论，并在杨小凯（Yang and Borland，1991）等学者的研究中，向经济内生增长等领域进一步拓展。比较优势理论阐述了产业内贸易的形成机制，是国际贸易理论的核心内容。基于该理论，有学者采用超边际分析方法（宋德勇和文泽宙，2022），深化了国内国际双循环的经济内涵。

一、比较优势理论的研究进展

赫尔普曼和克鲁格曼（1987）最早将规模经济分析引入比较优势理论，构建了一个垄断竞争模型，将平均成本定价和自由进入作为基本条件，并认为市场规模与规模报酬的相互作用内生决定了产品的多样性。在传统比较优势理论中，比较优势是外生的。赫尔普曼和克鲁格曼一方面肯定了传统的外生比较优势理论的重要意义，认为由于国际贸易是由比较优势而非绝对优势决定的，因此生产率相对落后的国家仍然可以在理论与实际中保持贸易平衡；另一方面，他们同时也指出，在现实经济中，比较优势往往是后天获得的，即是内生的。这些源于外部经济和规模经济的内生比较优势决定了一国高新技术产业的国际贸易地位。贸易能够为消费者提供更加丰富的商品选择，而自给自足式的经济模式则会限制产品的多样性。消费者需求的变化会促使厂商改进规模效率，进而在规模经济的作用下建立其在国际贸易中的优势地位。如果一国厂商能够在本国占据较大的市场份额，那么由此形成的优势能够帮助该厂商在国际市场上获得竞争力，换言之，国内市场体量能够影响一国的国际比较优势（Krugman，1980）。

格罗斯曼和赫尔普曼（1991）基于研究与开发（R&D）的视角进一步发展了比较优势理论，将其由静态分析扩展到动态分析，构建了一个基于国际贸易与产品创新的多国动态一般均衡模型。在该模型的假设条件下，生产商开发新产品会产生资源成本；新产品不能完全替代老产品，利率、价格和贸易模式会随着商品数量增加而跨期演进；前瞻性的生产者会引导研发资金进入有获利潜力的市场；产业内贸易受制于研发支出，产业间贸易受制于资源禀赋；研发活动可以通过国际资本流动实现融资，并可能伴随跨国公司的出现。相较于此前文献中比较优势理论的静态分析（Krugman，1979；Dixit and Norman，1980）和动态分析（Krugman，1979；Dollar，1986），格罗斯曼和赫尔普曼既有所继承，又极大地推动了理论的发展。他们在研究中提出，资源流向研发部门会导致差异化和同质化产品的生产，形成沿着贸易均衡动态路径的赫克歇尔—俄林（H-O）贸易模式，并产生比较优势。

杨小凯和博兰（Yang and Borland，1991）从专业化水平演变和劳动分工增长与经济增长之间的关系视角，拓展了内生比较优势理论。他们指出了新古典主流理论的弊端，解释了经济体从个体自力更生状态向群体专业化高效率劳动分工状态演化的内在动因，并在静态一般均衡经济的基础上，建立了包含专业化劳动分工的动态一般均衡过程模型，完善了斯密与扬格（Anyn Young）关于"经济增长源于劳动分工演变"的思想。杨小凯和博兰认为内生比较优势水平取决于劳动力专业化分工水平，只要劳动分工发展到足够高度，且进一步劳动分工的潜力依然存在，社会人均收入的增长率就会随着时间的推移而提高，从而促进经济增长。在这个过程中，随着劳动分工的演化，垄断力量会累积到生产者手中，从而加快了人力资本积累和技术变革，提高了贸易依存度和内生比较优势。在杨小凯和博兰的内生比较优势理论框架中，他们将劳动者个体的专业化水平内生化，并将经济增长与专业化内生积累联系起来，认为劳动分工的演进能够扩大市场范围，创造经济增长。因此，经济增长不仅是资源配置问题，同时也是经济组织演进问题，劳动分工促进了个体代理人专业化水平的提高，扩大了市场范围和多样化消费偏好，最终呈现出交易成本和贸易水平的动态竞争均衡，以及无期限帕累托最优的存在，使得所有经济活动的收益都在增加。杨小凯和博兰的比较优势理论模型为国内贸易和国际贸易双循环有效联动提供了基础理论支撑。当一个国家劳动分工发达、知识产权贸易繁荣、生产规模大时，人口规模往往小于商品数量，此时国际贸易成为国内贸易的自然延伸，国内贸易和国际贸易的收益都来自内生比较优势。

克莱里达和芬德莱（Clarida and Findlay，1992）在比较优势理论中引入了政府的作用，认为政府在科研、教育、通信、交通等领域的干预能够提升企业的生产率。公共产品和公共工程的投入建设能够为政府经济部门、社会大众和私营企业带来利好，但由于公共产品的非竞争性和非排他性，私营企业更倾向于"搭便车"，只想从公共投入和公共工程中获益，而缺乏投资一般公共项目或向公众提供公共产品的意愿，因此只能由政府承担起提供公共产品的重要角色。

随后，具备相似要素禀赋的发达国家间的产业内贸易不断扩大。多勒尔和沃尔夫（Dollar and Wolff，1993）从规模经济的视角对这一现象进行了比较优势理论解释，认为技术差异使得发达国家的贸易模式具有更高的专业化水平，以美国、日本、德国为代表的发达国家出口产品中高科技产品比重较大，此类产品的生产过程需要更高的研发投入。与此同时，多勒尔还指出，技术差异更适合用于解释短期比较优势，现阶段的专有技术最终会成为国际性公共产品；就长期比较优势而言，训练补充性技术劳动力、推出新技术则更为重要。

进入 21 世纪之后，比较优势理论的研究视角得以进一步扩展。例如，格罗斯曼和麦吉（Grossman and Maggi，2000）从劳动力多样性视角构建了一个具有相似综合要素禀赋的国家之间的竞争性贸易模型，该模型反映了两国劳动力中人才分布的差异性，以及这种差异性对国家出口贸易中商品类型的影响和对国家之间贸易比较优势以及国际贸易量的影响。在格罗斯曼和麦吉构建的竞争性贸易模型框架下，劳动力多样性相对较低的国家，其出口产品所包含的生产技术主要反映出劳动力多样化的互补性；而劳动力多样性相对丰富的国家，其出口产品所包含的生产技术则主要反映出劳动力多样化的替代性。劳动力多样性相对较低的国家更容易实现高效率的生产组织；优秀人才占比更大的异质人力资本国家，其在对优秀人才更敏感的产业领域具有较为明显的比较优势，且优秀人才的不完全可观测性增强了这种比较优势的力量。此外，费希尔和卡卡尔（Fisher and Kakkar，2004）基于进化博弈理论构建了比较优势的演化模型，并发现比较优势是开放经济进化过程的长期结果。费希尔和卡卡尔的这一发现将适者生存原则引入世界贸易领域、并将自然选择淘汰低效企业的现象正式概念化。基于此，他们建议各国根据自身比较优势进行专业化，以促进世界经济贸易稳定发展。

二、国内国际双循环的比较优势超边际分析

新兴古典经济学在贸易组织结构分析中的应用，为研究分工视角下的国内国际双循环贸易结构提供了方向指引。有学者将超边际分析引入国内国际双循环的比较优势研究之中，拓展了国内国际双循环理论的边界。

宋德勇和文泽宙（2022）借鉴萨克斯（Sachs，2000），以及杨和张（Yang and Zhang，2003）的模型思想，构建了一个包括两个国家和两种产品的、具有内生和外生比较优势的新兴古典模型，并采用超边际分析法论证了国内国际双循环贸易结构的形成机制和经济效益。该模型假设国家 1 在低端产品 x 上具有比较优势，而国家 2 在高精尖产品 y 上具有比较优势，产品同质且两个国家之间存在贸易往来。国家 i 有 m_i（i = 1，2）个事先相同的消费者 - 生产者，同时假定该集合足够大，并且国家 1 的人口规模大于国家 2，即 $m_1 > m_2$。

国家 i 的代表性消费者 - 生产者的效用函数为：

$$U_i = (x_i + k_i x_i^d)^\delta (y_i + k_i y_i^d)^{1-\delta} \quad k_i \in [0, 1] \quad (2.13)$$

其中，x_i 表示个人对产品 x 的自给量；x_i^d 表示个人对产品 x 的市场需求量；y_i 表示个人对产品 y 的自给量；y_i^d 表示个人对产品 y 的市场需求量；δ 表示对商品的偏好；k_i 表示国家 i 具有冰山交易成本性质的交易效率系数，即扣除了商品由于存储成本、运输成本和延误运输等损失的价值后的剩余价值。

两国的代表性消费者 - 生产者的生产函数为：

$$x_1^p = x_1 + x_1^s = l_{1x}^\alpha \quad y_1^p = y_1 + y_1^s = a l_{1x}^\beta \quad (2.14)$$

$$x_2^p = x_2 + x_2^s = l_{2x}^\gamma \quad y_2^p = y_2 + y_2^s = l_{2y}^\theta \quad (2.15)$$

其中，x_i^s 表示国家 i 中个人对产品 x 的市场供给量；y_i^s 表示国家 i 中个人对产品 y 的市场供给量；l_{ix} 表示产品 x 的劳动投入量，l_{iy} 表示产品 y 的劳动投入量，并假定具有个人劳动禀赋约束 $l_i = l_{ix} + l_{iy} = 2$。$\alpha$、$\beta$、$\gamma$、$\theta$ 表示

专业化经济程度，当其大于 1 时，表示该产品是专业化经济的。为简化模型，令 $\alpha = \theta > 1$，且 $\beta = \gamma \leqslant 1$，即国家 1 的产品 x 与国家 2 的产品 y 具有相同的专业化经济水平，并且具有内生比较优势。式（2.14）中的 a 为技术进步系数，鉴于国家 1 在产品 y 上具有外生比较优势，所以 a > 1。

国家 i 中的代表性消费者 – 生产者的预算约束为：

$$P_x(x_i^d - x_i^s) + P_y(y_i^d - y_i^s) = 0 \qquad (2.16)$$

进一步，对上述构建的模型进行超边际分析①可以得出，贸易结构不断升级的核心驱动力量来自交易效率提高引起的分工演进，与此同时，人口规模扩大和技术进步将共同推进形成国内国际双循环相互促进、以国内循环为主体的贸易结构。

第三节　知识产权贸易基础理论

探索知识产权贸易对国内国际循环有效联动的促进作用，还需以知识产权贸易的相关理论为基础。信息不完全专有性理论、外部性理论等经济学基础理论，以及波斯纳的技术差距理论、生命周期理论、内生增长理论、国家竞争优势理论等国际贸易基础理论等，均为本书提供了重要的理论基础。

一、经济学基础理论

（一）信息不完全专有性与"诺德豪斯 – 斯乐"模型

知识产权贸易的经济学理论研究最早可以追溯至阿罗（Arrow，1962）的"信息不完全专有性"理论，该理论被认为是现代知识产权经济理论的萌芽。阿罗认为信息产品有别于正常产品，将信息市场失灵归因于非专有

---

① 详细的超边际分析过程参见宋德勇和文泽宙发表于《经济学动态》2022 年第 7 期的论文《双循环的贸易分工逻辑与经济效益》。

性、递增收益和不确定性，并提出扣除信息传递成本，信息应免费为公众提供，以此达到福利的最大化，达到信息的最优使用。但是，这样却会产生另一个问题，即激励研发投入与信息最优使用之间的矛盾。在自由贸易的市场经济环境下，企业通过运用发明来创造产权和经济价值。由于正外部性效应的存在，社会效益将大于信息所有者的收益，知识的创造或被抑制。另外，如果给予信息所有者该信息的垄断权，则会极大地损害公众福利。"信息不完全专有性"理论为知识产权贸易的理论研究提供了思路，让知识的创造、扩散与社会福利的关系得到了重视，并由此奠定了将知识产权引入资源配置方式的理论研究基础。

随后，诺德豪斯（Nordhaus，1969）在阿罗"信息不完全专有性"分析的基础之上，开创了专利制度政策的经济学理论分析，进一步探究了知识产权保护的最适期限。他构造了一个不完全信息代数模型，将发明者看作追求利润最大化的企业，发明则是企业的产品，企业可以在一定的专利保护期内赚取较多的利润以弥补研发投入，公众则可以在保护期结束后享受低价产品的社会福利，最优的专利政策应该使得边际静态效率损失与边际动态收益相等。此后，斯乐（Scherer，1972）借助几何模型从理论上完善了诺德豪斯的观点。他支持将专利保护期限纳入法律范畴，作为调节知识产权的政策工具，通过专利保护期限来协调发明者和社会公众的获利，进而实现社会最优，同时指出，专利保护的最适期限出现在边际社会损失（降低专利保护期限所导致的发明者获利损失）与边际社会收益（专利垄断期减少所产生的公众福利增长）的相交点。上述诺德豪斯和斯乐关于知识产权的经济学分析被称为"诺德豪斯—斯乐模型"，是专利保护期限领域的经典理论。

"信息不完全专有性"与"诺德豪斯—斯乐模型"为研究知识产权贸易提供了一个规范的基本分析方法。在国际贸易中，知识产权保护缺失可能导致研发投入不足，创新乏力；知识产权保护过度可能导致企业垄断，妨碍新技术扩散，影响社会福利水平；而适度的知识产权保护则能够在鼓励创新的同时，促进全球福利增长（钱馨蕾，2020）。

（二）外部性理论

马歇尔（Marshall，1898）曾在其经典著作《经济学原理》一书中提出，集聚经济能够产生技术外部性，使相关从业者从中获益。其学生，被称为"福利经济学之父"的庇古（Pigou，1912）在上述观点的基础之上，从福利经济学视角探究了经济外部性问题，构建了"外部性理论"，该理论也成为知识产权保护制度和知识产权贸易的理论基础。庇古将外部性作为企业技术投入的影响因素纳入模型，研究发现，在政府不干预的情况下，受外部经济影响，厂商的边际社会成本与边际私人成本存在差异，竞争性厂商并不会选择社会最优的技术投入水平。罗默（Romer，1986）的后续研究进一步印证了这一结论。

外部性亦称作"溢出效应"，指某个人或某一群人的行动与决策使他人受益或受损的情况，分为正外部性和负外部性。通常情况下，知识的研发成本高、潜在利润大，并且具有典型的非竞争性和非排他性，知识的生产者即无法排斥他人对知识的零成本复制，知识具有非常强的正外部性。要应对知识正外部性可能导致的知识生产者与公众利益冲突问题，通常有补贴和明晰产权两种措施。

当政府提供个人补贴时，原本由知识正外部性导致的社会边际收益大于个人边际收益的问题得到有效缓解，二者趋于一致。此时增加知识供给是一种次优选择，个人收益将趋近于社会最优水平。但是，作为政府干预市场的一种手段，补贴这种调控行为也存在很多弊端。政府补贴行为涉及生产者、消费者、政府三方主体，各主体间信息往往不对称，无法避免交易和监督成本高的天然缺陷。而建立市场规则，明确知识产权，让交易双方在市场机制下作出决策，则能够达到市场最优。

新制度主义经济学家科斯（Coase）认为，外部性导致市场资源配置效率低下的原因在于产权不明，无法确定谁应当对外部性付费或从中获利，其相关思想被后来学者概括为"科斯定理"（Stigler，1966），即"只要产权明晰，且交易成本很小或不存在，则无论将产权在期初赋予哪一方，交易的双方总能够通过协商使得资源配置达到帕累托最优"。对应知识外部性的问题，科斯定理提供了一种通过明晰知识产权，促使交易双方协商、合作，将知识外部性内部化的解决思路。

二、国际贸易理论

（一）技术差距理论与生命周期理论

技术差距理论（Technological Gap Theory），又称技术差距模型，其最早由美国学者波斯纳（Posner，1961）提出。波斯纳认为技术是一种生产要素，并将技术这一生产因素引入国际贸易领域。技术差距理论认为国家之间的技术差距是引起国际贸易的一个原因，该理论探讨了技术的产生、发展和传播是如何推动国际贸易，是国际技术贸易的理论基础。技术差距理论建立在比较优势理论的经济假设之上，将技术视为独立于资本与劳动的第三种生产要素，并且技术水平是不断进步的，不同国家和地区间的技术差距是产生国际技术贸易的直接原因。技术领先国拥有技术密集型产品，具有技术竞争优势，通常是国际贸易的出口国；技术落后国缺乏技术竞争优势，往往是技术密集型产品的进口国，其会通过模仿和创新不断缩小与技术先进国的技术差距，贸易最终会随着技术先进国的技术优势消失而结束。可见技术的变动受到时间因素的影响，故而技术差距理论亦可视作"赫克歇尔－俄林（H－O）"理论的动态扩展。

技术差距发生在由新技术产生到国际贸易结束这一时间段，波斯纳将这一时间段称为"模仿时滞"。"模仿时滞"包括三个阶段，即：需求时滞、反应时滞和掌握时滞。其中，"需求时滞"阶段不发生国际贸易，仅指从新产品问世到进口国对新产品产生需求；"反应时滞"阶段发生国际贸易，指从新产品问世到进口国仿制，贸易流向为技术领先国向技术落后国；"掌握时滞"阶段发生国际贸易，指从进口国仿制到进口国出口，技术落后国最终具备了该产品的出口能力。知识产权保护能够抑制技术的溢出，限制技术落后国的模仿，进而拉长"反应时滞"和技术领先国的获利时长。但是，对技术落后国来说，则更希望技术先进国降低知识产权保护力度，从而加快技术扩散速度，获得模仿新产品的机会。正是这种冲突让知识产权保护在经济水平不同的国家和地区呈现出差异化，并导致贸易摩擦频发，尤其在知识产权贸易愈发兴盛的背景下，国际贸易形势也变得更加复杂。技术差距理论为分析当前的知识产权贸易趋势，探讨知识产权贸易如何促进国内国际循环有效联动提供了重要的理论基础。

弗农（Vernon，1966）对技术差距理论进行了完善，提出了生命周期理论。该理论认为，产品生命会经历形成、成长、成熟、衰退四个阶段。相同产品在不同国家所处的生命周期不同，导致了国家间的比较优势差异，为国际贸易和国际投资的产生创造了条件。知识产权保护措施能够将发达国家的先进技术转化成比较优势，在延长新产品生命周期的同时，推迟发展中国家掌握新技术的进程，让发达国家有更长的时间从新产品出口贸易中获利。生命周期理论和技术差距理论为分析当前的知识产权贸易趋势，探讨知识产权贸易如何促进国内国际循环有效联动提供了重要的理论基础。

（二）内生增长理论

在此前很长一段时间，知识产权贸易理论与经济增长理论是独立发展的。直到 20 世纪末，以罗默（Romer，1990）、格罗斯曼和赫尔普曼（1991）、阿格因和豪伊特（Aghion and Howitt，1992）等为代表的一众学者，将知识产权保护引入了内生增长理论，在模型中讨论专利制度对市场结构和经济增长的影响，建立了知识产权贸易理论与经济增长理论融合的起点，这其中的关键点就在于"技术进步"。与以往将技术进步视作外生变量的新古典增长理论不同，内生增长理论将其内生化，纳入了生产函数，考虑保护技术进步的制度因素，即知识产权制度的最优解。

通常情况下，技术进步不是偶然发现的，而是特定经济活动产生的结果，一般源于"干中学"和研发活动。阿罗（1962）认为知识是一种具有"溢出效应"的公共品，并最早提出了"干中学"这一概念，即人们在从事生产活动的同时亦在积累经验，并从经验中获取知识，进而提高生产效率。阿罗与罗默建立起了"干中学"模型，认为企业既可以进行研发投资，在"干中学"的过程中积累经验、提高生产效率，也可以利用知识的"溢出效应"，拓展自身知识边界，提高生产效率，强化自身市场竞争力。因此，从社会总体来看，生产函数是规模报酬递增。此后，随着内生增长理论的发展，考虑到新古典增长模型的条件收敛性和技术进步的内生性，巴罗和萨拉－伊－玛丁（Barro and Sala-I-Martin，1997）优化了阿罗与罗默的"干中学"模型，构建包含干中学和知识外溢的内生增长模型。

内生增长理论指出，知识的积累过程会产生外溢效应，国际贸易则会加快这一效应。国际贸易是跨经济体行为，现实中技术模仿通常比技术创新成本低，这就容易造成大多数国家更喜欢模仿而不是创新。较低的模仿成本意味着典型的追随者成长速度相对较快，往往能够赶上付出高昂创新成本的领先者，这就会引起技术领先国政府的政策干预，以保护该国研发和创新部门，保护知识产权。随着技术领先国知识产权保护措施的加强，可模仿的技术材料减少，技术模仿成本趋于上升，技术落后国的增长率趋于下降，进而影响贸易双方的技术差距的收敛速度，降低全球贸易增长速度。

（三）国家竞争优势理论

国家竞争优势理论（Industrial Competitiveness）又称产业竞争力理论。传统国际贸易理论建立在完全竞争的市场结构框架下，认为规模报酬不变，一国的贸易优势主要集中在劳动力资源、自然资源、利率、汇率、政府赤字等几个静态因素方面。但近代国际贸易呈现出的则是规模递增效应和不完全竞争市场，若各国依然依据传统国际贸易理论发展自身经济，则容易出现贫困化增长、贸易条件恶化等现象，使国家陷入"比较优势陷阱"漩涡，失去贸易竞争优势。为适应全球化发展，提高国家在国际市场上的竞争力，美国著名的战略管理专家迈克尔·波特（Porter，1990）在全球产业竞争的基础上，提出国家竞争优势理论，构建了波特"钻石"模型。

与传统的比较优势理论不同，波特的竞争优势理论认为，竞争优势是一个国家财富的源泉，国家兴旺发达的根本要素在于创新机制与创新能力。基于此，波特将国家竞争优势的基本要素归结为国内市场需求、生产要素、企业战略结构与同业竞争、相关产业与支撑产业，以及政府行为和机遇几个要素，并将一国参与国际竞争分为要素驱动、投资驱动、创新驱动、财富驱动四个依次递增的阶段。其中，要素驱动、投资驱动、创新驱动这前三个阶段是该国国际竞争力的上升期，财富驱动阶段则是该国国际竞争力的衰落期。

　　具体地，投资驱动阶段是指国外投资进入该国生产效率高的领域的阶段。在该阶段，传统生产要素（如劳动力、土地、资本、技术、信息等）向高级生产要素（如高级人才、科研院所、高等教育体系、现代通信的基础设施等）过渡，且高级生产要素在该国获取国际竞争优势中发挥着举足轻重的作用。创新驱动的实质是科技创新，因此，创新驱动阶段推崇企业自主研发或吸收国外先进技术，通过自主创新促进国家产业体系的创新驱动。由此可见，在投资驱动和创新驱动这两个阶段，知识产权界定和保护是异常重要的，国家通过立法给予知识创造者一定的垄断权，能够激发社会的技术创新热情，提高国家的国际竞争力。

第三章

知识产权贸易的特征事实分析

第一节 知识产权国内贸易现状

狭义的知识产权贸易指以知识产权为标的的贸易，主要包括知识产权许可、知识产权转让等内容；广义的知识产权贸易还包括含有知识产权的产品的贸易，特别是附有高新技术的高附加值的高科技产品的贸易、含有知识产权的新产品的贸易行为。

一、狭义知识产权国内贸易现状

我国知识产权事业发展迅速，截至 2022 年底，发明专利有效量达421.2 万件，连续十二年位居世界第一，每万人口高价值发明专利拥有量（体现创新质量的重要指标）达9.4 件，专利密集型产业增加值占 GDP 比重达12.4%，有效商标注册量达4267.2 万件，累计批准地理标志产品达2495个，质押融资总额达4868.8 亿元，国家级知识产权保护中心以及快速维权中心达97 家，知识产权大国地位不断凸显。

技术交易是知识产权交易的集中体现，技术市场成交额是狭义知识产权国内贸易额的重要表征。

（一）全国技术市场成交额增长迅速

知识产权国内贸易额绝对量大。2021 年全国市场成交额达到了 37294 亿元，知识产权国内贸易额快速增长。根据表 3 - 1，从规模来看，从 2013 年的 7469 亿元增长到 2021 年的 37294 亿元，总量增长了 5 倍，远远超过了同期 GDP 等国民经济一般指标的增长速度。

表 3 - 1　　　　　　　　　2013～2021 年全国技术市场成交额

指标	2013 年	2014 年	2015 年	2016 年	2017 年	2018 年	2019 年	2020 年	2021 年
成交额（亿元）	7469	8577	9836	11407	13424	17697	22398	28252	37294
增速（%）		114.83	114.68	115.97	117.68	131.83	126.56	126.14	132.00

资料来源：根据国家统计局相关资料整理。

（二）各地区技术市场成交差异大

全国各个地区的市场成交额差异巨大。从表 3 - 2 看到，其中，北京 2021 年成交额为 7006 亿元，占全国总额的 18.78%，遥遥领先于其他地区，排名第一；广东为 4100 亿元，占 10.99%，排名第二；江苏、上海、山东排在 3～5 位（见表 3 - 2）。

知识产权技术市场成交额与经济发展密切相关。北京、广东及长三角的江浙沪皖等经济较为发达的地区其技术市场成交额也较高，排在全国前列。山东等经济相对发展地区的技术市场成交额也处于全国前列。西部地区、东北地区的成交额相对较低，排名较后。

表 3 - 2　　　　　　　　　2021 年全国分地区技术市场成交额

地区	成交额（亿元）	占比（%）	排名	地区	成交额（亿元）	占比（%）	排名
北京	7006	18.78	1	江苏	2606	6.99	3
广东	4100	10.99	2	上海	2545	6.83	4

续表

地区	成交额（亿元）	占比（%）	排名	地区	成交额（亿元）	占比（%）	排名
山东	2478	6.64	5	贵州	289	0.78	19
陕西	2343	6.28	6	甘肃	280	0.75	20
湖北	2091	5.61	7	福建	197	0.53	21
浙江	1856	4.98	8	重庆	185	0.49	22
安徽	1788	4.79	9	山西	134	0.36	23
四川	1389	3.72	10	吉林	108	0.29	24
湖南	1261	3.38	11	云南	106	0.28	25
天津	1257	3.37	12	内蒙古	41	0.11	26
广西	941	2.52	13	海南	28	0.08	27
辽宁	755	2.02	14	宁夏	25	0.07	28
河北	747	2.00	15	新疆	19	0.05	29
河南	607	1.63	16	青海	14	0.04	30
江西	409	1.10	17	西藏	2	0.00	31
黑龙江	350	0.94	18	全国	37294	100.00	

资料来源：根据国家统计局相关资料整理。

（三）各技术领域市场成交额与产业发展密切相关

根据中国统计年鉴数据，按照技术领域标准把知识产权市场按照技术领域进行分类。从表3-3可以看出，电子信息技术、先进制造业技术、现代交通、城市建设与社会发展占总体技术市场成交额比例较高。电子信息产业、先进制造业等产业也是这些年来我国重点发展的产业，对国民经济发展贡献较大。

表3-3　　　　　　按技术领域分技术市场成交合同金额　　　　单位：万元

技术领域	2015年	2016年	2017年	2018年	2019年	2020年	2021年
电子信息技术	24973350	33129453	38607227	45051745	56366799	63239892	84986682
航空航天技术	2771133	2676018	4254075	4082361	5403232	4583747	7404529

续表

技术领域	2015 年	2016 年	2017 年	2018 年	2019 年	2020 年	2021 年
先进制造技术	13507167	14410471	15843314	24908842	29517064	41949439	58193317
生物、医药和医疗器械技术	5106516	6127297	7502520	8391509	10579333	17690387	22355590
新材料及其应用	4452197	5127952	5010016	6724306	8711065	12200630	20794696
新能源与高效节能	10642935	11388154	12021350	15400556	28135523	28543702	30090682
环境保护与资源综合利用技术	8004181	9264109	10698894	13269314	16234919	18458047	23745047
核应用技术	3901318	763865	292010	2660383	1192283	779457	648906
农业技术	3080496	3178260	4074813	4208292	5002269	7476774	8885729
现代交通	9818918	13687734	16653203	25427249	20775555	32559757	39556256
城市建设与社会发展	12099686	14316503	19284823	26849657	42065841	55033260	76281596
合计	98357896	114069816	134242245	176974213	223983882	282515092	372943030

资料来源：根据国家统计局相关资料整理。

二、广义知识产权国内贸易现状

除了通过技术市场成交额来判断知识产权国内贸易发展的一般状况外，还可以通过新产品销售收入和出口额来考察知识产权贸易的发展现状。因为，技术市场的成交，通常带来知识产权的生产运用，特别是作为高级生产要素投入到产业发展中去，新产品反映了企业创新成果，新产品销售收入体现了知识产权的运用，体现了知识产权对传统产品的升级改造，新产品出口额反映了含有知识产权的产品的出口情况。因为以知识产权为标的的贸易部分前面已作比较，故本部分广义的知识产权贸易主要考察高技术产品进出口额及新产品销售额情况。

（一）全国知识产权国内贸易增长迅速

全国高技术产品贸易额增长迅速。从表 3 - 4 数据可以看出，进出口总额从 2013 年的 12185 亿美元，增长到 2021 年的 18170 亿美元，增长了 49%。

全国高技术产品进出口存在差异。从规模上看，出口额高于进口额，出口额和进口额分别从 2013 年的 6603 亿美元、5582 亿美元增长到 2021 年的 9794 亿美元、8376 亿美元；从增长速度看，出口、进口速度分别为 48.3%、50%，差异不大（见表 3 - 4）。

表 3 - 4   **2013 ~ 2021 年全国高技术产品进出口额**   单位：亿美元

指标	2021 年	2020 年	2019 年	2018 年	2017 年	2016 年	2015 年	2014 年	2013 年
高技术产品进出口额	18170	14584	13685	14185	12515	11272	12033	12119	12185
高技术产品出口额	9794	7763	7307	7468	6674	6036	6552	6605	6603
高技术产品进口额	8376	6821	6378	6717	5840	5236	5481	5514	5582

资料来源：根据国家统计局相关资料整理。

（二）各地区新产品销售额差异大

各地区新产品销售收入差异大。从表 3 - 5 看到，2021 年在新产品销售收入方面，排在全国前列的主要是广东 49685 亿元，江苏 42622 亿元，浙江 36890 亿元，山东 27540 亿元，占全国比例分别为 16.81%、14.42%、12.48%、9.32%。

新产品出口额也主要集中在经济相对发达的地区，特别是广东、江苏新产品出口额分别为 14296 亿元、9631 亿元，占全国的比例分别为 27.27%、18.37%，相对更为集中。

表 3 - 5　　　　　　　　　　　　2021 年地区新产品出口额

地区	新产品销售收入（亿元）	占全国比例（%）	新产品出口额（亿元）	出口占全国比例（%）
广东	49685	16.81	14296	27.27
江苏	42622	14.42	9631	18.37
浙江	36890	12.48	7441	14.20
山东	27540	9.32	3353	6.40
河南	8826	2.99	2572	4.91
安徽	15102	5.11	2124	4.05
北京	8253	2.79	2089	3.99
福建	7822	2.65	1877	3.58
重庆	6995	2.37	1429	2.73
上海	10575	3.58	1365	2.60
江西	9575	3.24	1020	1.95
天津	4814	1.63	766	1.46
湖北	13696	4.63	746	1.42
湖南	12169	4.12	708	1.35
河北	9668	3.27	690	1.32
辽宁	5011	1.70	569	1.09
四川	6139	2.08	567	1.08
陕西	3811	1.29	361	0.69
山西	2941	0.99	229	0.44
广西	3033	1.03	210	0.40
内蒙古	1655	0.56	102	0.19
吉林	2955	1.00	79	0.15
贵州	1021	0.35	49	0.09
甘肃	766	0.26	38	0.07
新疆	582	0.20	35	0.07
黑龙江	1252	0.42	25	0.05

续表

地区	新产品销售收入（亿元）	占全国比例（%）	新产品出口额（亿元）	出口占全国比例（%）
宁夏	540	0.18	21	0.04
云南	1206	0.41	19	0.04
海南	245	0.08	8	0.01
青海	171	0.06	0	0.00
合计	295561	100.00	52417	100.00

资料来源：根据国家统计局相关资料整理。

（三）各产业新产品销售额差异大

表 3-6 显示，不同的产业的新产品销售及出口情况差异较大。新产品销售收入较高的产业主要集中在先进制造业，其中计算机等制造业新产品销售收入达 57652 亿元，电气机械和器材制造业为 35153 亿元，汽车制造业为 30968 亿元，排名前三。在去除出口后，国内贸易占比较高的产业主要有汽车制造业、金属加工制造等，占比超过 94%；而国内贸易占比较低，出口占比较高的产业主要包括计算机产业等。

表 3-6　　按行业分规模以上工业企业新产品销售及出口（2021 年）

行业	新产品销售收入（亿元）	出口	国内贸易占比（%）
煤炭开采和洗选业	666	3	99.56
石油和天然气开采业	301	0	100.00
黑色金属矿采选业	326	0	100.00
有色金属矿采选业	187	0	99.74
非金属矿采选业	300	6	98.01
农副食品加工业	4957	183	96.30
食品制造业	2944	262	91.09

续表

行业	新产品销售收入（亿元）	出口	国内贸易占比（%）
酒、饮料和精制茶制造业	1475	43	97.08
烟草制品业	440	12	97.29
纺织业	4997	873	82.54
纺织服装、服饰业	2084	410	80.32
皮革、毛皮、羽毛及其制品和制鞋业	1428	283	80.20
木材加工和木、竹、藤、棕、草制品业	1136	141	87.57
家具制造业	1832	497	72.89
造纸及纸制品业	3799	208	94.52
印刷和记录媒介复制业	1694	165	90.24
文教、工美、体育和娱乐用品制造业	2342	795	66.04
石油、煤炭及其他燃料加工业	5070	240	95.27
化学原料及化学制品制造业	18193	1676	90.79
医药制造业	11045	2055	81.39
化学纤维制造业	2974	211	92.90
橡胶和塑料制品业	8242	1492	81.89
非金属矿物制品业	10271	604	94.12
黑色金属冶炼和压延加工业	18594	658	96.46
有色金属冶炼和压延加工业	12024	543	95.48
金属制品业	10722	1507	85.94
通用设备制造业	16476	2172	86.82
专用设备制造业	12870	1706	86.74
汽车制造业	30968	1613	94.79
铁路、船舶、航空航天和其他运输设备制造业	7744	1370	82.31
电气机械和器材制造业	35153	6994	80.10
计算机、通信和其他电子设备制造业	57652	25039	56.57
仪器仪表制造业	3319	427	87.14

续表

行业	新产品销售收入（亿元）	出口	国内贸易占比（%）
其他制造业	624	164	73.73
金属制品、机械和设备修理业	162	21	86.88
电力、热力生产和供应业	424	9	97.97
燃气生产和供应业	706	0	100.00
水的生产和供应业	110	0	99.98
全国总计	295567	52417	82.27

资料来源：根据国家统计局相关资料整理。

第二节　知识产权国际贸易现状

对世界知识产权贸易发展现状的分析包括狭义知识产权贸易，以知识产权使用费用为代表，包括版税与许可费，数据按现价美元计；广义知识产权贸易以高科技产品出口来表征，数据来源于世界银行数据库。

（一）全球知识产权贸易现状总量增长迅速

世界知识产权使用费用增长较为迅速，从 2012 年的 3057 亿美元增长到 2021 年的 5087 亿美元，年均绝对增长量为 203 亿美元。其中高收入国家知识产权使用费用为 4164 亿美元，占全球 81.86%（见表 3－7）。

（二）不同收入国家增长速度差异巨大

2012～2021 年世界知识产权使用费用增长速度均值为 5.95%，其中高收入国家增长速度为 5.43%，而中等收入、中低收入国家的增长速度为 2.02%，不同类别国家的差距有扩大的趋势。

表 3-7　知识产权使用费用（支付）

单位：亿美元

类别	2012 年	2013 年	2014 年	2015 年	2016 年	2017 年	2018 年	2019 年	2020 年	2021 年	年均增长
世界	3057	3301	3726	3966	3746	4042	4378	4477	4597	5087	203
增长速度		8.01%	12.87%	6.42%	5.54%	7.91%	8.30%	2.26%	2.69%	10.66%	5.95%
高收入国家	2539	2713	3108	3388	3150	3365	3600	3703	3829	4164	162
增长速度		6.85%	14.54%	9.00%	7.02%	6.84%	6.98%	2.87%	3.39%	8.75%	5.43%
中低收入国家	513	584	615	574	594	677	778	774	768	924	41
增长速度		13.82%	5.20%	6.58%	3.37%	14.05%	14.89%	0.53%	0.67%	20.20%	2.02%
中等收入国家	513	583	614	573	591	676	777	772	767	922	41
增长速度		13.75%	5.27%	6.60%	3.05%	14.40%	14.90%	0.56%	0.68%	20.23%	2.02%
中高等收入国家	427	494	516	476	490	560	648	640	650	784	36
增长速度		15.72%	4.29%	7.64%	2.85%	14.35%	15.63%	1.15%	1.57%	20.48%	2.05%

资料来源：根据世界银行相关资料整理。

（三） 知识产权主要进口国相对集中

在知识产权使用费用（支付）排名中，爱尔兰排在第一位，2021年支付了1330亿美元，且保持了较高的增长速度，年均增长速度3.48%；中国排名第二，2021年支付了468亿美元的知识产权进口费用，过去十年年均增长速度为2.64%；而美国排名第三，2021年支付了433亿美元，1.24%的增长速度并不突出；排在前十名的还包括瑞士、日本、德国、英国、新加坡、荷兰、加拿大等（见表3-8）。

表3-8　　　　　　　　　　知识产权使用费用（支付）排名　　　　　　单位：亿美元

国家	2012年	2013年	2014年	2015年	2016年	2017年	2018年	2019年	2020年	2021年	增速（%）
爱尔兰	382	422	573	707	766	753	855	943	968	1330	3.48
中国	177	210	226	220	240	287	358	344	379	468	2.64
美国	351	353	376	352	420	444	427	423	477	433	1.24
瑞士	209	217	252	238	222	243	271	269	322	336	1.61
日本	199	178	209	170	202	214	220	268	286	295	1.48
德国	64	87	107	101	113	144	164	167	169	209	3.27
英国	106	96	117	123	114	123	146	165	157	184	1.74
新加坡	231	230	209	194	157	158	172	153	153	178	0.77
荷兰	361	374	473	722	376	420	452	407	360	177	0.49
加拿大	109	118	117	107	116	118	127	131	137	164	1.50
法国	88	111	128	157	148	158	144	124	125	131	1.50
韩国	86	98	105	101	94	97	98	99	99	111	1.29
瑞典	25	29	39	43	33	51	49	69	93	109	4.38
卢森堡	9	14	17	20	30	42	44	55	92	88	10.16
印度	40	39	48	50	55	65	79	79	72	86	2.16
俄罗斯	76	84	80	56	50	60	63	69	68	70	0.92
西班牙	0	45	45	45	50	51	66	68	51	59	1.31
泰国	36	46	40	41	40	43	53	53	45	56	1.55
巴西	42	46	59	53	51	54	51	52	41	52	1.23
意大利	56	54	52	43	47	48	51	50	42	51	0.92

资料来源：根据世界银行相关资料整理。

（四）知识产权主要出口国优势显著

从知识产权出口地区结构来看，表3-9显示总体上集中度有所降低，出口额前10名的国家所占总体份额从2000年的94%下降到2012年的92%，但是比例依然非常高。知识产权的主要出口国即供给方对知识产权的供给依然强劲。美国、德国、日本、瑞士等国家和地区居于前列，特别是美国、德国的知识产权出口约占全球30%，居于前十位的还有日本、瑞典、英国、荷兰、爱尔兰、法国、中国、新加坡等，在增长速度方面，中国2012～2021年的平均增长速度达到了1.12%，显示出强劲的增长潜力，另外德国的年均增长速度为5.68%，爱尔兰的年均增长速度为3.65%，居增长速度前列。

表3-9　　　　　　　知识产权使用费用（接收）排名　　　　　　单位：亿美元

国家	2012年	2013年	2014年	2015年	2016年	2017年	2018年	2019年	2020年	2021年	增长速度（%）
美国	1079	1138	1164	1112	1130	1181	1148	1225	1156	1246	1.16
德国	103	180	235	241	287	313	366	372	369	585	5.68
日本	319	316	373	365	391	417	456	471	433	482	1.51
瑞士	228	214	232	227	259	254	312	300	235	307	1.35
英国	166	169	199	209	188	222	240	257	230	237	1.43
荷兰	286	299	382	375	271	325	384	414	401	232	0.81
爱尔兰	50	58	69	81	89	104	143	119	146	182	3.65
法国	127	132	145	152	155	168	177	154	140	153	1.20
中国	10	9	7	11	12	48	56	66	86	117	1.12
新加坡	28	34	39	87	70	80	88	87	87	116	4.14

资料来源：根据世界银行相关资料整理。

（五）知识产权的供给与需求不对等

各个国家或地区在知识产权供给与需求方面并不对等。一方面，主要发达国家占据了知识产权贸易的主要市场，贸易主要在这些发达国家之间开展；另一方面，即使这些国家或地区也存在较大的知识产权优势差异。知识产权的出口国更为集中，主要为美国、德国及日本等，而进口方面相对于出口较为分散，在出口供给方面，美国排在第一位，约占全球份额的 30%，远远高于其他国家，而年均增长速度方面，美国为 1.16%，处于较低水平，而德国等欧盟国家的平均增长速度较大，显示美国在知识产权贸易出口数量方面占有绝对优势，而德国等在增长速度方面好于美国；在需求进口方面，美国排在第二位，约占全球份额的 10%，远远低于需求排名第一的欧盟，也低于美国自身供给所占的比例 30%。

（六）中国高科技产品出口在全球优势显著

中国广义知识产权出口额优势巨大。表 3 - 10 是全球主要国家和地区（2012 ~ 2021 年）高科技产品出口额，可以看到中国内地具有显著的数量优势，在 2021 年达到了 9423 亿美元，这与中国内地强大的生产制造能力密切相关，其次是中国香港地区排名第二，与其国际港口地位有关。出口额排在前面的还包括德国、美国、日本等。

表 3 - 10　　　　　　全球主要国家（地区）高科技产品出口　　　　单位：亿美元

国家（地区）	2012 年	2013 年	2014 年	2015 年	2016 年	2017 年	2018 年	2019 年	2020 年	2021 年
中国内地	5939	6559	6538	6522	5945	6542	7313	7153	7575	9423
中国香港	10	7	5	5	5	2936	3301	3220	3401	4316
德国	2028	2093	2156	1994	2051	1952	2097	2081	1824	2097
美国	1691	1692	1759	1752	1739	1545	1538	1539	1415	1692
日本	1292	1111	1074	982	991	1062	1107	1039	1028	1165
马来西亚	665	671	709	645	632	741	905	869	921	1087
荷兰	814	808	844	697	710	777	855	870	871	1012
法国	1141	1187	1206	1096	1087	1088	1176	1205	871	975
墨西哥	576	585	615	602	624	696	748	752	710	749
英国	731	747	760	746	738	737	756	769	581	667
比利时	186	230	268	226	272	252	282	331	344	522
捷克	254	247	269	248	247	294	360	377	396	413
意大利	295	319	329	301	311	319	325	325	329	389

续表

国家 （地区）	2012 年	2013 年	2014 年	2015 年	2016 年	2017 年	2018 年	2019 年	2020 年	2021 年
菲律宾	0	0	0	0	0	335	339	358	349	382
瑞士	513	543	571	538	555	298	301	299	292	382
加拿大	331	322	288	282	262	269	305	315	256	291
印度	139	179	183	146	143	151	202	235	216	274
波兰	107	137	168	165	169	188	218	198	200	238
西班牙	138	145	147	131	156	149	155	150	157	235
奥地利	185	208	216	181	173	170	167	160	160	213

资料来源：根据世界银行相关资料整理。

知识产权国际贸易额在狭义与广义维度差异明显。主要发达国家如美国、德国、日本等国家在狭义和广义的知识产权贸易排名方面趋于一致，都处于前列；而中国、马来西亚、印度等国家在高科技产品出口额方面排名靠前，但是在狭义的知识产权贸易特别是知识产权使用费用（接收）方面排名靠后，两者并不匹配，可能的原因在于各个国家的产业国际分工与生产要素的差异等。

第三节　知识产权贸易的竞争力

伴随我国经济社会的快速发展，特别是以 GDP 为代表的综合经济实力的不断增强，我国知识产权贸易额在过去二十年也增长迅猛。

一、知识产权贸易额增长迅速

从表 3 - 11 看到，2021 年我国知识产权进出口的费用分别达到 468 亿美元、117 亿美元，合计 586 亿美元，相对于 2002 年对应的进口、出口额分别是 31 亿美元、1 亿美元，在加入世界贸易组织以后贸易额获得了巨大的增长。

二、知识产权贸易以进口为主

在 2021 年进口占贸易额的 79.96%，虽然比重有下降的趋势，但是绝对值依旧很大，进出口大约是 4 : 1，反映出我国在知识产权贸易方面还是以进口为主。

三、知识产权出口贸易增长更为迅速

从 2002 年的 1 亿美元，增长至 2021 年的 117 亿美元，反映了随着我国经济社会的发展，在知识产权出口方面获得了越来越大的话语权（见表 3 – 11、图 3 – 1）。

表 3 – 11　　　　　　　　中国知识产权使用费

指标	2002年	2003年	2004年	2005年	2006年	2007年	2008年	2009年	2010年	2011年
出口（亿美元）	1	1	2	2	2	3	6	4	8	7
进口（亿美元）	31	35	45	53	66	82	103	111	130	147
进口占比（%）	95.91	97.07	95.01	97.13	97.01	95.99	94.76	96.26	94.01	95.19
合计（亿美元）	32	37	47	55	68	85	109	115	139	154

指标	2012年	2013年	2014年	2015年	2016年	2017年	2018年	2019年	2020年	2021年
出口（亿美元）	10	9	7	11	12	48	56	66	86	117
进口（亿美元）	177	210	226	220	240	287	358	344	379	468
进口占比（%）	94.44	95.95	97.10	95.31	95.38	85.68	86.55	83.88	81.52	79.96
合计（亿美元）	188	219	233	231	251	335	413	410	465	586

资料来源：根据国家统计局相关资料整理。

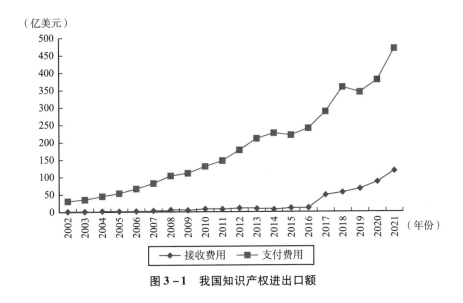

图3-1 我国知识产权进出口额

四、我国知识产权贸易竞争力不断提升

我国对知识产权的进口需求越来越大,显示我国逐渐融入知识产权贸易市场,总体而言,知识产权贸易还集中于进口,主要以引进为主,知识产权优势不足,难以形成较大的对外出口优势。但是在供给方面,我国所占比例迅速增长,已经升至全球第九位,显示出巨大的潜力。知识产权贸易竞争力指数指该国知识产权出口额与该国知识产权进口额之差占该国知识产权进出口额之和之比,数值越大表明该国知识产权贸易竞争力越强。

表3-12汇报了2007~2019年世界主要国家的贸易竞争力情况。其中,丹麦、日本、瑞典、英国和美国的贸易竞争力指数均为正;法国和德国除去极个别年份,其他主要年份的贸易竞争力指数也均为正,并且指数呈现出波动起伏特征,表明七个主要发达国家的知识产权贸易竞争力较强。澳大利亚、奥地利、保加利亚、柬埔寨和加拿大等其他绝大多数国家的贸易竞争力指数均为负值,表明这些国家在知识产权方面是以进口为主,出口为辅的贸易模式。从表3-12最后一行可以看出,我国知识产权贸易竞争力指数一直

表3－12　2007～2019年世界主要国家贸易竞争力指数

国家	2007年	2008年	2009年	2010年	2011年	2012年	2013年	2014年	2015年	2016年	2017年	2018年	2019年
澳大利亚	-0.595	-0.603	-0.564	-0.556	-0.625	-0.658	-0.656	-0.647	-0.637	-0.605	-0.58	-0.583	-0.588
奥地利	-0.312	-0.284	-0.26	-0.27	-0.284	-0.281	-0.238	-0.163	-0.162	-0.112	-0.128	-0.154	-0.19
保加利亚	-0.754	-0.786	-0.842	-0.724	-0.843	-0.78	-0.762	-0.751	-0.576	-0.569	-0.545	-0.403	-0.358
柬埔寨	-0.999	-0.998	-0.999	-0.998	-0.997	-0.992	-0.996	-0.996	-0.999	-0.998	-0.998	-0.997	-0.982
加拿大	-0.361	-0.367	-0.424	-0.551	-0.513	-0.47	-0.442	-0.422	-0.448	-0.439	-0.415	-0.336	-0.317
智利	-0.871	-0.857	-0.918	-0.905	-0.867	-0.935	-0.947	-0.951	-0.950	-0.957	-0.943	-0.956	-0.953
捷克	-0.902	-0.711	-0.651	-0.583	-0.611	-0.495	-0.498	-0.463	-0.450	-0.456	-0.494	-0.500	-0.374
丹麦	0.323	0.330	0.308	0.210	0.272	0.238	0.143	0.191	0.154	0.198	0.365	0.411	0.453
法国	0.274	0.194	0.203	0.153	0.185	0.186	0.087	0.065	-0.014	0.023	0.030	0.106	0.108
德国	-0.086	-0.081	0.014	0.075	0.183	0.234	0.349	0.373	0.408	0.436	0.371	0.382	0.381
希腊	-0.840	-0.884	-0.863	-0.803	-0.779	-0.637	-0.708	-0.610	-0.686	-0.520	-0.643	-0.600	-0.618
匈牙利	-0.312	-0.207	-0.076	0.064	0.034	0.089	0.027	0.101	-0.123	0.107	0.027	0.066	-0.102
印度尼西亚	-0.945	-0.960	-0.951	-0.929	-0.916	-0.938	-0.942	-0.938	-0.939	-0.947	-0.949	-0.920	-0.937
爱尔兰	-0.906	-0.920	-0.907	-0.855	-0.782	-0.769	-0.757	-0.784	-0.794	-0.792	-0.757	-0.713	-0.776
以色列	-0.075	0.026	-0.082	0.011	0.014	-0.025	0.004	0.060	0.016	0.026	-0.033	-0.041	0.019
意大利	-0.303	-0.291	-0.305	-0.285	-0.242	-0.153	-0.180	-0.217	-0.169	-0.155	-0.046	-0.020	-0.048
日本	0.164	0.168	0.126	0.174	0.204	0.232	0.278	0.281	0.363	0.318	0.322	0.349	0.276
韩国	-0.490	-0.410	-0.386	-0.485	-0.255	-0.377	-0.386	-0.311	-0.211	-0.152	-0.142	-0.117	-0.122

续表

国家	2007 年	2008 年	2009 年	2010 年	2011 年	2012 年	2013 年	2014 年	2015 年	2016 年	2017 年	2018 年	2019 年
立陶宛	-0.985	-0.950	-0.975	-0.950	-0.959	-0.817	-0.220	-0.286	-0.358	-0.413	-0.373	-0.330	-0.028
卢森堡	-0.999	-0.996	-0.998	-0.991	-0.994	-0.991	-0.952	-0.970	-0.977	-0.981	-0.985	-0.986	-0.975
马来西亚	-0.939	-0.728	-0.620	-0.858	-0.833	-0.838	-0.854	-0.899	-0.872	-0.843	-0.729	-0.765	-0.818
墨西哥	-0.986	-0.999	-0.999	-0.942	-0.959	-0.963	-0.931	-0.934	-0.945	-0.988	-0.839	-0.887	-0.911
荷兰	-0.125	-0.123	-0.126	-0.136	-0.140	-0.116	-0.112	-0.107	-0.316	-0.162	-0.127	-0.080	0.008
新西兰	-0.590	-0.505	-0.516	-0.465	-0.527	-0.532	-0.497	-0.49	-0.388	-0.283	-0.206	-0.095	-0.059
挪威	0.064	-0.328	-0.438	-0.304	-0.415	-0.253	-0.375	-0.156	-0.055	-0.026	-0.343	-0.093	-0.257
菲律宾	-0.972	-0.987	-0.993	-0.982	-0.978	-0.968	-0.989	-0.965	-0.964	-0.966	-0.956	-0.908	-0.935
波兰	-0.877	-0.791	-0.875	-0.809	-0.798	-0.821	-0.793	-0.792	-0.708	-0.717	-0.693	-0.711	-0.705
葡萄牙	-0.691	-0.772	-0.576	-0.856	-0.799	-0.811	-0.839	-0.808	-0.793	-0.791	-0.728	-0.759	-0.755
新加坡	-0.836	-0.836	-0.808	-0.796	-0.769	-0.783	-0.741	-0.685	-0.383	-0.380	-0.328	-0.325	-0.278
斯洛文尼亚	-0.800	-0.722	-0.786	-0.801	-0.758	-0.783	-0.636	-0.545	-0.584	-0.486	-0.592	-0.576	-0.539
瑞典	0.437	0.390	0.425	0.590	0.551	0.506	0.475	0.41	0.338	0.404	0.218	0.221	0.11
瑞士	-0.007	0.059	0.031	0.012	-0.047	0.042	-0.009	-0.041	-0.024	0.078	0.023	0.070	0.054
泰国	-0.954	-0.924	-0.944	-0.977	-0.964	-0.944	-0.973	-0.972	-0.960	-0.966	-0.954	-0.940	-0.928
英国	0.34	0.212	0.268	0.251	0.211	0.220	0.274	0.26	0.260	0.246	0.285	0.245	0.219
美国	0.549	0.527	0.489	0.506	0.530	0.509	0.527	0.512	0.519	0.458	0.454	0.458	0.487
中国	-0.920	-0.895	-0.925	-0.880	-0.904	-0.889	-0.919	-0.942	-0.906	-0.908	-0.714	-0.731	-0.678

资料来源：作者计算整理。

是负值，表明我国在知识产权贸易方面一直是进口支付的费用大于出口接收的费用，在 2007 ～ 2016 年基本维持在 - 0.9 左右，2017 ～ 2019 年降至 - 0.7 左右，表明我国知识产权贸易竞争力虽然获得了一定的提升，但仍然是净进口，且逆差大。

第四章

知识产权贸易促进国内国际
循环有效联动的作用机理

第一节　基于生产端的分析

知识产权贸易一头连着生产技术端，是一国产业科技创新能力和国际竞争能力的展现，与产业创新、核心技术突破、竞争优势重塑等密切相关，能推进创新链高级化、产业链现代化、供应链安全化、供给侧高端化，能够在高质量供给中促进双循环有效联动。党的十九届五中全会明确提出要加快构建以国内大循环为主体、国内国际双循环相互促进的新发展格局，党的二十大报告确立了"高质量发展是全面建设社会主义现代化国家的首要任务"，并且就如何着力推动高质量发展进行战略部署时，明确强调指出要"加快构建以国内大循环为主体、国内国际双循环相互促进的新发展格局"（顾晓燕和陶静，2023）。新发展格局强调"以创新驱动、高质量供给引领和创造新需求"。当今全球产业链供应链加速重组，我国产业关键环节"卡脖子"以及制造关键环节仍受制于人的窘境凸显。一方面，发展知识产权贸易能促进区域间知识产权转移转化，加快关键核心技术协同攻关，打造自主可控现代产业体系。双循环的关键是科技的自主自强，知识产权贸易能促进技术创新，推动国内循环的同时，以更高水平融入国际循环，推进"双循环"有效联动；另一方面，发展知识产权贸易能促进国际供应链、产业链的协同以及全球创新链、产业链的融入，促进开放式创新，以高水平开放倒逼国内生产端供给侧结构性改革，推进"双循环"有效联动。

一、创新链高级化

创新链发展水平低，将导致产业链发展缺乏核心技术支撑，创新链高级化是"双循环"有效联动的重要支撑。美籍奥地利学者熊彼特（J. A. Schumpeter）提出著名的创新理论，认为只有创新才能刺激经济从低层次的均衡状态跃进高层次的均衡水平。创新是一个价值增值的过程，由创意产生、创意转换和创意扩散三部分组成。创新是一国竞争力的基础，创新链高级化是扩大内循环、高水平推进外循环以及促进"双循环"有效联动的重要路径。知识产权是创新成果的体现，通过知识产权贸易促进协同创新以及专利技术的转移转化，推进强链、补链、延链、铸链工程的实施，从而促进创新链高级化。

从引进模仿 – 模仿创新 – 局部技术突破 – 基础知识创新 – 营销的全过程来看，每一个环节中都包含创新。知识产权为要素重组、自主研发创造、商业化高效运转带来质的突破。知识产权贸易可以助力每一个创新环节、助力开放式创新、促进创新链符合市场需求和社会应用、优化创新要素合理配置，可以打造技术含量更高，专业化水平更强，更能满足新发展格局需要的创新链。

（一）宏观层面

促进"双循环"有效联动的关键不是靠劳动力要素驱动和投资拉动，而是靠以科技为第一生产力的创新驱动，知识产权贸易是促进创新成果产出、创新链产业链深度融合，实现"双循环"有效联动的重要途径。一方面，知识产权贸易能够促进创新要素市场化高效配置及其在全国范围内合理流动；另一方面，知识产权贸易能够使创新成果跨国界转移转化，从而实现创新链向纵深延展，助推创新链高级化发展。

（二）中观层面

加快推进知识产权贸易，就是加快知识产权密集型产业培育，集中力量以国家战略性产业为引领，加快核心产品、核心技术的研发，保证供给质量，提高产品竞争力，满足内需同时在对外输出过程中形成强大势能，促进"双循环"有效联动。从我国产业发展实践来看，创新对核心技术产业从带动、支撑、向引领演进，而且作用越来越明显。知识产权贸易使得创新链闭环的耦合性、韧性越来越强。因此，持续推进知识产权贸易，围绕产业链部署创新链，强化科技创新对产业的支撑引领作用，围绕创新链布局产业链，进一步加强科技对产业的引领作用，构建创新链、产业链深度融合、协同发展，螺旋式上升演进形成的创新闭环是推进"双循环"有效联动的重要手段。

（三）微观层面

知识产权战略是创新型企业、高新技术企业重要的发展战略，企业为了满足消费不断升级的国内市场需求，可以通过知识产权引进，在消化吸收基础上进行技术再创新，提升制造工艺水平，技术创新是"双循环"有效联动的关键支撑。库兹涅茨认为，技术创新和制度创新是推动经济增长的两个重要条件。知识产权进口贸易引致的技术溢出效应，使得企业产品附加值显著提高，尤其在产品设计、品牌塑造及个性化服务等方面附加值更高，再通过扩散效应带动全行业产品品质有效提升。知识产权出口贸易可以形成市场规模效应，不仅能为出口国赢得丰厚的利润，而且能促进企业扩大研发投入，不断进行研发创新。在推动技术创新的同时，知识产权贸易推动制度体系建设日益完善，促进创新资源和创新人才向企业汇集，创新政策向企业倾斜，进而形成高校及科研创新团队赋能的以企业为主体、市场为导向、产学研创相结合的创新制度体系。以技术创新和制度创新为重要抓手，企业持续推进研发设计，提升服务品质，提高高端品牌塑造能力和产品附加值，延续服务的生命周期价值，从而向价值链两端攀升，促进高质量供给和高水平对外开放，促进"双循环"有效联动。

构建新发展格局需要坚持以更高质量和更高水平开放合作。从制度经济学角度看，市场产能交易越充分，制度性交易成本越低（刘志彪和凌永辉，2021a）。通过知识产权贸易，企业吸收新技术推动技术升级、产品升级、服务升级以满足国内超大规模内需市场。在应对外需时，以国内强大生产创新供应能力以及超大规模市场内需潜力，进一步加强对外贸易，促进互利共赢，实现更高水平对外开放和"双循环"相互促进有效联动的新发展格局。

二、产业链现代化

产业链现代化是实现高质量供给和更高水平开放、推进"双循环"有效联动的重要保障。知识产权贸易促进产业链现代化，主要体现为提升产业链韧性、协同性、绿色性和开放性四个方面。在创新驱动下创新链与产业链深度融合，实现产业之间，产业集群之间共同创新，构建现代化产业体系。通过知识产权贸易能够为产业链上下游企业带来创新活力，通过弥补技术差距增加链条完整性，带动产业链深度嵌入全球价值链，推进国内循环国际循环有效联动。

知识产权贸易能推进产业链补链、延链、固链、强链、铸链，提升产业链韧性，夯实"双循环"有效联动的产业基础。当前，全球产业链"内向化""本土化"调整及重组趋势明显，我国参与全球分工主要集中在产品内的加工和组装环节，分工地位位于发达国家主导的全球价值链中低端（江小涓和孟丽君，2021）。受中美贸易摩擦、逆全球化等影响，我国产业链生态可能会在很长时期内受到影响，在短期内因"断链"导致下游企业断供或涨价而遭受损失（刘志彪和凌永辉，2021a）。因此，需要通过"引知补链"加快核心技术攻关，实现产业链上替代性较弱的重要节点能够自主可控。外循环中的知识产权进口贸易能促进包括信息通信制造业，新装备制造业，新材料制造业等在内的知识产权密集型产业基础的稳固，通过技术转移转让，行业间相互协调共同努力攻克跨行业的关键共性技术难题，以"引知固链"保证制造业高质量发展。

知识产权贸易能打破产业链之间各链条的技术阻碍，提升产业协调性，助力完整产业链体系的构建，夯实"双循环"有效联动的产业链体系基础。我国产业具有独有的发展优势，一是规模优势，我国是世界唯一拥有门类齐全、独立完整的工业体系的国家；二是技术优势，我国目前在通信设备、先进轨道交通装备、航天装备、输电设备等领域已经具有一定的技术优势，但还存在多项"卡脖子"关键核心技术有待攻克。知识产权贸易能增强产业链上各企业之间技术关联性以及区域间产业协同性，能促进协同研发和成果转化应用，能改造传统产业、发展新兴产业，带动产业发展向价值链中高端迈进，实现产业基础能力提升。内循环中的知识产权贸易能促进技术转移，弥补产业链上大中小企业的资源和能力分化引发的产业链协同难的问题。知识产权贸易能实现产业链在价值链各个环节价值增值，保障供需链连接性的效率与安全均衡，能打通产业链中各环节堵点和痛点，使产业链韧性更高、网络化程度更深，从而实现产业链现代化目标，以更高水平国内循环助推"双循环"有效联动。

知识产权贸易能助力产业数字化、数字产业化，促使信息和新技术在产品研发、产品生产、市场营销及售后服务等环节有序传导，为"双循环"有效联动提供数字技术支撑。知识产权贸易能实现低消耗、低排放，使生产全过程、产品全生命周期高效运转，带动产业绿色发展，促进产业与自然环境的和谐共生。知识产权贸易能促进绿色技术的产业化，推动经济结构和能源结构升级，促进传统产业嵌入绿色新技术实现产业转型升级。绿色高科技赋能，会淘汰掉高污染、高能耗、低产出的企业，实现生产要素在产业链上合理配置。知识产权贸易能促进环保专用设备仪器制造业，环境污染处理专用药剂材料制造业等环保产业加快节能降碳先进技术研发和推广应用。"双循环"背景下，提高产业绿色化水平，是实现产业链现代化的标志之一。

知识产权贸易促进产业在开放发展中提升创新水平，促进"双循环"有效联动。在新发展阶段，知识产权出口贸易促进我国主导产业的产业链不断延伸和拓展，提升全产业链的竞争优势。我国国内市场的动态比较优势明显，先进轨道交通装备、通信设备等已经成为具有国际领先水平的优势产业。这些产业中涉及知识产权密集型行业，如交通安全、管制及类似专用设备制造，通信系统设备制造，通信终端设备制造等。通过将这些含有知识产权的产品输往其他发达和新兴市场以及"一带一路"沿线国家，使新技术能惠及全世界更多人民，实现更高水平对外开放。知识产权贸易促进我国产业链长板继续延伸，巩固主导产业在国际竞争中的优势地位。同时，也能够激励再创新和增强知识产权保护意识，为主导产业持续国际竞争优势的保持提供更加有力的保障，为实现"双循环"有效联动打下基础。

三、供应链安全化

供应链安全可控是实现双循环新发展格局的基础，是有力支撑国内国际循环有效联动的重要保障。在世界多极化发展背景下，发达国家主导的逆全球化和贸易保护主义以及新冠肺炎疫情使全球供应链和产业链受到了极大冲击。应对突如其来的疫情冲击和百年未有之大变局，我国提出构建新发展格局是为了更好地重塑国际合作机制和增强国际竞争优势，是在新时期面对新的国际环境做出的战略选择。新发展格局是以内需为主导，以创新为驱动，以安全可控和联通国际为目标。供应链安全化可以理解为供应链韧性程度，在冲击发生之后能够在多大程度上和多长时间里恢复到合理水平。如果在冲击后受到的不利影响程度很小或时间很短，那么其韧性就比较高，韧性高能够保证经济可持续发展。知识产权贸易助推了信息技术和数字技术快速发展，能发挥产业链供应链以及数字化物流体系建设中纽带作用，提高供应链韧性。

在数字技术与信息技术共同推动下，各个优势企业凭借核心竞争力突破地域限制，以高度专业化分工协作形成虚拟产业集群。这些虚拟产业集群将逐渐成为产业链供应链中价值创造的主体。知识产权技术成果转化推动产业链供应链各节点的专业化、平台化、生态化，形成有序协调内生动力机制，进而推动产业运营规范体系的建立，促使产业链供应链上各主体、各环节有序协作，促进社会资源高效利用。因此，从价值要素上看，产业链供应链的安全应是充分利用各类资源促进企业间、产业间、组织间的有序协同，借助数字技术、通信技术推动构建各组织之间高效协同的产业价值创造体系，实现产业链供应链安全发展，保证产供销全过程安全可控（宋华和杨雨东，

2022）。知识产权贸易一头连着生产端、另一头连着市场端，能有效提升供应链全过程的安全可控水平。

全球产业数字化快速发展，与发达经济体相比，我国产业链供应链核心环节的数字化水平还有明显差距，尤其是基础零部件、基础材料、基础设施及其配套服务的整体研发和应用水平尚显不足。通过知识产权贸易，推动产业链供应链数字化升级，提升产业运营效率和发展质量，促进国内国际两个市场资源整合，推动"双循环"有效联动。

四、供给侧高端化

供给侧高端化是推进高质量产品供给以及更高水平对外开放，实现"双循环"有效联动的重要基础。国内大循环的推动需要坚持供给侧结构性改革主线，不断提高供给体系质量和水平。提高供给水平，供给创造需求，提高供给需求的动态适配性，从而充分释放国内超大规模的市场潜力，同时高质量产品出口能推进更高水平开放，促进国际大循环，国际大循环又能倒逼国内供给产品质量的提升，尤其是含有知识产权的产品的贸易水平的提升，促进"双循环"有效联动。

知识产权贸易有助于增强知识产权保护意识，为供给侧高端化打下宏观制度基础。知识产权保护问题一直是中美经贸谈判关注的焦点，知识产权保护关系国家对外开放大局。知识产权已经成为出口贸易的"标配"，没有知识产权的出口贸易在国际市场竞争中已经很难有立足之地，知识产权保护为产品出口贸易起到"保驾护航"作用。知识产权贸易的发展有助于倒逼我国知识产权保护制度的完善，为供给侧高端化营造公平、高效、有序的营商环境。

知识产权贸易有助于增强微观企业的创新活力，为供给侧高端化打下企业微观基础。企业是创新的主体，也是供给侧结构性改革的主体。知识产权贸易可以激励企业自主创新，促进企业将知识产权优势培育为企业核心竞争力；知识产权贸易可以激发消费潜力，扩大消费规模，有效提升利润空间，高收益可以反哺技术再创新和专利技术的产业化；知识产权贸易可以激发企业家创新活力，催生新技术、新业态，促进更多优质知识产权密集型企业蓬勃发展。

知识产权贸易有助于推进知识产权密集型产业发展，为供给侧高端化打下产业中观基础。在改革开放后的前三十年，我国主要以劳动密集型产业嵌入全球价值链，主要从事加工贸易，分工地位在中低端徘徊。企业进口原材料、零部件在国内组装再销往国外，企业很难接触价值链上游的产品研发设计，以及下游的售后服务、品牌塑造等高附加值环节。在利用技术创新提升产业链水平驱动下，推进知识产权贸易形成规模效应，从整体上增强企业的竞争优势，助力我国全球价值链分工地位向"微笑曲线"两端攀升。新专利技术的应用促进产业链的每一个环节或关键节点提质升级，从而带动整个产业链各个环节的共同创新协同发展。通过知识产权贸易引进智能和绿色制造技术，生产高效优质、清洁安全的先进制造产品，推动"中国智造"再次走向全世界。数字技术智能技术等新技术赋能制造业高质量发展，引领产业转型升级，促进供给侧结构性改革。在新发展格局背景下，知识产权贸易加快了供给侧高端化步伐，助力国民经济内循环发展，同时以更高的水平融入国际循环，实现"双循环"有效联动（见图4-1）。

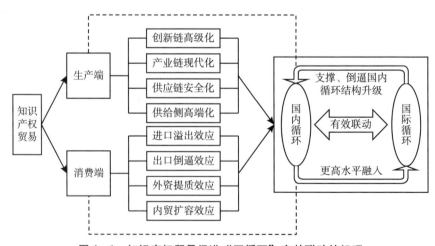

图4-1　知识产权贸易促进"双循环"有效联动的机理

第二节　基于消费端的分析

知识产权贸易一头连着消费市场端，是一国生活品质和民生福祉提高的重要基础，与产品质量提高、消费需求扩大、动态供需均衡等息息相关，能形成进口溢出效应、出口倒逼效应、外资提质效应、内贸扩容效应，能够在拉动内需基础上促进"双循环"有效联动。党的十九届五中全会指出构建"双循环"以扩大内需为战略基点。党的二十大报告指出，坚持以推动高质量发展为主题，把扩大内需战略和深化供给侧结构性改革有机结合起来，增强国内大循环内生动力和可靠性，提升国际循环质量和水平。消费需求对投资需求具有牵引作用，因此扩大消费需求是国内大循环内生动力。一方面，发展知识产权贸易不仅在生产端为供给侧结构性改革提供强大高精尖知识和技术支持，而且能够从消费端助力扩大内需，促进消费对"双循环"有效联动的支撑作用。另一方面，发展知识产权贸易能促进国际生产要素和优质服务的流入，促进消费层次升级、消费结构优化、消费体系完善，以更加畅通的国内循环促进"双循环"有效联动。

一、进口溢出效应

知识产权进口贸易引进专利技术、商标品牌等可以通过技术溢出加快技术集成和品牌推广，促进专利技术的产业化、产品化、市场化、品牌化，带动新产品研发，提高消费意愿，带动消费升级（顾晓燕和薛平平，2023）。知识产权进口贸易引进含有知识产权的中间产品是高新技术的高附加值的高科技产品，这些产品可以提高人民生活品质，在商品使用过程中人们的消费观念会发生变化，形成观念溢出效应带动消费层级提高，以高级消费观念带动需求增长，促进"双循环"有效联动。

（一）技术溢出

知识产权贸易是将科研成果转化成经济收益的主要方式，因为具有较高的知识和技术属性，知识产权进口贸易为国内企业接触高新技术产品提供了更多机会，其产生的技术溢出效应、技术人才流动效应等降低了本土企业研发成本，推进了本土企业的技术创新。知识产权进口贸易促进了高精尖技术引进，促进专利技术成果转化，为创新链提质，为产业链供应链安全注入源源不断的优质资源，对国内技术创新产生促进作用。国内企业生产技术不断创新又推动产品升级质量提升，可以更大程度满足人民对生活品质的追求。罗斯托在经济阶段理论中提到大众消费阶段性特征，就是生产者和消费者利用高科技成果追求生活质量，居民自然生活环境更加美好，社会生活环境更加和谐有保障。

（二）观念溢出

进入新时代以来物质生活已经极为丰富，人民的需求从低层级上升到高层级阶段，人民日益增长的美好生活需要和不平衡不充分的发展之间的矛盾成为新时代社会主要矛盾。数字贸易伴随数字技术、信息技术的发展而迅猛发展，也使得人们的需求层次更加趋向智能化高级化。知识产权贸易促进新技术成果转化，为建立新型消费体系提供技术上的保障。新技术成果转化应用促进消费观念从传统的线下消费拓展到定制消费、智能消费、体验消费等智能消费领域，使人们无论从感官还是内心都能体会到高科技消费领域的魅力，从而进一步促进国内新模式、新业态、新经济体系建立。新经济的迅速崛起，推动着消费升到更高层级。

知识产权贸易带来的观念溢出效应，会推动城乡消费体系不断完善，推动乡村居民消费方式转变，实现城乡融合发展目标。在新发展格局下，通过城市数字技术辐射效应带动乡村向智能模式转型促进消费模式融合发展，以增加消费对经济增长的贡献率。在"双循环"新发展格局下，以新的消费理念为引领建设高标准市场体系，深度挖掘国内超大规模市场巨大潜能。

不断推进高质量知识产权进口贸易，能够通过技术溢出效应、观念溢出效应增强消费对供给的牵引作用。知识产权进口贸易是联通国内国外两个市场的重要桥梁，是国内国际循环相互促进、有效联动的重要纽带。积极扩大知识产权进口贸易是使国内市场更好联通国际市场和更好利用国际资源，实现国内国际双循环有效联动的重要战略途径。

二、出口倒逼效应

出口倒逼效应能增强国内循环国际循环的技术供给和产品供给能力，带动"双循环"有效联动。近十年，随着我国要素禀赋、经济规模以及全球产业链调整，我国出口产品尤其是在战略性产业领域具有高价值核心专利产品因存在技术"卡脖子"问题，迫使产业链断链，产业生态安全面临严重冲击。尤其在尚未形成自主知识产权全面覆盖的高端芯片、集成电路、高端光刻机等知识产权密集型行业，知识产权数量和质量明显落后于发达国家。因此，出口倒逼我国企业必须持续推进知识产权贸易，加快技术模仿到自主创新，破解出口中面临的技术难题，向出口知识产权密集型产品转变。

（一）知识产权出口贸易倒逼产生"技术创新效应"

知识是一种公共产品，对于引进专利技术或者具有知识产权产品的研发型企业来说，可以通过专利技术的模仿在"干中学"过程中积累经验，在此基础上再创新研发，实现核心技术不受制于人。通过技术溢出效应，其他中小企业也能利用外溢的知识学习经验，改进技术促进生产力提高，以高质量供给带动消费升级。消费升级会反哺企业技术再创新、提高市场竞争力，技术创新赋能产业转型，不仅有助于提升出口技术复杂度，更有利于助推企业融入全球价值链中高端环节，促进高水平开放，实现"以内促外"的"双循环"有效联动（顾晓燕和薛平平，2023）。

（二）知识产权出口贸易倒逼产生"产品趋优效应"

激烈的国际市场竞争、挑剔的国际消费者需求偏好倒逼外贸出口产品供给质量的提升，倒逼国内供给体系不断创新以提升在国际市场上的竞争力。

产品质量提升关键靠技术创新赋能，技术创新关键靠科技人才支撑，市场竞争力提升促进贸易流产生"人才带动效应"，吸引更多研发人员、技术人员和高级工程师等创新人才来到中国，有效提升中国人力资本水平。人力资源是知识产权产品创造的重要来源，直接影响地区知识产权贸易量（顾晓燕和薛平平，2023）。"卡脖子"技术主要应用在知识产权密集型产业，在知识产权密集型产业中人才优势非常明显，能有效激发学习效应进而促进技术创新。积极推进知识产权贸易，通过"干中学"效应实现国家技术进步以及生产能力提升，促进创新链、产业链、供应链有效协同，提升本国供给体系质量，促进高科技产品出口，实现"以外促内"的"双循环"有效联动。

知识产权贸易促进了创新要素在国际间的合理流动，促进了国内技术水平和全要素生产率的提高，促进了消费结构高级化，从而以更加畅通的国内循环融入国际循环，形成国内国际双循环相互促进相互赋能有效联动的新局面。

三、外资提质效应

知识产权贸易产生的溢出效应、倒逼效应有效增强了企业竞争力、优化了营商环境，激发了国内市场的消费潜力，从而吸引更多优质外资进入中国，产生外资提质效应。

（一）知识产权贸易吸引优质外资向知识产权密集型产业集聚

"十四五"时期将继续深化对外开放战略，建设更高水平开放型经济体制是对外开放的重要举措，是经济社会发展的重要目标。开放型经济体制建设包括利用外资的管理体制，2022年12月商务部正式发布关于《"十四五"利用外资发展规划》向国际社会展示我国将持续推进对外开放、促进外资使用、建设开放创新平台发展。中国超大规模市场和投资前景是外商投资的关键因素，重点招商项目集中在高端装备制造业、新能源制造业、生物医药产业等知识产权密集型产业。这些产业发明专利密集度高，依靠知识产权参与市场竞争。通过知识产权贸易促进技术成果转化应用，推进知识产权密集型产业链条韧性增强，经济增长优势明显。在新发展阶段，知识产权密集型产品实现了人民对高品质生活的向往。

（二）知识产权贸易吸引优质外资向知识产权密集型企业倾斜

各企业持有的优势资源有所不同，通过知识产权贸易，不断重组内部外部各种优势资源提升企业竞争力，促使企业实现质的提升，成为产业链不可或缺的节点。企业自身生产能力的提升，会吸引优质外商投资。优质外资更倾向于生产高附加值、高技术含量商品的企业，这也促进我国出口商品总体结构升级来拉动消费。优质外商投资对商品品牌、品质、档次、环保、安全提升都起到了促进作用。特别是在数字经济时代，随着互联网、大数据、云计算等新技术的运用，更多的个性化、定制式的消费需求应运而生，从而助推国内消费结构优化升级。中等收入群体对中高端消费品的需求，促进我国消费升级，引领中国未来的消费趋势。外资提质效应对产业升级具有强大的拉动力，对提升国内消费需求层次，对我国产业技术发展、生产方式转变起到促进作用，外资提质成为国际经济合作新优势新动能，对国内循环有很强的促进作用，促进了"双循环"有效联动。

知识产权贸易吸引利用整合外资不仅在生产端提升产业链价值和国际化水平，而且在消费端通过"外资提质效应"促进消费升级，进而扩大内需。更大力度吸引和利用外资是保持国内市场超强韧性的关键。引进外资"稳存量、扩增量"的同时，吸引优质外资"提质量"也是为国内循环贡献力量。在新发展格局下，我国引进外资投资，并不仅仅是为了资金的支持，还可获得随资金流入的创新技术、经营理念等竞争要素。通过国内外要素流动，推动"双循环"有效联动。

四、内贸扩容效应

内贸扩容，是推动国内大循环，促进高水平对外开放，实现"双循环"有效联动的重要途径。新发展格局需要把满足国内需求实现内贸稳定增长作为畅通国民经济循环的出发点和落脚点，激发国内消费潜力，促进国内消费扩容升级。知识产权贸易包括知识产权国内贸易与知识产权国际贸易，在新发展格局下，更加强化知识产权贸易的内贸外贸一体化发展。知识产权贸易能不断挖掘国内市场巨大消费潜力，增加居民消费意愿，以消费促进生产，推动生产端智能制造再升级，促进内循环，进而也带动高水平开放，实现"双循环"有效联动。

（1）狭义知识产权贸易推动了专利技术的转移转化，技术赋能供给侧结构性改革，从技术供给层面支撑内贸扩容。知识产权贸易一头连着技术端，另一头连着市场端，技术创新是知识产权贸易的动力之源。专利技术的进口以及区域间的流动，促使企业不断从引进模仿－消化吸收－再创新向原创设计、自主创新转变。数字技术下的自主创新，推动智能制造再提质升级，解决差异化更大的定制服务、更小的生产批量，以满足各个阶层消费群体需求，推动内贸扩容，提升企业获利能力，进而反哺企业技术再创新，推动高水平开放，实现"双循环"有效联动。

（2）广义知识产权贸易推动了产品从传统中低端向中高端转型升级，供给创造需求，激发消费潜力，从产品供给层面推进内贸扩容。知识产权贸易促进知识产权产品和服务升级换代快速发展，倒逼创新主体不断研制开发新产品、打造新款式为居民创造新消费体验提供更多新选择。知识产权贸易提升了国内产品供给与消费需求的适配性，满足了居民多样化和个性化消费需求，以消费促进内贸量的提升，内贸扩容也通过规模效应带来生产能力的提升，进而带动高水平开放，促进"双循环"有效联动。

第五章

知识产权贸易促进国内国际循环
有效联动的动力机制

第四章立足于供给侧和需求侧，分别从生产端和消费端探讨了知识产权贸易促进国内国际循环有效联动的作用机理，为"双循环"有效联动的促进机制构建了一个基础性理论框架。就生产端而言，知识产权产品的优质供给需要较高的生产要素资源配置、稳定的技术支撑及产业结构升级的拉动等综合因素的配合；就消费端而言，知识产权产品的多样性需求需要不断出现的市场新消费、消费结构的不断升级及居民收入的不断增长等多因素的维持，两者的有效匹配才能更好地发挥知识产权贸易对国内国际循环有效联动的促进作用。为更翔实地阐述知识产权贸易促进国内国际循环有效联动的具体动力机制，本章将从"技术"维度和"市场"维度，分别从"要素配置优化、技术创新协同及产业结构升级"和"市场消费催生、需求引领倒逼及消费能力提升"视角进行相关论证，并进一步地在同时考虑技术维度和市场维度的分析框架下，对知识产权贸易促进"双循环"有效联动的动力机制进行实证检验。

第一节　基于技术维度的动力机制分析

一、要素配置优化机制

（一）知识产权贸易与要素配置优化

生产要素是经济增长的基本决定因素，要素配置效率直接影响经济增长速度（严成樑，2017）。在过去主导的粗放型经济增长模式中，一直强调的是物质资本要素投入数量，对于人力资本、劳动要素的资源效用有所低估，导致要素优化配置效率提升的重要性被有所降低。随着生产要素成本上升、资源环境约束的加大，低效率的资源错配难以适应当前的经济增长速度需要，培育新的增长点、寻找新的经济增长动能、转变经济增长模式成为中国经济社会发展至关重要的事。

当前，我国经济发展已经越过劳动力、资本等作为经济增长动力的阶段，已转向以人力资本和技术创新相互发展作为经济增长主要动力的新阶段（陈昌兵，2023）。人力资本水平提高、技术创新发展都有利于加快经济增长由要素驱动向创新驱动转型，而知识产权贸易可以是两者的综合体现，生产要素的时代性特征决定了知识产权制度的重要性愈发明显，影响着市场资源实现高效配置的可能性（刘洋，2020）。一方面，知识产权产品是人力资本投入的智力成果体现，侧面反映出知识类生产要素的生产效率；另一方面，知识产权产品是技术创新发展的科技转化成果，不具有知识产权保护的科技成果无法实现其商业价值（刘昱洋，2021），这可在一定程度上反映出创新资源的配置效率。知识产权创造质量不高、核心专利成果优势不突出等，都会在一定程度上反映出创新要素市场化配置尚存不足、新经济增长动力尚待提高的现象。

知识产权贸易无疑是加快知识产权成果转移、转化的催化剂。在知识产权国内贸易中，知识产权类产品可带来企业和产业追求更高的经济利益，这会促使企业和产业推动其在有限的生产要素资源基础上侧重"创新"要素投入，改变原有的低效要素资源配置比。由此，无论是含有知识产权产品的广义知识产权贸易还是以知识产权为标的的狭义知识产权贸易，都会加快各区域间要素资源的流动、配置调整，人力资本要素、物质资本要素、劳动力要素、土地要素等生产要素都会因各区域间要素的比较优势差异而发生转换变动，并寻求整个国内市场资源的最佳配置。在知识产权国际贸易中，要素资源的流动、配置调整已经从国内走向世界范围，知识产权进口贸易会引入新的技术要素而带动国内生产要素配置调整，缩小与发达国家资源配置结构的差异。知识产权出口贸易也会促使国内企业为维持、培育产品竞争优势而加速现有生产要素资源的优化配置。由此，知识产权贸易会推动国内生产要素配置优化调整。

（二）知识产权贸易与要素配置优化机制检验

1. 模型设定及变量说明

为更详实地论证知识产权贸易与要素配置间的正向促进关系，本节将基于中国除港澳台及西藏外的 30 个省、市、自治区 2001～2020 年的省际面板数据进行相关实证，数据均来源于《中国科技统计年鉴》《中国统计年鉴》及各地方性统计年鉴，个别缺失数据采用该指标平滑增长率的方式进行补充。为消除异方差等因素影响，所有数据皆进行相应的对数化处理（本部分其余环节进行同样处理）。基础模型如公式（5.1）所示。

$$cap_{it} = \beta_0 + \beta_1 ipt_{it} + \lambda C_{it} + \varepsilon_{it} \qquad (5.1)$$

其中，cap 为资本密集度，ipt 为知识产权贸易水平，C 为控制变量，包括地方城镇化水平（urb）、固定资产投资水平（fai）、贸易开放度（ito）、地方债务增长规模（debt）、研发投入水平（R&D）及时间、地区效应，具体如下。

（1）被解释变量：资本密集度（cap）。资本密集度可衡量地区资本密集型产业的发展程度，结合目前经济发展形势，资本密集型产业已不再是经济增长主要方式，较高的资本投入并不能有效提升生产要素配置效率。对此，参照黄一松（2018）做法，采用各地区年度固定资产投资额与 GDP 值比重进行指标刻画。

（2）解释变量：知识产权贸易水平（ipt）。为更贴合理论分析，模型中的知识产权贸易采用广义的知识产权贸易进行衡量，用地区技术市场成交额（狭义的知识产权贸易）加上新产品销售收入来表征（顾晓燕等，2018），源于新产品是主要采用新技术原理、新设计思路等进行创造，是含有知识产权的产品的重要体现。

（3）控制变量：地方城镇化水平（urb），以当年年末城镇人口与总人口的比重来表征，可在一定程度上表明该区域经济发展程度，会对该地区经济增长方式的选择产生一定影响；固定资产投入水平（fai）以各地区固定资产投入额来表征，较高的固定资产投入会引起资本密集度提高，鉴于被解释变量资本密集度与其可能存在的互为相关性，使用滞后一期的固定资产投入额进行衡量；贸易开放度（ito）以实际利用外资额与地区生产总值的比值来表征，活跃的对外贸易市场会有利于地方引入新的经济增长动力，易推动地方经济增长模式由资本密集型向知识密集型转变；地方债务增长规模（debt）以当年财政年度支出与财政收入之差来表征，可在一定程度上表明该地区政府对区域经济发展的支持力度，会对区域资本投入水平产生一定影响；研发投入水平（R&D）以研发投入占 GDP 的比重来表征，通常认为区域研发投入水平会直接影响区域创新产出水平，会间接影响区域经济增长方式的转变。

2. 模型结果分析

（1）描述性统计分析。

为了克服样本数据中离群值的影响，本节在前后 1% 水平上对所有连续变量进行了缩尾处理。表 5-1 展示了模型中所涉及变量的平均数、标准差、最小值及最大值结果。从表 5-1 可以看到：各省市资本密集度（cap）的平均值为 4.098，其中资本密集度的最小值与最大值很接近，这可在一定程度上表明各区域经济发展都对资本投入有较多依赖。固定资产投入水平（fai）的较低标准差值同样从侧面证实这一可能性。知识产权贸易水平（ipt）的标准差远低于平均数，这表明不同省市间的知识产权贸易水平并未存在较大差异。研发投入（R&D）平均数为 0.144，最小值仅为 -1.571（该指标取对数，造成变量值具有负数的可能性），这表明部分省市的研发投入规模相当有限，对区域创新水平的影响、经济增长方式转变的作用可能会有限。

表 5-1　　　　　　　　　　变量的描述性统计

变量	平均数	标准差	最小值	最大值
cap	4.098	0.458	3.123	4.984
ipt	6.949	1.772	2.3	10.33

变量	平均数	标准差	最小值	最大值
urb	3.904	0.308	3.021	4.492
fai	8.498	1.309	5.39	10.878
ito	2.767	2.297	0.066	10.842
debt	6.732	1.105	4.295	8.634
R&D	0.144	0.675	−1.571	1.716

（2）实证性检验分析。

表5-2囊括了知识产权贸易与要素配置关系的基础性检验、内生性检验及稳健性检验结果。考虑到面板数据可能存在的异方差及序列相关问题，本节采用过度识别检验方法来判断模型（2）、模型（3）及模型（5）回归采用固定效应还是随机效应结果。若过度识别检验的 P 值小于0.1，可使用固定效应结果，否则采用随机效应结果，具体分析如下：

表5-2中模型（1）采用 OLS 方法汇报了各省市知识产权贸易水平对区域要素配置的影响，模型（2）和模型（3）进行知识产权贸易对各省市要素配置状况的双向固定效应讨论。结果发现，知识产权贸易水平的系数皆显著为负，这在一定程度上说明当知识产权贸易水平较高时会因鼓励企业积极培育自身竞争优势而促使企业提高自主创新水平，有利于推动区域知识产权密集型产业发展，而对资本投入依赖将会有所减少，各区域资本密集度将会有所降低，而要素配置效率相对有所提升，与预期相符。

在内生性检验上，文中采用面板数据可在一定程度上克服遗漏变量导致的内生性问题，但文中所用的主要自变量与因变量间可能存在一定的双向因果关系，即一地区的要素配置水平越高，越有可能提升该地区经济发展质量，越注重产品技术含量、供给质量，进而会增加该地区知识产权产品的贸易需求。考虑到知识产权贸易通过各类因素影响区域要素配置水平需要一定的时间反应，由此选用知识产权贸易的滞后期作为工具变量进行相关讨论，具体结果如表5-2中模型（4）所示。由于工具变量仅有一个，文中采用弱工具变量法进行工具变量的外生性检验，根据表5-2中列出的 F 值，可发现所选取的工具变量是合理的。进一步地，表 5 - 2 中模型（4）列出了考虑内生性问题后的模型回归结果，发现知识产权贸易水平的系数显著为负，随着知识产权贸易水平的提高，区域资本密集度有所降低，要素配置效率得到相对提升，结论稳健。

上述内生性检验已是一项稳健性检验，为进一步论证结论的可靠性，本节将主自变量使用狭义的知识产权贸易进行衡量。可发现表 5 - 2 模型（5）的知识产权贸易变量系数方向、显著性未发生变化，表明结论稳健。

其他控制变量方面，地方城镇化发展水平在一定程度上可反映该地方的经济发展水平，结合现有的经济发展模式，各地区城镇化的快速发展仍较多依赖于资本密集型产业。较高的固定资产投入必然会带来区域资本密集度的提升。外商投资会增强贸易市场的活跃度，本意是促进先进技术引进的同时推动知识产权密集型产业发展，但实际发展过程中仍会倾向对资本密集型项目的投入。活跃的地方债务市场可在一定程度上表明地方政府有以信贷方式来大力支持地方经济发展的倾向，这为大规模的固定资产投入带来资金支持。知识产权密集型产业的发展需要人力资源及研发资金的投入，表 5 - 2 中研发投入变量系数大多显著为正，可在一定程度上说明研发创新投入将降低产业发展对固定资产投入的依赖，创新要素配置将得到一定的优化。

表 5 - 2　　　　　　　　基础检验、内生性检验和稳健性检验

因变量	（1）	（2）	（3）	（4）	（5）
	cap	cap	cap	cap	cap
ipt	- 0. 343 *** (0. 021)	- 0. 088 *** (0. 021)	- 0. 055 *** (0. 020)	- 0. 054 * (0. 031)	
iptt					- 0. 028 ** (0. 011)
urb	0. 189 *** (0. 057)	- 0. 292 *** (0. 084)	- 0. 038 (0. 076)	- 0. 038 (0. 073)	- 0. 336 *** (0. 084)
fai	0. 439 *** (0. 043)	0. 570 *** (0. 026)	0. 584 *** (0. 024)	0. 584 *** (0. 024)	0. 553 *** (0. 026)

续表

因变量	(1)	(2)	(3)	(4)	(5)
	cap	cap	cap	cap	cap
ito	0.051 ***	0.077 ***	0.021 *	0.021 *	0.064 ***
	(0.016)	(0.013)	(0.012)	(0.011)	(0.013)
debt	0.108 ***	−0.155 ***	0.130 ***	0.130 ***	−0.179 ***
	(0.031)	(0.030)	(0.038)	(0.037)	(0.029)
R&D	0.078 ***	0.046	0.085 **	0.085 **	−0.010
	(0.027)	(0.041)	(0.036)	(0.034)	(0.043)
cons	1.242 ***	1.994 ***	−0.567 *	−0.722 **	1.984 ***
	(0.192)	(0.237)	(0.295)	(0.288)	(0.247)
year	未控制	未控制	控制	控制	控制
region	未控制	未控制	控制	控制	控制
P	—	0.000	0.000	—	0.000
F	—	—	—	338.261	—
回归方法	OLS	FE	FE	2SLS	FE
R^2	0.618	0.805	0.869	0.910	0.801

注：*、**、*** 分别表示在10%、5%、1%的水平上显著；P 值为过度识别检验的 P 值；F 值为弱工具变量检验的 F 值（若 F 值大于10，表明工具变量具有外生性）；括号里数值为稳健标准误。

（三）进一步讨论

要素配置优化是畅通国内大循环的重要途径，可通过"内循环"促进"外循环"，实现"双循环"有效联动。一方面，要素配置效率的提高将有助于推动各区域间要素流动，有效地消除不同区域间要素价格的不合理设定，通过打通要素流动的壁垒，实现各区域生产要素分配的合作共赢，加快内循环速度，带动国内经济良性持续发展。另一方面，知识产权产品作为创新要素配置效率提升的成果，成为国际经济贸易交流的重要工具，具有较高经济价值的知识产权产品的进口/出口都会带来一定的技术转移及技术进步，其中知识产权产品的进口贸易是一种以技术引进路径带动国内创新要素生产效率提高，从而促进"双循环"有效联动的方式，含有知识产权的中间产品是科技性产品，其进口引入可以带来技术外溢、创新要素引入，既可有效实现要素的跨国际流动，还能增强本地创新要素生产配套能力，提升创新产品的供给体系质量，以国际循环促进国内循环。与此同时，国内企业以富含创新性产品的优势为自身抢占相应的市场规模效应和经济利润，有利于提升企业自主创新水平、提高产品供给质量，提高自身的出口竞争力，加速融入全球价值链，反以国内循环促进国际循环，实现"双循环"有效联动。由此，知识产权贸易可能会通过影响要素配置，对"双循环"有效联动产生间接的影响。

二、技术创新协同机制

（一）知识产权贸易与技术创新协同

技术创新是企业和产业生存与发展的灵魂和动力源泉（顾晓燕和刘丽，2014）。在知识经济时代，度过必需的技术模仿阶段后，企业和产业所需要的技术创新不再是简单的模仿复制型，不能局限于"拿来"主义，更在于企业和产业的自主创新型技术，这离不开企业内自主知识产权的创造。然而，单一的企业内部知识产权创造并不能带来整体产业的技术创新与进步，赫尔普曼（1993）提出先进科学知识和人力资本的广泛流动能促进产业发展和自主创新，缺乏流动性的知识产权创造仅能在短期内使企业盈利，不利于企业维持长期技术研发领先优势。由此，对于含有知识产权的产品（尤其是附有高附加值的高新技术产品），应在相应的知识产权保护下加快其贸易交流程度，基于各项相关专利成果的转化应用，推进技术专利化、专利产品市场化，通过各项自主知识产权产品贸易发展来促进企业、产业竞争优势形成，进而倒逼企业自主创新能力的提升。

知识产权贸易与创新相辅相成，共同推进经济良性发展（王晓东，2019）。依照贸易对象国划分，知识产权贸易可以分为知识产权国内贸易与知识产权国际贸易（进口贸易与出口贸易），两者的共同发展壮大有助于提高全球范围内要素资源的优化配置，增强自主知识产权拥有方的比较优势及竞争优势，进而推动其技术创新发展，实现新一轮的自主创新。在国内贸易上，知识产权贸易以知识产权直接交易、依托产品的知识产权间接交易形式实现区域间的技术交流，如由东部地区向中西部地区的技术转移可带动中西部地区经济发展、减少区域技术差异，在带领中西部地区技术发展水平提升的同时，还反向推动东部地区继续加强自主创新，维持技术创新领先地位。在国际进口贸易上，专利技术产品的引入能缩短我国技术创新时间，通过引入技术的再创新实现本土自主创新的后发优势，主攻更加核心关键的技术研发领域，提高创新要素资源的利用率；另外，在当前国际知识产权贸易争端下，"卡脖子"技术研发一直是国内科研人员重点关注事项，迫使国内企业更加注重内部技术的自主创新，加大含有知识产权的新产品的研发力度，提高自身知识产权产品的核心竞争力。在国际出口贸易上，我国具有高附加值的知识产权密集型产品出口可在一定程度上改善过去以劳动密集型产品出口为主而造成的利润微薄局面，可通过有所提高的出口利润去进行更多的创新投入，开展新一轮的技术创新工作；再者，我国知识产权出口产品仍与发达国家具有一段距离，出口竞争优势并不突出，为快速适应激烈的市场竞争，国内企业正加大自主知识产权的创造、应用与转化，加快技术创新步伐以缩小我国与发达国家的技术差距（顾晓燕和田家林，2014）。由此，知识产权贸易会推动国内企业和产业进行技术创新。

（二）知识产权贸易与技术创新协同机制检验

1. 模型设定及变量说明

为更详实地论证知识产权贸易与技术创新间的正向促进关系，本节将基于中国除港澳台及西藏外的 30 个省、市、自治区 2001～2020 年的省际面板数据进行相关实证检验，基础模型如公式（5.2）所示。

$$tec_{it} = \beta_0 + \beta_1 ipt_{it} + \lambda C_{it} + \varepsilon_{it} \tag{5.2}$$

其中，tec 为技术创新水平，ipt 为知识产权贸易水平，C 为控制变量，包括地方经济发展水平（pgdp）、金融发展水平（fin）、贸易开放度（ito）、人力资本水平（hc）、研发投入水平（R&D）及时间、地区效应，具体如下。

（1）被解释变量：技术创新水平（tec）。参照姚东旻等（2017）做法，采用专利申请授权量（件数）进行衡量。

（2）解释变量：知识产权贸易水平（ipt）。对知识产权贸易水平的测算与上一部分相同，采用广义知识产权贸易进行刻画。

（3）控制变量：地方经济发展水平（pgdp），由人均GDP指标衡量，各区域的经济发展水平会影响该地区对技术创新的重视程度；金融发展水平（fin），以各地区各年金融机构人民币贷款余额与GDP比值来表征，区域的金融活跃程度会直接影响区域推动技术创新程度；贸易开放度（ito），以实际利用外资额与地区生产总值的比值来表征，活跃的对外贸易市场会有利于地方推动技术创新发展；人力资本水平（hc），采用地区高校毕业人数和中专（职）学校毕业人数之和占该地区总人口数的比值来表征，通常认为一个地区的人力资本水平会直接影响区域技术创新水平；研发投入水平（R&D），以研发投入占GDP的比重来表征，通常认为区域研发投入水平会直接影响区域技术创新成果。

2. 模型结果分析

（1）描述性统计分析

为了克服样本数据中离群值的影响，在前后1%水平上对所有连续变量进行了缩尾处理。表5-3展示了模型中所涉及变量的平均数、标准差、最小值及最大值结果。从表5-3可以看到：各省市技术创新水平（tec）的平均值为9.096，其中技术创新的最小值与最大值相差8左右，这可在一定程度上显示出部分省市的技术创新差异较大。知识产权贸易水平（ipt）的标准差远低于平均数，这表明不同省市间的知识产权贸易水平并未存在较大差异。贸易开放度（ito）、人力资本水平（hc）的平均数皆低于各自的标准差，这说明不同省市的贸易开放程度、人力资本水平皆存在较大差异。研发投入（R&D）平均数为0.144，最小值仅为-1.571（该指标取对数，造成变量值具有负数的可能性），这表明部分省市的研发投入规模相当有限，对区域技术创新水平的影响程度也可能会有限。

表 5 – 3   变量的描述性统计

变量	平均数	标准差	最小值	最大值
tec	9.096	1.736	4.954	12.687
ipt	6.949	1.772	2.3	10.33
pgdp	10.193	0.81	8.479	11.855
fin	4.775	0.317	4.158	5.502
ito	0.64	0.989	– 2.712	2.383
hc	0.882	1.688	– 0.43	6.282
R&D	0.144	0.675	– 1.571	1.716

（2）实证性检验分析。

表 5 – 4 囊括了知识产权贸易与技术创新水平关系的基础性检验、内生性检验及稳健性检验结果。考虑到面板数据可能存在的异方差及序列相关问题，采用过度识别检验方法来判断模型（2）、模型（3）及模型（5）回归采用固定效应还是随机效应结果。若过度识别检验的 P 值小于 0.1，可使用固定效应结果，否则采用随机效应结果，具体分析如下：

表 5 – 4 中模型（1）采用 OLS 方法分析了各省市知识产权贸易水平对区域技术创新水平的影响，模型（2）和模型（3）进行知识产权贸易对各省市技术创新程度的双向固定效应讨论。结果发现，知识产权贸易水平的系数皆显著为正，这在一定程度上说明当知识产权贸易水平较高时会因鼓励企业积极培育自身竞争优势而促使企业提高自主创新水平，与预期相符。

在内生性检验上，采用面板数据可在一定程度上克服遗漏变量导致的内生性问题，但所用的主要自变量与因变量间可能存在一定的双向因果关系，即一地区的技术创新水平越高，越有可能提升该地区经济发展质量，越注重产品技术含量、供给质量，进而会增加该地区知识产权产品的贸易需求。考虑到知识产权贸易通过各类因素影响区域技术创新水平需要一定的时间反应，由此选用知识产权贸易的滞后期作为工具变量进行相关讨论，具体结果如表 5 – 4 中模型（4）所示。由于工具变量仅有一个，采用弱工具变量法进行工具变量的外生性检验，根据表 5 – 4 中列出的 F 值，可发现所选取的工具变量是合理的。进一步地看，表 5 - 4 中模型（4）列出了考虑内生性问题后的模型回归结果，发现知识产权贸易水平的系数在 1% 水平上显著为正，随着知识产权贸易水平的提高，区域技术创新水平也不断提高，结论稳健。

上述内生性检验已是一项稳健性检验，为进一步论证结论的可靠性，将因变量的技术创新指标进行替换，参照顾晓燕等（2021）做法，使用专利申请量（件数）（tece）进行衡量。可发现表 5 - 4 模型（5）的知识产权贸易变量系数方向、显著性未发生变化，表明结论稳健。

其他控制变量方面，地方经济发展水平显著正向影响区域技术创新程度，这可能是因为地方经济的良性发展会推动要素资源跨区域、跨行业的合理流动，会营造更好的创新环境，带动技术创新发展。较强的融资能力能激活经济发展活力，但过度的融资可能因金融要素资源错配而阻碍新技术研发创新的良性发展。外商投资会增强贸易市场的活跃度，促进先进技术引进的同时带动技术创新发展。技术创新研发需要人力资源及研发资金的投入，表 5 - 4 中人力资本变量系数及研发投入变量系数并不是显著为正，这可能是因为当前各区域的人力资源优势并不突出，对研发投入的回收周期担忧而存在谨慎投资，由此对技术创新发展的推动作用并不明显。

表 5 - 4　　　　　　　　　　基础检验、内生性检验和稳健性检验

因变量	（1）	（2）	（3）	（4）	（5）
	tec	tec	tec	tec	tece
ipt	0.868 *** (0.029)	0.131 * (0.065)	0.191 ** (0.070)	0.250 *** (0.055)	0.170 ** (0.075)
pgdp	0.284 *** (0.059)	1.257 *** (0.083)	0.816 *** (0.218)	0.753 *** (0.107)	1.069 *** (0.243)
fin	0.084 (0.098)	0.924 *** (0.115)	0.327 * (0.192)	0.339 *** (0.091)	0.413 * (0.218)
ito	- 0.181 *** (0.027)	0.005 (0.033)	0.025 (0.029)	0.020 (0.020)	0.032 (0.034)

续表

因变量	（1）	（2）	（3）	（4）	（5）
	tec	tec	tec	tec	tece
hc	0.053 *** （0.014）	0.023 *** （0.008）	−0.052 * （0.029）	−0.055 ** （0.026）	−0.053 ** （0.025）
R&D	−0.008 （0.056）	0.020 （0.162）	0.062 （0.160）	0.047 （0.059）	0.087 （0.185）
cons	−0.160 （0.447）	−9.068 *** （0.718）	−2.156 （2.241）	−1.434 （0.928）	−4.207 * （2.454）
year	未控制	未控制	控制	控制	控制
region	未控制	未控制	控制	控制	控制
P	—	0.000	0.000	—	0.000
F	—	—	—	314.6	—
回归方法	OLS	FE	FE	2SLS	FE
R^2	0.916	0.946	0.96	0.982	0.951

注：*、**、***分别表示在10%、5%、1%的水平上显著；P值为过度识别检验的P值；F值为弱工具变量检验的F值（若F值大于10，表明工具变量具有外生性）；括号里数值为稳健标准误。

（三）进一步讨论

技术创新对畅通国内国际双循环极为重要，可通过"内循环"促进"外循环"，实现"双循环"有效联动。一方面，技术创新推动区域间经济交流，实现区域间合作共赢，促进内循环，带动国内经济良性发展。另一方面，知识产权产品作为技术创新的成果，成为国际经济贸易交流的重要工具，具有较高经济价值的知识产权产品的进口/出口都会带来一定的技术转移，其中知识产权产品的进口贸易是一种以技术引进路径带动"双循环"有效联动的方式，含有知识产权的中间产品是高附加值产品，其进口引入可以带来技术外溢，既可有效满足不断提升的国内需求，还可增强本地生产配套能力，提升供给体系质量，以国际循环促进国内循环。与此同时，国内企业为在国内超大规模市场上抢占相应的规模效应和经济利润，会不断提升企业自主创新力、推动产品供给数量与质量的双提升，凭借出口产品竞争优势提高国际市场占有率，加快融入国际循环中，实现"双循环"有效联动。由此，知识产权贸易可能会以技术创新为中介对"双循环"有效联动产生间接的影响。

三、产业结构升级机制

（一）知识产权贸易与产业结构升级

在供给侧结构性改革中，"以创新为核心，以科技为战略"一直是其实践的核心方式，所以技术创新可从供给端成为产业结构升级的动力之源，可以是推动产业结构升级、经济高质量发展的有效路径（纪玉俊和李超，2015）。知识产权产品是技术创新成果的综合体现，知识产权贸易能加速技术转移、带动技术创新，在合理吸收优势的人力、资本类创新要素时促进创新要素配置优化（顾晓燕等，2020），不断引领产品质量升级、产业结构优化升级（朱卫平和陈林，2011）。

在需求侧上，消费作为经济发展的基础性支柱，其升级发展自然会带动企业创新壮大、经济良性发展及产业结构升级等（薛秋童和封思贤，2022），附加值较高的知识产权产品亦自然能满足不断升级的消费需求，于是知识产权贸易可在刺激居民消费升级时倒逼产业结构升级。另外，依附于知识产权贸易的技术创新转移可同样成为产业结构升级的倒逼推力，在新消费经济时代，需求引领倒逼的产业结构升级将会更加趋向合理化和高级化，倒逼产业深度融合到全球产业链价值链中（顾晓燕等，2020）。由此，知识产权贸易会助推国内产业结构升级。

（二）知识产权贸易与产业结构升级机制检验

1. 模型设定及变量说明

为更详实地论证知识产权贸易对产业结构升级的促进作用，本节基于中国除港澳台及西藏外的 30 个省、市、自治区 2001～2020 年的省际面板数据进行相关实证，基础模型如公式（5.3）所示。

$$ids_{it} = \beta_0 + \beta_1 ipt_{it} + \lambda C_{it} + \varepsilon_{it} \tag{5.3}$$

其中，ids 为产业结构升级水平，ipt 为知识产权贸易水平，C 为控制变量，包括地方政府干预度（gov）、贸易开放度（ito）、人力资本水平（hc）及研发投入（R&D）。具体如下。

（1）被解释变量：产业结构升级水平（ids）。为便于实证检验上文提出的理论推导，参照吕健（2015）常规做法，将探讨的产业结构升级指标用第三产业产值与 GDP 值比重进行考量。

（2）解释变量：知识产权贸易水平（ipt）。对知识产权贸易水平的测算与上一部分相同，采用广义知识产权贸易进行刻画。

（3）控制变量：考虑到各地区的差异性，为防止遗漏变量问题的出现，尽量控制影响各地区消费升级程度差异的相关变量：地方政府干预度（gov），以当年各省全年财政支出占 GDP 比重来表征，可在一定程度上表明该地区政府对区域经济发展的支持力度，会对区域的产业结构升级水平产生一定影响。贸易开放度（ito），以外商直接投资额与地区生产总值的比值来表征，活跃的对外贸易市场会有利于提高产业升级水平。人力资本水平（hc），采用地区高校毕业人数和中专（职）学校毕业人数之和占该地区总人口数的比值来表征，通常认为一个地区较高的人力资本水平代表该地区居民受教育程度较高，意味着有能力进行较多的创新活动，有利于促进产业结构升级。研发投入（R&D），以研发投入占 GDP 的比重来表征，通常认为区域研发投入水平会直接影响区域技术创新成果，对区域产业发展质量、产业结构升级速度产生一定影响。

2. 模型结果分析

（1）描述性统计分析。

为了克服样本数据中离群值的影响，在前后 1% 水平上对所有连续变量进行了缩尾处理。表 5-5 展示了模型中所涉及变量的平均数、标准差、最小值及最大值结果。从表 5-5 可以看到：各省市产业结构升级程度（ids）、政府干预度（gov）的平均值分别为 3.805 和 3.001，皆与自身的最大（小）值间差异不大，这可在一定程度上显示出各省市间产业结构升级程度、政府干预程度差异都相对较小。人力资本水平（hc）的平均数低于其标准差，这说明不同省市的人力资本水平差异较大，可能会因为人力资本价格差异而影响各区域的人才量，进而影响区域经济发展、产业结构升级。研发投入（R&D）同样存在此类问题。

表5-5   变量的描述性统计

变量	平均数	标准差	最小值	最大值
ids	3.805	0.179	3.438	4.392
ipt	6.949	1.772	2.3	10.33
gov	3.001	0.428	2.167	4.193
ito	1.459	0.838	-0.289	3.211
hc	-0.138	0.376	-1.156	0.687
R&D	0.144	0.675	-1.571	1.716

（2）实证性检验分析。

表5-6囊括了知识产权贸易与产业结构升级间的基础性检验、内生性检验及稳健性检验结果。考虑到面板数据可能存在的异方差及序列相关问题，采用过度识别检验方法来判断模型（2）、模型（4）回归采用固定效应还是随机效应结果。若过度识别检验的 P 值小于 0.1，可使用固定效应结果，否则采用随机效应结果，具体分析如下：

表5-6中模型（1）采用 OLS 方法汇报了各省市知识产权贸易水平对区域产业结构升级的影响，模型（2）则是知识产权贸易对各省市产业结构升级的随机效应讨论。结果发现，知识产权贸易水平的系数皆为正，这在一定程度上说明当知识产权贸易水平较高时，高附加值产品交易会提升区域产品竞争优势、带动各区域经济高质量发展，从而有利于推动区域产业结构升级，与预期相符。

在内生性检验上，采用面板数据可在一定程度上克服遗漏变量导致的内生性问题，但所用的主要自变量与因变量间可能存在一定的双向因果关系，即一地区的产业结构升级速度越快，越有可能使该区域更注重提升产品科技含量、追求高质量供给，进而会增加该地区知识产权产品的贸易需求。考虑到知识产权贸易通过各类因素影响区域产业结构升级需要一定的时间反应，选用知识产权贸易的滞后三期作为工具变量进行相关讨论，具体结果如表 5 - 6 中模型（3）所示。由于工具变量仅有一个，采用弱工具变量法进行工具变量的外生性检验，根据表 5 - 6 中列出的 F 值，可发现所选取的工具变量是合理的。表 5 - 6 中模型（3）列出了考虑内生性问题后的模型回归结果，发现知识产权贸易水平的系数显著为正，随着知识产权贸易水平的提高，区域产业结构正不断升级，结论稳健。

上述内生性检验已是一项稳健性检验，为进一步论证结论的可靠性，将因变量的产业结构升级指标进行替换，使用各省市的第三产业产值与第二产业产值比重来进行衡量。可发现表 5 - 6 模型（4）的知识产权贸易变量系数方向、显著性未发生变化，表明结论稳健。

其他控制变量方面，地方政府干预对区域产业结构升级产生明显促进作用，这可能是因为地方政府的适度干预会有利于推动区域经济良性发展，对当地产业结构升级有一定的推动作用。外商投资会增强贸易市场的活跃度，有利于引入先进技术、增加国内产品出口渠道，带动国内产业结构升级。人力资本投入未对区域产业结构升级产生显著的促进作用，这可能是受人力资本指标统计方式影响，以地区高校毕业人数和中专（职）学校毕业人数作为统计对象，可能会造成样本中人力资本的含金量不高，对区域经济创新发展、产业结构升级的正面影响不大。较高的研发投入能刺激更多的创新产出，高附加值产品的增多会有利于增强产业结构升级的动力。

表 5 - 6　　　　　基础检验、内生性检验及稳健性检验

因变量	(1)	(2)	(3)	(4)
	ids	ids	ids	idss
ipt	0.006 (0.007)	0.033 ** (0.013)	0.010 * (0.005)	0.046 ** (0.022)

续表

因变量	（1）	（2）	（3）	（4）
	ids	ids	ids	idss
gov	0. 226 *** （0. 016）	0. 241 *** （0. 049）	0. 231 *** （0. 015）	0. 542 *** （0. 138）
ito	0. 090 *** （0. 006）	0. 083 *** （0. 016）	0. 090 *** （0. 007）	0. 191 *** （0. 038）
hc	− 0. 063 ** （0. 026）	− 0. 150 *** （0. 045）	− 0. 072 *** （0. 024）	− 0. 413 *** （0. 088）
R&D	0. 111 *** （0. 018）	0. 062 （0. 046）	0. 106 *** （0. 014）	0. 077 （0. 091）
cons	2. 928 *** （0. 098）	2. 704 *** （0. 196）	2. 881 *** （0. 074）	− 2. 221 *** （0. 428）
P	—	0. 482	—	0. 169
F	—	—	3958. 76	—
回归方法	OLS	RE	2SLS	RE
R^2	0. 516	0. 438	0. 515	0. 228

注：*、**、*** 分别表示在10%、5%、1%的水平上显著；P 值为过度识别检验的 P 值；F 值为弱工具变量检验的 F 值（若 F 值大于 10，表明工具变量具有外生性）；括号里数值为稳健标准误。

（三）进一步讨论

当前我国正处在转变经济发展方式、优化经济结构、促进经济高质量发展的关键时期，产业结构升级则是其中一项具体化任务，对推进供给侧结构性改革、推动经济双循环发展至关重要。一方面，产业结构升级能优化区域经济发展结构，逐步脱离粗放型经济增长模式，开展以知识密集型为主的经济利益增长新模式，加快内循环速度，带动国内经济良性发展。另一方面，知识产权产品是具有创新性的智力劳动成果，隐含着巨大的物质收益，具有一定的进口竞争优势，由知识产权国际贸易带来的技术转移、技术引进及技术外溢等可共同推动国内产业朝着知识密集型方向发展，既可有效满足不断提升的国内需求，还可增强本地生产供给质量，以国际循环促进国内循环。与此同时，知识产权贸易不断发展意味着产品加工度增高、科技含量变大、附加值提高，知识、技术类无形资产产品的比重将不断上涨，这会推动产业结构的高端化发展，加速融入全球价值链中高端环节，助力我国经济高质量发展及"双循环"经济发展格局建设。由此，知识产权贸易可以通过产业结构升级路径对"双循环"有效联动产生间接的影响。

第二节　基于市场维度的动力机制分析

一、市场消费催生机制

（一）知识产权贸易与市场消费催生

当前世界经济发展正面临着低利率、低通胀和低经济增长率形势，国内经济发展也受此影响而出现增速下滑的状态，我国已然处在转换经济增长动能的关键期（任保平和宋雪纯，2020）。受资本要素边际效率递减的影响，投资对经济增长的拉动作用已不比以前，再加上国内推行的供给侧改革影响，消费或许可以成为新时期我国经济高质量发展的主要支撑和关键动力，通过刺激新消费生成、构建新型消费体系来适应经济大环境和国际形势的深刻变化（任保平和苗新宇，2021）。

新形势下经济的发展是以知识创新为内核，可表现为新技术、新产业及新业态等作用于消费行为的参与群体及消费环境（任保平和宋雪纯，2020），催生出各类新消费。知识产权产品是知识创新经济发展的产物，能为消费者带来更多的消费价值，易引起市场新消费的出现。一方面，附有高附加值的实物类知识产权贸易可强化产业链上下游之间的贸易往来，为消费者提供多样化、高级化产品，丰富的产品刺激新消费的生成。另一方面，技术类知识产权贸易会带动技术转移、实现新一轮的产业升级（董庆前等，

2022)，使云计算、大数据等互联网技术与市场经济联系更为密切，新型消费模式、消费内容也应运而生，共同重塑全新的消费生态链体系，满足各类消费者的消费特性及真实需求，全面推动新消费规模的增长。由此，知识产权贸易的不断发展将引领新消费需求的出现。

（二）知识产权贸易与市场消费催生机制检验

1. 模型设定及变量说明

为更翔实地论证知识产权贸易下市场消费的新生成，本节将基于中国除港澳台及西藏外的 30 个省、市、自治区 2001～2020 年的省际面板数据进行相关实证，基础模型如公式（5.4）所示。

$$cse_{it} = \beta_0 + \beta_1 ipt_{it} + \lambda C_{it} + \varepsilon_{it} \tag{5.4}$$

其中，cse 为市场消费生成量，ipt 为知识产权贸易水平，C 为控制变量，包括地方债务增长规模（debt）、贸易开放度（ito）、金融发展水平（fin）、人力资本水平（hc）及时间、地区效应。具体如下。

（1）被解释变量：市场消费生成量（cse）。用居民人均消费支出指标进行考量。

（2）解释变量：知识产权贸易水平（ipt）。对知识产权贸易水平的测算与上一部分相同，采用广义知识产权贸易进行刻画。

（3）控制变量：考虑到各地区的差异性，为防止遗漏变量问题的出现，尽量控制影响各地区市场消费催生量差异的相关变量：地方债务增长规模（debt），以当年财政年度支出与财政收入之差来表征，可在一定程度上表明该区域的经济发展水平，会对区域的消费意愿产生一定影响。贸易开放度（ito），以外商直接投资额与地区生产总值的比值来表征，活跃的对外贸易市场会增加居民收入，有利于推动国内消费增长。金融发展水平（fin），以各地区金融业增加值与地区生产总值的比值来表征，区域的金融活跃程度越高，居民拥有更多的流动性资金，会直接影响区域消费水平。人力资本水平（hc），采用地区高校毕业人数和中专（职）学校毕业人数之和占该地区总人口数的比值来表征，通常认为该地区受教育程度高的人越多，会越有可能带来高收入，从而会带动消费支出增长。

2. 模型结果分析

（1）描述性统计分析。

为了克服样本数据中离群值的影响，在前后 1% 水平上对所有连续变量进行了缩尾处理。表 5-7 展示了模型中所涉及变量的平均数、标准差、最小值及最大值结果。从表 5-7 可以看到：各省市消费量水平（cse）的平均值为 9.06，其中消费支出水平的最小值与最大值相差 7 左右，这可在一定程度上显示出部分省市的消费支出差异较大。知识产权贸易水平（ipt）的标准差远低于平均数，这表明不同省市间的知识产权贸易水平并未存在较大差异。贸易开放度（ito）、金融发展程度（fin）的平均数皆高于各自的标准差，这说明不同省市的贸易开放程度、金融发展程度的差异并未较大。但人力资本水平（hc）的平均数低于其标准差，这说明不同省市的人力资本水平差异较大，可能会通过影响各区域的居民收入水平而影响其消费支出。

表 5-7　　　　　　　　　　　　　变量的描述性统计

变量	平均数	标准差	最小值	最大值
cse	9.06	0.73	7.624	10.58
ipt	6.949	1.772	2.3	10.33
debt	6.732	1.105	4.295	8.634
ito	1.459	0.838	-0.289	3.211
fin	1.568	0.553	0.063	2.777
hc	0.882	1.688	-0.43	6.282

（2）实证性检验分析。

表 5-8 囊括了知识产权贸易与市场消费催生关系的基础性检验和内生性检验结果。考虑到面板数据可能存在的异方差及序列相关问题，采用过度识别检验方法来判断模型（2）与模型（3）回归采用固定效应还是随机效

应结果。若过度识别检验的 P 值小于 0.1，可使用固定效应结果，否则采用随机效应结果，具体分析如下：

表 5-8 中模型（1）采用 OLS 方法汇报了各省市知识产权贸易水平对区域消费水平的影响，模型（2）和模型（3）进行知识产权贸易对各省市消费水平的双向固定效应讨论。结果发现，知识产权贸易水平的系数皆显著为正，这在一定程度上说明当知识产权贸易水平较高时会因交易的高附加值产品能给生产者带来更多的收入，而促使区域消费水平有所提升，与预期相符。

在内生性检验上，采用面板数据可在一定程度上克服遗漏变量导致的内生性问题，但所用的主要自变量与因变量间可能存在一定的双向因果关系，即一地区的消费水平越高，越有可能使该区域更注重产品的供给质量，进而会增加该地区知识产权产品的贸易需求。考虑到知识产权贸易通过各类因素影响区域消费水平需要一定的时间反应，由此选用知识产权贸易的滞后期作为工具变量进行相关讨论，具体结果如表 5-8 中模型（4）所示。由于工具变量仅有一个，文中采用弱工具变量法进行工具变量的外生性检验，根据表 5-8 中列出的 F 值，可发现所选取的工具变量是合理的。进一步地看，表 5-8 中模型（4）列出了考虑内生性问题后的模型回归结果，发现知识产权贸易水平的系数在 5% 水平上显著为正，随着知识产权贸易水平的提高，区域消费水平也不断提高，结论稳健。

其他控制变量方面，地方政府债务对区域消费水平产生明显促进作用，这可能是因为地方政府债务的增长可能是用于当地经济建设发展，对当地居民实际收入水平提高有所影响，从而影响居民消费支出水平。外商投资会增强贸易市场的活跃度，促进先进技术引进的同时还扩大商品出口，带动国内居民收入增长、刺激消费需求。较强的融资能力能激活经济发展活力，有利于刺激居民消费意愿，带动消费水平提升。较多的人力资本投入能带动区域经济发展、改善经济状况，但供给质量不高的人力资源投入成效未必良好，员工未必能获得较高报酬水平，从而影响消费支出水平的提高。

表 5－8　　　　　　　　　　　基础检验、内生性检验

因变量	（1）	（2）	（3）	（4）
	cse	cse	cse	cse
ipt	0.021 ** （0.010）	0.108 *** （0.035）	0.021 ** （0.009）	0.027 ** （0.014）
debt	0.061 *** （0.022）	0.465 *** （0.050）	0.061 *** （0.019）	0.059 *** （0.019）
ito	0.052 *** （0.013）	0.068 ** （0.029）	0.052 *** （0.012）	0.052 *** （0.012）
fin	0.036 *** （0.013）	0.187 *** （0.041）	0.036 *** （0.013）	0.037 *** （0.012）
hc	− 0.007 （0.008）	− 0.009 ** （0.004）	− 0.007 （0.008）	− 0.008 （0.008）
cons	7.326 *** （0.135）	4.801 *** （0.103）	7.489 *** （0.108）	7.302 *** （0.116）
year	控制	未控制	控制	控制
region	控制	未控制	控制	控制
P	—	0.000	0.000	—
F	—	—	—	450.422
回归方法	OLS	FE	FE	2SLS
R^2	0.991	0.966	0.988	0.991

注：＊、＊＊、＊＊＊分别表示在10%、5%、1%的水平上显著；P值为过度识别检验的P值；F值为弱工具变量检验的F值（若F值大于10，表明工具变量具有外生性）；括号里数值为稳健标准误。

（三）进一步讨论

面对前所未有的复杂国内国际经济形势，数字技术驱动下的新消费是消费的新引擎、新动力，也是国内经济新一轮发展的重要引领力量，对我国经济高质量发展和"双循环"新发展格局建设具有重要的意义。新经济形势下，知识产权贸易不仅能提高市场上消费产品、服务的丰富度及价值量，通

过极大丰富的消费资料创造新的消费商机，还能借助物联网等新元素提升所供应产品、服务的质量，通过高质量消费资料更好地稳定客户源（消费量），这些都力促消费成为经济"双循环"发展的新动能。总之，知识产权贸易的稳步发展，一方面可反向推动企业生产制造能力及创新水平的提升，为满足消费需求提供基础性条件；另一方面可高效地使市场供需两端资源配置优化，降低消费者购买成本，释放消费潜力（毛中根等，2020），两方面共同推动国内消费成为解决出口受限难题、促进企业良性发展的重要动力，有助于推进经济高质量发展及"双循环"建设。由此，知识产权贸易可通过刺激新消费生成来带动"双循环"有效联动发展。

二、需求引领倒逼机制

（一）知识产权贸易与需求引领倒逼

知识产权贸易可分为知识产权国内贸易与知识产权国际贸易，两者的发展壮大有助于提高产品供给质量，增强居民消费意愿，提高供需高水平均衡度，以多样化需求推动消费结构升级。从国内贸易看，一方面，以专利技术、商标品牌区域间、企业间的转让许可为代表的知识产权国内贸易，可以加快技术集成和品牌推广，促进专利技术的产业化、产品化、市场化、品牌化，带动新产品开发，为消费者提供更多选择，可满足消费者日益增长的消费需求，进而提高消费意愿。另一方面，含有知识产权的中间产品的企业间的知识产权贸易，可以强化产业链上下游之间的贸易往来，有利于产业链的铸链、补链、固链、强链、延链，提升产业基础高级化，产业链现代化与供应链安全化，整体推进高质量产品的开发与供给，丰富的产品促进消费升级（顾晓燕和薛平平，2023）。从国际贸易看，首先，在知识产权国际贸易中，中国一直处于贸易逆差状态，专利技术引进消化吸收再创新助推了国内企业的技术创新，含有专利技术和品牌的高端产品的生产将会让消费者有新的消费需求；其次，含有知识产权的最终产品的进口，一般具有较高的国内市场需求量，此时将会引导国内市场出现相对应的新消费内容。由此，知识产权贸易的不断发展易引领新消费需求的出现、带动消费升级。

（二）知识产权贸易与需求引领倒逼机制检验

1. 模型设定及变量说明

为更翔实地论证知识产权贸易下需求引领倒逼的作用，本节将基于中国除港澳台及西藏外的 30 个省、市、自治区 2001～2020 年的省际面板数据进行相关实证，基础模型如公式（5.5）所示。

$$csu_{it} = \beta_0 + \beta_1 ipt_{it} + \lambda C_{it} + \varepsilon_{it} \tag{5.5}$$

其中，csu 为消费升级水平，ipt 为知识产权贸易水平，C 为控制变量，包括地方债务增长规模（debt）、贸易开放度（ito）、金融发展水平（fin）、研发投入水平（R&D）及时间、地区效应。具体如下。

（1）被解释变量：消费升级水平（csu）体现消费结构高级化程度，虽学术界对消费升级的界定和度量尚存在一定的争议，但鉴于不同的研究目的、数据可获性及真实性，参照刘斌等（2022）常规做法，采用居民除衣食住外的消费支出占比方式进行衡量，突出高层次消费支出占比的变动。

（2）解释变量：知识产权贸易水平（ipt）。对知识产权贸易水平的测算与上一部分相同，采用广义知识产权贸易进行刻画。

（3）控制变量：考虑到各地区的差异性，为防止遗漏变量问题的出现，尽量控制影响各地区消费升级程度差异的相关变量：地方债务增长规模（debt），以当年财政年度支出与财政收入之差来表征，可在一定程度上表明该区域的经济发展水平，会对区域的消费升级水平产生一定影响。贸易开放度（ito），以外商直接投资额与地区生产总值的比值来表征，活跃的对外贸易市场会有利于推动国内消费市场发展。金融发展水平（fin），以各地区金融业增加值与地区生产总值的比值来表征，区域的金融活跃程度会直接影响区域消费水平发展程度。研发投入水平（R&D），以各地区研究与试验发展经费内部支出额与地区生产总值的比值来表征，通常认为该地区的研发投入水平会影响区域的新产品产出量，进而影响该区域的消费容量。

2. 模型结果分析

（1）描述性统计分析。

为了克服样本数据中离群值的影响，在前后 1% 水平上对所有连续变量进行了缩尾处理。表 5-9 展示了模型中所涉及变量的平均数、标准差、最小值及最大值结果。从表 5-9 可以看到：各省市消费升级水平（csu）的平均值为 3.682，其中消费升级程度的最小值与最大值相差 4 左右，这可在一定程度上显示出部分省市的消费差异较大。知识产权贸易水平（ipt）的标准差远低于平均数，这表明不同省市间的知识产权贸易水平并未存在较大差异。贸易开放度（ito）、金融发展程度（fin）的平均数皆高于各自的标准差，这说明不同省市的贸易开放程度、金融发展程度的差异并未较大。研发投入（R&D）平均数为 0.144，最小值仅为 -1.571（该指标取对数，造成变量值具有负数的可能性），这表明部分省市的研发投入规模相当有限，对区域可消费的新产品的影响程度也可能有限，进而会影响区域的消费升级程度。

表 5-9　　　　　　　　　　　　　变量的描述性统计

变量	平均数	标准差	最小值	最大值
csu	3.682	0.097	3.432	3.895
ipt	6.949	1.772	2.3	10.33
debt	6.732	1.105	4.295	8.634
ito	1.459	0.838	-0.289	3.211
fin	1.568	0.553	0.063	2.777
R&D	0.144	0.675	-1.571	1.716

（2）实证性检验分析

表 5-10 囊括了知识产权贸易与消费升级关系的基础性检验、内生性检验及稳健性检验结果。考虑到面板数据可能存在的异方差及序列相关问题，采用过度识别检验方法来判断模型（2）、模型（3）及模型（5）回归采用

固定效应还是随机效应结果。若过度识别检验的 P 值小于 0.1，可使用固定效应结果，否则采用随机效应结果，具体分析如下：

表 5 – 10 中模型（1）采用 OLS 方法汇报了各省市知识产权贸易水平对区域消费升级水平的影响，模型（2）和模型（3）进行知识产权贸易对各省市消费升级程度的双向固定效应讨论。结果发现，知识产权贸易水平的系数皆显著为正，这在一定程度上说明当知识产权贸易水平较高时会因给消费者带来更多的收入及高质量产品供给等而促使区域消费升级水平提升，与预期相符。

在内生性检验上，采用面板数据可在一定程度上克服遗漏变量导致的内生性问题，但所用的主要自变量与因变量间可能存在一定的双向因果关系，即一地区的消费升级水平越高，越有可能使该区域更注重产品技术含量、供给质量，进而会增加该地区知识产权产品的贸易需求。考虑到知识产权贸易通过各类因素影响区域消费升级水平需要一定的时间反应，由此选用知识产权贸易的滞后期作为工具变量进行相关讨论，具体结果如表 5 – 10 中模型（4）所示。由于工具变量仅有一个，采用弱工具变量法进行工具变量的外生性检验，根据表 5 – 10 中列出的 F 值，可发现所选取的工具变量是合理的。表 5 – 10 中模型（4）列出了考虑内生性问题后的模型回归结果，发现知识产权贸易水平的系数在 1% 水平上显著为正，随着知识产权贸易水平的提高，区域消费升级水平也不断提高，结论稳健。

上述内生性检验已是一项稳健性检验，为进一步论证结论的可靠性，将因变量的消费升级指标进行替换，参照谢小平等（2018）做法，采用居民除衣食住外的消费支出占比方式进行衡量。可发现表 5 – 10 模型（5）的知识产权贸易变量系数方向、显著性未发生变化，表明结论稳健。

其他控制变量方面，地方政府债务未对区域消费升级水平产生明显促进作用，这可能是因为地方政府债务增长对当地居民实际收入水平有所影响，从而影响消费容量。外商投资会增强贸易市场的活跃度，促进先进技术引进的同时还扩大商品出口，带动国内消费需求、推进国内消费升级。较强的融资能力能激活经济发展活力，有利于刺激居民消费意愿，带动消费升级。较高的研发投入能带动区域技术创新发展，但有限的研发投入水平并未有较多的高附加值产品的产出，会阻碍消费者的消费意愿、影响消费升级水平的提高速度。

表 5 - 10　　　　　　　　　基础检验、内生性检验和稳健性检验

因变量	(1)	(2)	(3)	(4)	(5)
	csu	csu	csu	csu	csue
ipt	0.029 *** (0.008)	0.032 *** (0.008)	0.029 *** (0.009)	0.075 *** (0.024)	0.029 *** (0.005)
debt	-0.030 (0.024)	-0.010 (0.010)	-0.030 * (0.017)	-0.044 ** (0.018)	0.021 ** (0.010)
ito	0.026 ** (0.012)	0.029 *** (0.009)	0.026 ** (0.011)	0.027 ** (0.011)	0.004 (0.006)
fin	0.043 *** (0.011)	0.041 *** (0.010)	0.043 *** (0.012)	0.047 *** (0.012)	0.020 *** (0.007)
R&D	-0.035 ** (0.016)	-0.031 * (0.016)	-0.035 ** (0.016)	-0.049 *** (0.017)	-0.016 * (0.009)
cons	3.494 *** (0.140)	3.425 *** (0.037)	3.514 *** (0.098)	3.310 *** (0.135)	3.286 *** (0.055)
year	控制	未控制	控制	控制	控制
region	控制	未控制	控制	控制	控制
P	—	0.000	0.000	—	0.000
F	—	—	—	82.713	—
回归方法	OLS	FE	FE	2SLS	FE
R^2	0.572	0.202	0.293	0.55	0.801

注：*、**、*** 分别表示在10%、5%、1%的水平上显著；P 值为过度识别检验的 P 值；F 值为弱工具变量检验的 F 值（若 F 值大于10，表明工具变量具有外生性）；括号里数值为稳健标准误。

（三）进一步讨论

需求引领倒逼下的消费升级对畅通国内大循环极为重要，通过"内循

环"促进"外循环"，实现"双循环"有效联动。当前，消费产品正由劳动密集型产品、资本密集型产品、技术密集型产品向知识产权密集型产品转变。当前消费者对大量外购产品的"热衷"表明国内供给尚不能有效满足国内的消费需求。消费需求质量不断升级，而消费需求升级能引领供给创新，倒逼传统产业由劳动密集型产业、资本密集型产业向技术密集型产业、知识产权密集型产业转型，产业转型会倒逼企业技术创新，倒逼企业以高水平自主自强提升供给体系质量，这是扩大内需，促进国内大循环的关键。消费是拉动经济增长的重要引擎，尤其是国内超大规模市场优势取得的规模报酬，会增加企业利润，带动就业和增加居民收入，畅通国内循环，与此同时，新消费需求的出现会反哺企业技术再创新、提高市场竞争力，技术创新赋能产业转型，不仅有助于提升出口技术复杂度，更有利于助推企业融入全球价值链中高端环节，促进高水平开放，实现"以内促外"的"双循环"有效联动（顾晓燕和薛平平，2023）。

不仅如此，消费需求倒逼还能通过以"外循环"促进"内循环"，实现"双循环"有效联动。首先，国内消费需求倒逼会带来高端产品的进口，进口贸易会产生技术溢出效应，同时会产生"干中学"效应，提升本国供给体系质量，实现"以外促内"的"双循环"有效联动。其次，中国超大规模市场的消费升级会吸引全球创新资源、生产要素以及高附加值中间品向本地集聚，产生技术溢出效应、资源配置效应、产业链前后关联效应等，外循环促进"内循环"，带动本国市场的产品升级换代、产业转型升级、技术持续创新，"以外促内"推动"双循环"有效联动。由此，知识产权贸易可能会以消费需求引领来带动"双循环"有效联动发展（顾晓燕和薛平平，2023）。

三、消费能力提升机制

（一）知识产权贸易与消费能力提升

消费市场的成长和良好运行需要庞大且具有较高消费能力的消费人群（任保平和苗新宇，2021），居民实际消费能力的提升与否将直接影响消费市场的发展及新型消费体系的构建，会对我国经济高质量发展及"双循环"有效联动发展具有重要的推动作用。知识产权贸易是内含高附加值的产品交易，会比普通低附加值产品更符合居民消费需求、更影响居民的消费质量，能通过影响居民的消费意愿来影响居民的实际消费能力水平。当知识产权贸易在推进产品高质量供给以刺激更多消费者提高消费需求时，还因产品贸易收入增加而提升居民收入水平，居民有一定的收入能力去追求更高层次的消费需求，这也会反向推动知识产权贸易继续良性发展，从而形成一个良性循环。通过国际贸易，产品市场可以开拓至国际范围，知识产权贸易凭借出口产品的竞争力优势可以吸引更多的消费群体，居民整体消费能力都会有所上升；其次，含有知识产权产品的不断进口一般都源于国内具有较高的市场需求量，国内较大的消费市场亦会反向提高国外知识产权产品的出口质量及种类多样性，多样化且高质量的知识产权产品进口会不断刺激居民消费能力跨上新的台阶。由此，知识产权贸易的不断发展会刺激居民消费能力的提升。

（二）知识产权贸易与消费能力提升机制检验

1. 模型设定及变量说明

为更翔实地论证知识产权贸易对消费能力提升的促进作用，本节将基于中国除港澳台地区及西藏外的 30 个省、市、自治区 2001～2020 年的省际面板数据进行相关实证，基础模型如公式（5.6）所示。

$$poc_{it} = \beta_0 + \beta_1 ipt_{it} + \lambda C_{it} + \varepsilon_{it} \qquad (5.6)$$

其中，poc 为消费能力，ipt 为知识产权贸易水平，C 为控制变量，包括地方政府干预度（gov）、贸易开放度（ito）、金融发展水平（fin）、人力资本水平（hc）及时间、地区效应。具体如下。

（1）被解释变量：消费能力（poc）。参照杨天宇等（2018）常规做法，消费能力用居民人均可支配收入指标进行考量。

（2）解释变量：知识产权贸易水平（ipt）。对知识产权贸易水平的测算与上一部分相同，采用广义知识产权贸易进行刻画。

（3）控制变量：考虑到各地区的差异性，为防止遗漏变量问题的出现，尽量控制影响各地区消费升级程度差异的相关变量：地方政府干预度（gov），以当年各省全年财政支出占 GDP 比重来表征，可在一定程度上表明该地区政府对区域经济发展的支持力度，会对区域的居民可支配收入水平产生一定影响。贸易开放度（ito），以外商直接投资额与地区生产总值的比值来表征，活跃的对外贸易市场会有利于增加国内居民收入来源。金融发展水平（fin），以各地区金融业增加值与地区生产总值的比值来表征，区域的金融活跃程度会直接影响区域居民的收支状况。人力资本水平（hc），采用地区高校毕业人数和中专（职）学校毕业人数之和占该地区总人口数的比值来表征，通常认为一个地区较高的人力资本水平代表该地区居民受教育程度较高，意味着有能力获得更高的收入。

2. 模型结果分析

（1）描述性统计分析。

为了克服样本数据中离群值的影响，在前后 1% 水平上对所有连续变量进行了缩尾处理。表 5-11 展示了模型中所涉及变量的平均数、标准差、最小值及最大值结果。从表 5-11 可以看到：各省市消费能力（poc）的平均值为 9.373，其中消费升级程度的最小值与最大值相差 7 左右，这可在一定程度上显示出部分省市的消费能力差异较大。知识产权贸易水平（ipt）的标准差远低于平均数，这表明不同省市间的知识产权贸易水平并未存在较大差异。贸易开放度（ito）、金融发展程度（fin）的平均数皆高于各自的标准差，这说明不同省市的贸易开放程度、金融发展程度的差异并未较大。人力资本水平（hc）的平均数低于其标准差，这说明不同省市的人力资本水平差异较大，可能会因为人力资本价格差异而影响各区域的居民收入水平差。

表 5-11　　　　　　　　　　　变量的描述性统计

变量	平均数	标准差	最小值	最大值
poc	9.373	0.762	7.938	11.013
ipt	6.949	1.772	2.3	10.33

续表

变量	平均数	标准差	最小值	最大值
gov	3.001	0.428	2.167	4.193
ito	1.459	0.838	-0.289	3.211
fin	1.568	0.553	0.063	2.777
hc	-0.138	0.376	-1.156	0.687

（2）实证性检验分析。

表5－12囊括了知识产权贸易与消费能力关系的基础性检验、内生性检验结果。考虑到面板数据可能存在的异方差及序列相关问题，采用过度识别检验方法来判断模型（2）和模型（3）回归采用固定效应还是随机效应结果。若过度识别检验的P值小于0.1，文中可使用固定效应结果，否则采用随机效应结果，具体分析如下：

表5－12中模型（1）采用OLS方法分析了各省市知识产权贸易水平对区域消费能力的影响，模型（2）和模型（3）进行知识产权贸易对各省市消费能力的双向固定效应讨论。结果发现，知识产权贸易水平的系数皆显著为正，这在一定程度上说明当知识产权贸易水平较高时会因产品的高质量供给而给生产者带来更多的收入，会有利于整体提升经济体中成员的收入水平，与预期相符。

在内生性检验上，采用面板数据可在一定程度上克服遗漏变量导致的内生性问题，但所用的主要自变量与因变量间可能存在一定的双向因果关系，即一地区的消费能力越高，越有可能使该区域越追求高质量产品供给，进而会增加该地区知识产权产品的贸易需求。考虑到知识产权贸易通过各类因素影响区域消费能力需要一定的时间反应，由此选用知识产权贸易的滞后期作为工具变量进行相关讨论，具体结果如表5－12中模型（4）所示。由于工具变量仅有一个，采用弱工具变量法进行工具变量的外生性检验，根据表5－12中列出的F值，可发现所选取的工具变量是合理的。表5－12中模型（4）列出了考虑内生性问题后的模型回归结果，发现知识产权贸易水平的系数在1%水平上显著为正，随着知识产权贸易水平的提高，区域消费能力也不断提高，结论稳健。

其他控制变量方面，地方政府干预未对区域消费能力产生明显促进作用，这可能是因为地方政府不适度的干预并未贴合民生实际需求，而未对当地居民实际收入水平有所正向影响。外商投资会增强贸易市场的活跃度，促进先进技术引进的同时还扩大商品出口，带动国内经济发展，有利于提高居民收入水平。较强的融资能力能激活经济发展活力，创造更多就业机会，有利于促使居民增收。较高的人力资本投入能促使更多的创新产出，提高企业和产业利润，有利于提高居民收入、增强消费能力。

表 5 – 12　　　　　　　　　　基础检验、内生性检验

因变量	(1)	(2)	(3)	(4)
	poc	poc	poc	poc
ipt	0.016 ** (0.007)	0.339 *** (0.015)	0.016 * (0.009)	0.033 *** (0.013)
gov	− 0.157 *** (0.036)	0.678 *** (0.066)	− 0.157 *** (0.035)	− 0.148 *** (0.034)
ito	0.056 *** (0.011)	0.161 *** (0.023)	0.056 *** (0.011)	0.056 *** (0.011)
fin	0.030 ** (0.014)	0.312 *** (0.026)	0.030 ** (0.012)	0.032 *** (0.011)
hc	0.223 *** (0.019)	0.136 *** (0.045)	0.223 *** (0.021)	0.217 *** (0.020)
cons	8.505 *** (0.110)	4.274 *** (0.166)	8.662 *** (0.112)	8.384 *** (0.126)
year	控制	未控制	控制	控制
region	控制	未控制	控制	控制
P	—	0.000	0.000	—
F	—	—	—	459.714

续表

因变量	(1)	(2)	(3)	(4)
	poc	poc	poc	poc
回归方法	OLS	FE	FE	2SLS
R^2	0.993	0.937	0.991	0.993

注：*、**、***分别表示在10%、5%、1%的水平上显著；P值为过度识别检验的P值；F值为弱工具变量检验的F值（若F值大于10，表明工具变量具有外生性）；括号里数值为稳健标准误。

（三）进一步讨论

消费是经济增长的重要动力，消费能力的增强是扩大消费规模、优化消费结构的直接推动力，消费能力的提升与消费观念的转变激发消费新活力，扩大内需动力，助推国内国际双循环格局的发展。当前，随着居民生活水平的日益提高及消费能力的提升，居民的消费产品不再局限于基础生存需要，更倾向于高附加值、能提高生活质量的消费产品，例如，消费者对大量外购产品的"热衷"表明国内供给尚不能有效满足国内的消费需求，这会倒逼企业以高水平自主自强提升供给体系质量，这是扩大内需，促进国内大循环的关键。再者，当国内企业在满足高质量供给时会增加企业利润，带动就业和增加居民收入，促进新一轮的消费能力提升，畅通国内循环。此外，消费能力的提升还能通过以"外循环"促进"内循环"，实现"双循环"有效联动。首先，国内消费能力提升会增加知识产权类产品的进口，进口贸易会产生技术溢出效应，有利于提升本国供给体系质量，实现与国外供给体系的接轨，推动国内国际双循环有效联动。其次，中国大规模市场的消费能力提升会吸引全球创新资源、人力资本等优势生产要素等向本地集聚，直接带动国内市场的产品升级换代、产业转型升级，可实现"以外促内"推动"双循环"有效联动。由此，知识产权贸易可能会以消费能力提升来带动"双循环"有效联动发展。

第三节　基于技术市场维度的机制检验

自改革开放以来，中国积极融入全球化浪潮，实现了经济高速增长，但由于全球化发展动能大幅减弱，中国经济增长面临外需严重萎缩的局面，内部经济循环的不顺畅也阻碍了中国国际竞争力的持续提升。面对新变局，党的十九届五中全会明确了"双循环"新发展格局，以国内大循环为主体，坚持供给侧结构性改革，提升供给质量，扭住扩大内需战略基点，畅通国内循环，促进高水平开放，实现国内国际双循环相互促进（逢锦聚，2020）。一方面，新发展格局要求以国内大循环为主体，强化创新和扩大内需双向发力（陆江源等，2022）；另一方面，新发展格局要求国内国际双循环相互促进，外循环地位的上升有赖于全球产业链的加入，全球创新分工利益的获得也需融入全球创新链（江小涓和孟丽君，2021）。知识产权贸易集技术研发创新、产品市场渠道和产业战略发展为一体，在全球价值链分工模式下融合了"技术垄断"下的研制创新和"市场竞争"下的贸易发展，与构建双循环新发展格局有重要关联。知识产权贸易狭义上指以知识产权为标的的贸易，广义而言还包括含有知识产权的产品贸易，它一头连着生产、技术端，另一头连着消费、市场端，是一国产业科技创新能力、高水平开放能力的展现，与核心技术突破、产业链现代化水平、消费升级、竞争优势重塑等密切相关，能够促进"双循环"有效联动。

下文分别从技术维度和市场维度分析知识产权贸易促进"双循环"有效联动的动力机制，进而基于 2001～2020 年我国 30 个省（自治区、直辖市）的面板数据对机制进行实证检验，为推动知识产权贸易促进"双循环"有效联动提供决策依据和有益参考。

一、理论分析与动力机制

（一）知识产权贸易对"双循环"有效联动的影响

知识产权贸易是促进创新链、供应链、产业链、价值链四链融合，形成高质量供给结构，畅通国内国际双循环的重要抓手。一方面，知识产权国内贸易，有利于推进国内循环，进而以更高水平融入国际循环，促进国内国际循环有效联动。以知识产权为标的的知识产权国内贸易，有助于加快专利技术区域间的转移转化，促进技术的集成创新、专利技术的产业化，提高新产品的开发能力，激发国内市场的消费潜力，提高企业经营收入，反哺技术再创新，带动出口产品供给质量的提升，以高水平开放融入全球价值链。另一方面，知识产权国际贸易，有利于推进国际循环，进而支撑倒逼国内循环，促进国际国内循环有效联动。以知识产权为标的的进口贸易以及含有知识产权的产品的进口贸易，通过技术溢出、技术集成创新等促进本国技术创新能力的提升，技术创新赋能产业结构优化升级，有效提高中高端供给，引领创造新需求，推动国内循环。同时，国内超大规模市场优势迸发出的规模效应，进一步反哺技术创新和产品供给质量的提升，含有知识产权的出口贸易推动更高水平开放和全球价值链中高端的迈进。

双循环新发展格局以国内大循环为主体，"双循环"联动要求联通国内市场和国际市场，利用两个市场、两种资源。中国各个地区的经济发展水平、对外开放程度、城镇化水平存在较大差异，内循环和外循环的发展状况相应也有不同，知识产权贸易对"双循环"有效联动的影响因此会存在异质性。首先，考虑知识产权贸易规模带来的异质性，知识产权贸易额较高的区域，通常知识产权保护水平更高，科技创新成果更为丰硕，技术市场较活跃，技术创新成果转化的效率较高，发展知识产权贸易优化供给拉动需求，以高质量供给激发消费潜能的作用较明显，对"双循环"有效联动的推动作用也较为显著。知识产权贸易额较低的区域，整体而言技术创新能力相对较低，科技成果产业化水平不高，较小规模的知识产权贸易难以起到推动双循环互促的作用。其次，关于对外开放程度，对外开放水平较高的地区，与国际市场的连接更为紧密，对国际先进技术的引进力度更大，资本双向流动规模更大，有利于当地创新水平的提升和市场需求的扩大，因此，在更为开放的地区，知识产权贸易能更好地发挥对"双循环"有效联动的促进效应。对外开放水平较低的地区，吸引外资的体量总体较小，在国际循环中的嵌入度不够，知识产权贸易对"双循环"联动促进效应的发挥受到一定程度的制约。最后，关于城镇化水平，城镇化是供给和需求连接的桥梁，在供给端集聚要素，在需求端形成消费，同时升级和创造需求，实现供给和需求的良性互动（焦方义和张东超，2021）。城镇化水平较高的地区，汇集了更多的城市人口，市场更为繁荣，消费更加旺盛，需求呈现多元化和品质化特征，知识产权贸易对"双循环"有效联动的积极作用更为显著。城镇化水平较低的地区，农村人口较多，消费市场不活跃，消费总体偏低，知识产权贸易很难有效促进"双循环"联动。

（二）知识产权贸易影响"双循环"有效联动的动力机制

知识产权贸易一头连着技术端，另一头连着市场端，基于"技术—市场"二维视角对知识产权贸易影响"双循环"有效联动的动力机制的分析分别从经济大循环的起点和终点着手，即从"生产"和"消费"展开分析。知识产权贸易作为畅通经济循环的核心结点，在生产环节促进技术创新，发挥"要素配置优化""技术创新协同""产业结构升级"三项机制作用，在消费环节促进消费扩容，发挥"市场消费催生""需求引领倒逼""消费能力提升"三项机制作用，技术端和市场端共同发力，使国内循环以更高水平融入国际循环，国际循环支撑和反哺国内循环，进而实现对"双循环"有效联动的促进作用，具体动力机制如图5-1所示。

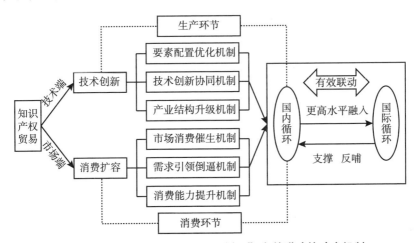

图5-1　知识产权贸易促进"双循环"有效联动的动力机制

从技术维度看，知识产权贸易在市场机制作用下调节技术供求，贸易的发展会促进技术创新，一方面，知识产权贸易通过创新成果产业化为创新主体带来实际收益，激励技术创新；另一方面知识产权贸易加快了技术扩散与应用，创新主体能在短期内获得知识产权，补齐技术短板，加快创新进程。科技创新是双循环新发展格局的核心，打通国内大循环，实现双循环相互促进，必须坚持创新驱动发展战略。知识产权贸易通过技术创新促进国内循环和国际循环互促共进的具体作用机制体现在要素配置、协同发展、产业结构三方面。首先，知识产权是高级生产要素，知识产权贸易发挥要素配置优化机制，为"双循环"有效联动夯实技术基础。知识产权贸易使得技术创新快速发展，产学研融合逐渐加深，区域间技术流动日益活跃，知识产权加速向现实生产力转化，要素配置效率显著提升，资源的优化配置有助于疏通国内循环梗阻。随着企业技术创新能力的加强，在全球范围配置技术要素的能力不断增强，知识产权进口来源多元化，出口规模扩大，国际循环质量的提高促进了国内循环水平的提升。其次，知识产权贸易是构建协同创新网络的重要渠道，发挥技术创新协同机制助推"双循环"有效联动。知识产权贸易不仅促进了技术创新，更加快了技术创新成果跨市场跨区域的转移，有助于破除制约创新要素自由流动的障碍，专利等技术在区域间、国际国内间的转移，国际引进消化吸收再创新、开放式创新以及区域间的协同创新是创新的重要模式。各地区企业通过技术交流与合作能分摊研发成本，共享研发成果（戴翔等，2021）。不同区域优势互补，协同发展，加快国内大循环的畅通，同时运用国际循环中的优质要素，积极促进国际协同发展，推动国内国际循环相互促进。最后，知识产权贸易发挥产业结构升级机制，助力"双循环"有效联动。知识产权贸易推动技术创新，加快科技成果转移转化，加深创新链和产业链融合，促进产业结构升级。知识产权赋能新兴产业，推动知识产权密集型产业的兴起以及传统产业的转型升级，加大高质量产品和服务供给，打通国内循环在生产环节的堵点。高技术产业的发展推动出口高质量发展，国内产业不断向全球价值链中高端攀升，参与更高层次的国际分工与合作，国内循环以更高水平融入国际循环，国际循环促进国内循环水平的提升。

从市场维度看，知识产权贸易是高附加值产品的贸易，贸易的发展对于加快国内产品和服务提质升级，缓解供需结构性矛盾，提振消费需求，促进消费扩容有关键意义。畅通双循环需以扩大内需为战略基点，知识产权贸易通过消费扩容促进"双循环"有效联动的具体作用机制表现为催生市场消费、倒逼供给升级和提升消费能力。首先，知识产权贸易更能满足居民需求进入高质量发展阶段的需要，高端产品催生创造新需求，增加消费者对新产品和新服务的消费欲望，激发国内超大规模的市场消费潜力，持续升级的超大消费市场不断提升国际循环的质量与水平，同时知识产权出口贸易也会催生国际市场的需求，即知识产权贸易会通过市场消费催生机制促进"双循环"有效联动。其次，知识产权进口贸易引领国内消费需求，改变消费行为与消费方式，中高端的消费需求倒逼国内生产者加大技术创新和新产品开发，在供需有效对接中打通国内循环，促进国内循环高质量对接国际循环，即知识产权贸易会通过需求引领倒逼机制促进"双循环"有效联动。第三，知识产权贸易相对劳动密集型产品的贸易，产品附加值更高，贸易利润更加丰厚，产品的高回报率以及消费市场的规模效应增加了企业与劳动者收入，一方面收入上升直接促进消费能力提升，另一方面企业收益增长，对新技术研发和传统技术改造的投入增加，技术进步的同时通过价格机制提升了消费者实际购买能力，消费水平不断提高，促进国内国际循环相互促进，即知识产权贸易会通过消费能力提升机制促进"双循环"有效联动。

二、模型设定与数据说明

（一）计量模型的设定

为检验知识产权贸易对"双循环"有效联动的影响，构建的实证模型如式（5.7）所示。

$$\text{dcl}_{it} = \alpha_0 + \alpha_1 \, \text{ipt}_{it} + \alpha_2 C_{it} + \varphi_i + \mu_t + \varepsilon_{it} \tag{5.7}$$

模型（5.7）中的 dcl_{it} 表示 i 地区 t 时期的"双循环"联动情况，ipt_{it} 表示 i 地区 t 时期的知识产权贸易水平，C_{it} 是所有控制变量的合集，α_0 代表常数项，α_1、α_2 为各变量的待估系数，φ_i、μ_t 分别为地区效应和时间效应，ε_{it} 为随机扰动项。

为验证技术创新（tec）和消费扩容（mar）在知识产权贸易促进"双循环"有效联动过程中的传导作用，设定如下中介效应模型：

$$dcl_{it} = \beta_0 + \beta_1 ipt_{it} + \beta_2 tec_{it} + \beta_3 C_{it} + \varphi_i + \mu_t + \varepsilon_{it} \qquad (5.8)$$

$$tec_{it} = \gamma_0 + \gamma_1 ipt_{it} + \gamma_2 C_{it} + \varphi_i + \mu_t + \varepsilon_{it} \qquad (5.9)$$

$$dcl_{it} = \lambda_0 + \lambda_1 ipt_{it} + \lambda_2 mar_{it} + \lambda_3 C_{it} + \varphi_i + \mu_t + \varepsilon_{it} \qquad (5.10)$$

$$mar_{it} = \omega_0 + \omega_1 ipt_{it} + \omega_2 C_{it} + \varphi_i + \mu_t + \varepsilon_{it} \qquad (5.11)$$

模型（5.8）和模型（5.9）是基于技术维度的作用机制检验，模型（5.10）和模型（5.11）中是基于市场维度的作用机制检验。如果 ipt 对 tec 和 mar 有显著的正向效应，并且与模型（5.7）相比较，如果 ipt 的系数不显著或显著关联程度降低，就可以确定技术创新、消费扩容是知识产权贸易促进"双循环"有效联动的动力机制发挥作用的重要渠道。

（二）变量与数据说明

1. 被解释变量

"双循环"有效联动（dcl），以经济"内循环"和"外循环"的耦合协调度表示。构建新发展格局，从国内循环看，关键在于形成需求牵引供给、供给创造需求的高水平动态均衡；从国际循环看，要加快推动进出口协同发展，引进外资和对外投资协调发展。参考赵文举和张曾莲（2022），采用熵权法，"内循环"发展的度量包括消费基础、意愿和结构，生产规模、结构和效率，"外循环"发展的度量包括外商直接投资、对外直接投资，进口、出口贸易，技术引进，进而构造耦合度模型、耦合协调度模型计算双循环耦合协调度值。耦合协调度越高，"内循环"和"外循环"协调一致、有效联动的程度越强。

2. 解释变量

知识产权贸易（ipt），模型中的知识产权贸易指的是广义知识产权贸易，以技术市场成交额与规模以上工业企业新产品销售收入之和度量各地区

的知识产权贸易发展，为保证研究结论的可靠性，采用人均知识产权贸易额
（iptsub）进行稳健性检验。

3. 中介变量

技术创新（tec）和消费扩容（mar），技术维度动力机制的发挥依赖技
术创新的传导作用，因此选择以技术创新作为这一维度的中介变量，采用地
区的发明专利授权量衡量，同时采用地区研发费用占 GDP 的比重（tecsub）
作为稳健性检验的指标。市场维度动力机制的发挥依赖消费扩容的传导作
用，因此以消费扩容作为中介变量，以地区的社会消费品零售总额测度，并
采用社会消费品零售总额占 GDP 的比重（marsub）进行稳健性检验。

4. 控制变量

结合现有研究，选取金融发展（fina）、财政自给率（self）、服务业比
重（ind）、外商投资水平（fdi）作为控制变量，以减少因遗漏变量产生的
偏误。金融发展，采用地区金融机构贷款余额与存款余额的比例衡量。当存
款能有效转化为贷款时，有助于缓解市场主体的融资约束问题，有助于畅通
国内国际双循环。财政自给率，以地区一般公共预算收入与一般公共预算支
出的比例衡量。财政自给率越高，地方政府的财政资源越充裕，财政自给能
力越强，有助于促进"双循环"有效联动。服务业比重，采用第三产业增
加值占地区 GDP 的比重。现代服务业的发展促进了中高端服务的供给，加
深了服务业与制造业的融合，能打通双循环堵点，有助于双循环相互促进。
外商投资水平，采用外商投资企业投资总额占 GDP 的比重度量。外商投资
企业是带动国内技术向高水平发展的重要力量，外商投资是连接"内循环"
和"外循环"的重要纽带，较高的外商投资水平，有利于实现"双循环"
的有效联动。

本节的实证分析采用 2001～2020 年中国 30 个省级行政区（不含西藏和
港澳台）的面板数据。数据来源于《中国统计年鉴》《中国科技统计年鉴》
《中国贸易外经统计年鉴》，以及各地方统计年鉴，少量缺失数据采用插值
法或均值法补齐。所有数据均以 2001 年为基期，并进行对数处理。变量说
明如表 5-13 所示。

表5-13   **变量的名称及含义**

变量符号	变量名称	变量定义	单位
被解释变量			
dcl	双循环联动水平	参考赵文举和张曾莲（2022），取对数	
解释变量			
ipt	知识产权贸易	技术市场成交额与规上工业企业新产品销售收入之和，取对数	亿元
iptsub		人均知识产权贸易额，取对数（稳健性检验）	万元
中介变量			
tec	技术创新	发明专利授权量，取对数	件
tecsub		研发费用占地区GDP的比重，取对数（稳健性检验）	%
mar	消费扩容	社会消费品零售总额，取对数	亿元
marsub		社会消费品零售总额占地区GDP的比重，取对数（稳健性检验）	%
控制变量			
fina	金融发展	金融机构贷存比，取对数	
self	财政自给率	一般公共预算收入与一般公共预算支出的比例值，取对数	%
ind	服务业比重	第三产业增加值占地区GDP的比重，取对数	%
fdi	外商投资水平	外商投资企业投资总额占地区GDP的比重，取对数	%

三、实证结果分析

（一）基准检验

基准回归采用的是控制了地区和时间效应的双固定效应模型。表5-14的列（1）为知识产权贸易对"双循环"有效联动影响的基准回归结果，在控制了一系列省际特征变量后，知识产权贸易（ipt）与"双循环"有效联动（dcl）在5%的水平上显著正相关，即知识产权贸易对"双循环"联动具有显著的正向影响。关于控制变量，外商投资水平（fdi）的系数在1%水平上显著为正，表明外商投资企业投资比重的增长对"双循环"联动有积极的促进作用。金融发展（fina）、财政自给率（self）、服务业比重（ind）的影响在统计学意义上不显著。金融发展并未能显著推动"双循环"有效联动的原因可能是由于金融错配问题影响了金融资源配置效率。财政自给率系数不显著的原因可能在于，虽然财政自给度提升，但受政治晋升和财政压力等因素影响，地方政府偏向于引进产能过剩企业、房地产企业，或放宽环境规制引进工业污染企业（詹新宇和王蓉蓉，2022），这无益于高质量产品和服务的供给，难以有效促进"双循环"联动。服务业比重未能显著影响"双循环"有效联动的原因可能是产业链的现代化水平不足，现代化服务业与先进制造业的融合发展不够。

（二）稳健性检验

从三个方面进行稳健性检验。第一是替换核心解释变量，将知识产权贸易总额更换为人均知识产权贸易额（iptsub），回归结果如表5-14的列（2）所示，在改变核心解释变量的测度方法后，知识产权贸易的估计系数在1%水平上显著为正。第二是改变检验方法，分别使用随机效应、广义最小二乘法进行估计，结果如表5-14的列（3）和列（4）所示。结果显示，知识产权贸易的系数为正，且均在1%水平上显著，与列（1）相比，系数大小和显著性有所增加，系数的符号方向未发生变化。第三是缩尾处理。为消除极端值对研究结果的影响，对所有数据进行上下1%的缩尾处理，并对缩尾后的数值再次进行双固定效应回归，结果如表5-14的列（5）所示。从回归结果看，知识产权贸易估计系数的符号方向、系数值和显著性均与基准回归接近。上述三种稳健性检验的回归结果表明知识产权贸易促进"双循环"有效联动的结论是稳健的、可靠的。

（三）内生性检验

由于可能存在遗漏变量、测量误差和逆向因果的影响，模型会有潜在的内生性问题，严重的内生性会造成回归结果的有偏和不一致。对内生性问题的讨论包括两方面，第一，采取面板工具变量法。为知识产权贸易设置工具变量，以滞后一期和滞后二期的专利授权数量作为当期知识产权贸易的工具变量，专利授权数量体现了知识产权保护的水平，前期的知识产权保护与当期知识产权贸易存在关联。回归结果如表 5 – 14 的列（6）所示，结果显示知识产权贸易的系数在 1% 水平上显著为正，与基准回归结果一致。为检验工具变量的有效性，进行了识别不足检验、弱工具变量检验、过度识别检验。Anderson-canon LM 检验显著拒绝工具变量识别不足的原假设（p = 0.00），Cragg-Donald Wald 的 F 统计量（28.322）大于 Stock-Yogo 检验在 10% 水平上的临界值（19.93），拒绝弱工具变量的原假设，过度识别 Sargan 检验不能拒绝原假设（p = 0.6638），说明工具变量是外生的，检验结果表明所选择的工具变量是合理有效的。采用工具变量法检验的结果表明知识产权贸易促进"双循环"有效联动的结果依然稳健。第二，控制变量滞后一期。将除了核心解释变量之外的控制变量滞后一期，再次进行双固定效应回归，以缓解控制变量的潜在内生性问题，结果如表 5 – 14 的列（7）所示。结果显示，知识产权贸易的系数在 10% 的水平上显著为正，系数值与基准回归接近，证明了基准检验结果的稳健性。

表 5 – 14　　　　　　　　　基准检验、稳健性和内生性检验

变量	（1）	（2）	（3）	（4）	（5）	（6）	变量	（7）
	fe	fe	re	fgls	fe	iv		fe
ipt	0.032 ** (2.307)		0.091 *** (7.186)	0.051 *** (12.158)	0.034 ** (2.397)	0.163 *** (3.402)	ipt	0.027 * (1.886)
fina	0.011 (0.194)	0.011 (0.208)	− 0.191 *** (−3.023)	− 0.139 *** (−6.330)	0.008 (0.141)	0.009 (0.143)	l. fina	− 0.010 (− 0.178)
self	− 0.055 (− 0.997)	− 0.052 (− 0.945)	0.061 (1.195)	0.150 *** (7.725)	− 0.059 (− 1.066)	− 0.061 (− 0.912)	l. self	− 0.113 ** (− 2.057)
ind	− 0.018 (− 0.293)	− 0.009 (− 0.157)	0.007 (0.082)	0.165 *** (7.812)	− 0.035 (− 0.600)	0.021 (0.307)	l. ind	− 0.043 (− 0.751)

续表

变量	(1)	(2)	(3)	(4)	(5)	(6)	变量	(7)
	fe	fe	re	fgls	fe	iv		fe
fdi	0.046 *** (2.763)	0.047 *** (2.762)	0.033 ** (2.071)	0.062 *** (9.894)	0.053 *** (2.809)	0.057 *** (3.402)	l. fdi	0.038 * (1.831)
iptsub		0.042 *** (3.187)						
constant	−0.927 *** (−2.768)	−0.693 ** (−2.155)	−1.872 *** (−5.198)	−2.644 *** (−26.108)	−0.884 *** (−2.678)		constant	−0.540 * (−1.650)
地区效应	Yes	Yes	Yes	Yes	Yes	Yes	地区效应	Yes
时间效应	Yes	Yes	Yes	Yes	Yes	Yes	时间效应	Yes
N	600	600	600	600	600	540	N	570
R−sq	0.848	0.849			0.849	0.183	R−sq	0.838

注：*** 、** 、* 分别表示在1%、5%和10%水平通过显著性检验；括号中的数值为 t 值或 z 值。

（四）异质性检验

根据前文的理论分析，知识产权贸易对"双循环"有效联动的影响因知识产权贸易规模、对外开放程度、城镇化水平的差异而有不同，因此进行三方面的异质性检验。第一，知识产权贸易的差异。本部分按知识产权贸易实际总额的中位数划分出高低两组，表5－15的列（1）和列（2）分别是知识产权贸易额较高组、较低组的回归结果。结果显示，较高组的知识产权贸易估计系数值为0.065，明显高于基准回归结果，且在1%水平上显著，较低组的知识产权贸易系数值更小，且在统计学意义上不显著。第二，对外开放水平的差异。采用各地区实际利用外资额占 GDP 的比重衡量对外开放水平，按中位数划分出高低两组，表5－15的列（3）和列（4）分别是对外开放水平较高组、较低组的回归结果。结果显示，较高组的知识产权贸易估计系数值为0.051，在5%水平上显著，系数值高于全样本回归结果，较低组的知识产权贸易系数值为负且不显著。第三，城镇化水平的差异。

采用城镇人口占总人口的比重衡量城镇化水平，按中位数划分出高低两组，表 5 – 15 的列（5）和列（6）分别是城镇化水平较高组、较低组的回归结果。结果显示，较高组的知识产权贸易估计系数值为 0.055，在 1% 水平上显著，系数值也高于基准回归结果，较低组的知识产权贸易系数值较小，且不显著。以上检验的结果与前文关于异质性的理论分析相一致，即在知识产权贸易规模、对外开放程度、城镇化水平较高的地区，知识产权贸易对"双循环"有效联动的促进作用均较为显著，反之，在知识产权贸易规模、对外开放程度、城镇化水平较低的地区，上述影响难以有效发挥。

表 5 – 15　　　　　　　　　　　　异质性检验

变量	知识产权贸易		外资开放度		城镇化水平	
	（1）	（2）	（3）	（4）	（5）	（6）
ipt	0.065 *** (3.125)	0.011 (0.552)	0.051 ** (2.285)	− 0.006 (− 0.290)	0.055 *** (3.131)	0.004 (0.193)
fina	0.010 (0.140)	− 0.003 (− 0.037)	0.106 (1.300)	− 0.057 (− 0.711)	0.067 (1.215)	− 0.098 (− 0.919)
self	0.181 ** (2.055)	− 0.148 ** (− 2.071)	− 0.026 (− 0.263)	− 0.116 (− 1.647)	− 0.017 (− 0.357)	0.005 (0.047)
ind	− 0.154 * (− 1.918)	0.114 (1.392)	− 0.119 (− 1.350)	0.113 (1.423)	− 0.137 *** (− 2.808)	0.205 * (1.956)
fdi	0.066 ** (2.065)	0.045 ** (2.318)	0.040 (1.615)	0.059 *** (2.737)	0.033 * (1.927)	0.045 * (1.672)
constant	− 1.652 *** (− 3.272)	− 1.005 ** (− 2.442)	− 0.700 (− 1.104)	− 1.065 *** (− 2.735)	− 0.638 ** (− 1.995)	− 1.922 *** (− 3.644)
地区效应	Yes	Yes	Yes	Yes	Yes	Yes
时间效应	Yes	Yes	Yes	Yes	Yes	Yes
N	300	300	300	300	300	300
R – sq	0.878	0.792	0.855	0.835	0.919	0.662

注：***、**、* 分别表示在 1%、5% 和 10% 水平通过显著性检验；括号中的数值为 t 值。

（五）机制检验

技术端和市场端是知识产权贸易促进"双循环"联动的两个重要维度。根据前文的动力机制分析，在技术端，知识产权贸易促进技术创新，发挥要素配置优化、技术创新协同、产业结构升级机制，在市场端，知识产权贸易促进消费扩容，发挥市场消费催生、需求引领倒逼、消费能力提升机制，共同推动"双循环"有效联动。为检验技术创新和消费扩容在知识产权贸易促进"双循环"有效联动过程中是否起到传导作用，进行了中介效应检验，回归结果见表 5 – 16。

表 5 – 16 的列（1）~ 列（4）为以技术创新为中介变量的分析结果，列（1）和列（2）采用发明专利授权量作为技术创新的衡量指标，列（3）和列（4）采用研发费用占 GDP 比重作为度量指标。表 5 – 16 的列（1）和列（3）中 ipt 的系数均在 1% 水平上显著为正，表明知识产权贸易能有效促进技术创新，列（2）和列（4）中 tec 和 tecsub 的系数均显著为正，ipt 的系数与基准回归相比有下降，表明技术创新在知识产权贸易与"双循环"联动之间发挥了中介作用。表 5 – 16 的列（5）~ 列（8）为以消费扩容为中介变量的回归结果，列（5）和列（6）采用社会消费品零售总额作为衡量指标，列（7）和列（8）采用社会零售品零售总额占 GDP 比重作为度量指标。表 5 – 16 的列（5）和列（7）中 ipt 的系数显著为正，表明知识产权贸易能有效促进消费扩容，列（6）和列（8）中 mar 和 marsub 的系数均显著为正，ipt 的系数低于基准回归结果，表明消费扩容在知识产权贸易与"双循环"联动之间也发挥了中介作用。上述机制检验证明了基于"技术—市场"两维度视角，技术创新、消费扩容在知识产权贸易促进"双循环"联动的动力机制中起着重要的传导作用。

表 5 – 16　　　　　　　　　　　机制检验

变量	（1）	（2）	（3）	（4）	（5）	（6）	（7）	（8）
	tec	dcl	tecsub	dcl	mar	dcl	marsub	dcl
ipt	0.173 *** (3.631)	0.025 * (1.801)	0.099 *** (3.238)	0.026 * (1.848)	0.028 ** (2.369)	0.027 ** (2.002)	0.019 * (1.685)	0.030 ** (2.210)

续表

变量	（1）	（2）	（3）	（4）	（5）	（6）	（7）	（8）
	tec	dcl	tecsub	dcl	mar	dcl	marsub	dcl
fina	0.583 *** (3.395)	−0.013 (−0.229)	0.295 *** (3.120)	−0.007 (−0.129)	0.197 *** (3.599)	−0.026 (−0.495)	0.020 (0.406)	0.009 (0.161)
self	0.258 (1.239)	−0.065 (−1.234)	0.214 ** (2.091)	−0.068 (−1.257)	0.220 *** (3.520)	−0.096 * (−1.713)	−0.113 ** (−2.120)	−0.044 (−0.787)
ind	−0.142 (−0.684)	−0.012 (−0.195)	0.046 (0.442)	−0.021 (−0.347)	0.159 *** (3.110)	−0.048 (−0.797)	0.408 *** (8.048)	−0.057 (−0.909)
fdi	−0.049 (−0.848)	0.048 *** (2.951)	0.067 ** (2.289)	0.042 ** (2.560)	0.041 ** (2.573)	0.038 ** (2.265)	0.033 *** (2.700)	0.043 ** (2.555)
tec		0.040 *** (3.503)						
tecsub				0.060 ** (2.283)				
mar						0.187 *** (4.380)		
marsub								0.097 ** (2.215)
constant	5.731 *** (4.443)	−1.157 *** (−3.437)	−1.701 *** (−3.220)	−0.824 ** (−2.499)	6.166 *** (18.750)	−2.080 *** (−4.512)	−2.362 *** (−9.032)	−0.698 ** (−2.058)
地区效应	Yes	Yes	Yes	Yes	Yes	Yes	Yes	Yes
时间效应	Yes	Yes	Yes	Yes	Yes	Yes	Yes	Yes
N	600	600	600	600	600	600	600	600
R−sq	0.972	0.850	0.942	0.849	0.994	0.853	0.790	0.849

注：*** 、** 、*分别表示在1%、5%和10%水平通过显著性检验；括号中的数值为t值。

四、结论及启示

研究知识产权贸易促进"双循环"有效联动的动力机制，对于推动贸易强国建设以及"双循环"新发展格局的有效形成具有重要的理论和现实指导意义。通过理论分析形成研究假设，在对"双循环"有效联动进行测度的基础上，利用2001~2020年我国30个省（自治区、直辖市）的面板数据，对作用机制进行实证检验。研究结果表明：第一，知识产权贸易对"双循环"有效联动具有正的显著影响。第二，基于技术维度，知识产权贸易促进技术创新，发挥要素配置优化机制、技术创新协同机制、产业结构升级机制，对"双循环"有效联动产生正的显著影响。第三，基于市场维度，知识产权贸易促进消费扩容，发挥市场消费催生机制、需求引领倒逼机制、消费能力提升机制，对"双循环"有效联动产生正的显著影响。

技术端、市场端共同发力是提升知识产权贸易对"双循环"有效联动的促进效应的关键。第一，企业层面，深入实施企业知识产权战略，加快主营业务领域的专利布局，加快专利技术的许可与转移转化，加快含有知识产权产品的内外贸一体化发展，主动运用知识产权参与市场竞争，使知识产权成为企业核心竞争力，防范企业在国内市场和国际合作与竞争中的知识产权风险。第二，产业层面，以专利技术的许可以及转移转化，促进创新链产业链的深度融合，提高产业基础高级化以及产业链现代化水平。以知识产权赋能传统产业转型升级以及知识产权密集型产业兴起，加大含有知识产权的产品的开发，提高知识产权产品供给。第三，政府层面，加快推进全国统一大市场建设，打破知识产权区域间流动的行政壁垒，深入推进知识产权内外贸一体化发展，加大知识产权保护，为知识产权贸易营造良好的国内国际市场环境。加大知识产权服务业集聚区建设力度，为企业知识产权发展提供"一站式"服务。加大知识产权示范园区建设力度，推进知识产权密集型产业和知识产权密集型企业的发展（顾晓燕等，2023）。

第六章

知识产权国内贸易对国内国际循环有效联动影响的实证检验：基于一般视角

第一节　理论逻辑分析

改革开放以来，中国积极融入经济全球化浪潮，实现了经济高速增长。但随着国际国内环境发生复杂深刻变化，依赖"大进大出"的传统国际大循环发展模式弊端凸显。为此，党的十九届五中全会明确提出要加快构建以国内大循环为主体、国内国际双循环相互促进的新发展格局。一方面，新发展格局要求以国内大循环为主体，加快关键核心技术攻关，打造自主可控现代产业体系，强调以创新驱动、高质量供给引领和创造新需求，以扩大内需为战略基点，畅通国内大循环；另一方面，新发展格局要求国内国际双循环相互促进，有效联动，以国内大循环带动更高水平、更高层次的开放，以内促外。同时，融入全球创新链、产业链、供应链，攀升价值链中高端，倒逼本国产业转型升级，提升供给体系对国内需求的适配性，以外促内，实现国内国际循环有效联动（顾晓燕和薛平平，2023）。

生产是经济循环的起点、消费是经济循环的终点，知识产权国内贸易一头连着生产端，另一头连着消费端。从生产端、供给侧出发，生产环节关键在于畅通创新链、产业链和供应链（王一鸣，2020），知识产权国内贸易能促进创新链产业链供应链的有效衔接，能带动产品由劳动密集型、资本密集型、技术密集型向知识产权密集型转变，推动高质量供给。从消费端、需求侧出发，消费环节关键在于扩大居民消费和推动消费升级（王一鸣，2020），而知识产权国内贸易发展体现出来的高质量供给引领消费升级，创造消费需求，内需的扩大激发国内超大规模市场优势的发挥，助推全球创新资源向国内集聚，助力核心技术突破、产业转型升级，扩大内循环的同时还推动高水平开放，促进"双循环"有效联动（顾晓燕和薛平平，2023）。

近年来知识产权国内贸易发展迅速，全国技术市场成交合同金额逐年增长，新产品国内销售收入稳步上升，成为加快技术创新、加强优质供给、激发消费市场活力、实现高水平开放的重要动力，对促进"双循环"有效联动具有关键意义。本节在理论分析的基础上提出研究假设，并基于2001～2020年中国30个省份（不含西藏和港澳台地区）的面板数据，对知识产权国内贸易如何影响国内国际循环有效联动进行实证检验。

一、知识产权国内贸易对国内国际循环有效联动促进作用的理论分析和研究假说

知识产权国内贸易对"双循环"有效联动的促进主要通过加快高水平自主创新、激发高品质消费需求的渠道实现。首先，知识产权是知识产权国内贸易的基础，而技术创新是知识产权国内贸易的关键，知识产权国内贸易的发展可以倒逼自主创新，高水平自主创新是"双循环"有效联动的重要支撑。具体而言，知识产权国内贸易可以加快区域间、企业间的知识产权许可交易，一方面通过专利技术的集成，提升关键技术领域的协同创新能力，构筑创新链；另一方面通过专利技术的转移转化，赋能产业链，以创新链布局产业链，创新链与产业链的"两链"耦合是畅通"双循环"有效联动的核心枢纽（汪建新等，2021）。由此，知识产权国内贸易是"两链"在国内国际有效耦合的重要桥梁和纽带，以推动技术创新、促进专利技术向现实生产率转化的方式，助推产业基础高级化以及产业链现代化，提升供给体系对需求的适配性，且以内促外、带动高水平对外开放，促进国内国际循环有效联动（顾晓燕和薛平平，2023）。

其次，知识产权国内贸易扩大了高品质产品和服务供给，促进消费提档升级，高品质消费倒逼技术创新，推动出口结构升级，吸引高质量外资，实现国内大循环与对外开放的高水平结合，促进国内国际循环的有效联动。知识产权国内贸易带来新技术、新产品、新品牌，增加中高端供给，优质供给丰富了消费选择，消费者对产品需求的质量和层次不断提升，消费者需求的变化指引企业技术创新的方向，技术创新驱动产品创新、产业创新，推动出口商品结构优化，与此同时，超大规模市场的国内消费升级持续吸引优质外资，外商直接投资的倒逼效应和溢出效应进一步推动国内新产品和新技术的研发，由此，知识产权国内贸易的发展畅通了内循环堵点，提高了外循环质量，促进"双循环"有效联动。此外，知识产权国内贸易的发展为品牌塑造创造良好环境，消费者对产品品质的追求增强了企业进行品牌建设的动力，国内品牌在本土市场规模优势作用下品牌价值逐渐提升，出口品牌效应增强，内外贸高效运行，相互促进，国内国际循环联动水平显著提升。由此，提出理论假说1：

理论假说1：知识产权国内贸易对国内国际循环有效联动具有积极促进作用。

二、知识产权国内贸易对国内国际循环有效联动促进作用具有"门槛特征"的理论分析和研究假说

中国各区域经济发展不平衡，知识产权国内贸易发展存在较大差异，在贸易规模较大的地区，知识产权国内贸易对技术创新、消费升级的推动作用能得到更好发挥，因而，与知识产权国内贸易规模较小的地区相比，能更好地实现对"双循环"有效联动的促进作用，这意味着知识产权国内贸易对国内国际循环有效联动的促进作用可能存在非线性趋势。由于经济基础、地理位置、制度环境等原因，各地区的对外开放程度、人力资本水平、城镇化水平、消费水平和知识产权保护水平各异，知识产权国内贸易对国内国际循环有效联动的影响可能在这些因素的影响下，存在一定的"门槛特征"。

国内国际双循环是内循环和外循环相互促进的过程，随着对外开放程度

的加大，对外贸易和资本流动规模增长，与国际市场的连接更加紧密，国际循环嵌入度逐渐加深。人力资本是技术创新能力的重要决定因素，知识产权保护是创新发展的重要制度保障，人力资本水平的提高与知识产权保护力度的加强都有助于自主创新能力的提升，增加国内大循环的内生动力。消费水平的提升是消费市场发展的直接动力，是畅通国内大循环的关键因素，城镇化的深入推进激活了消费市场，释放了消费潜能，是推动国内大循环的重要力量，随着消费水平和城镇化水平的不断提高，消费提质升级步伐加快，国内大循环的质量显著提升。由于对外开放程度、人力资本水平、城镇化水平、消费水平和知识产权保护水平与国内循环、国际循环有紧密关联，知识产权国内贸易对国内国际循环有效联动的影响可能受这些因素影响，具有一定的"门槛特征"。当越过发展门槛时，该地区知识产权国内贸易的发展能依靠促进技术创新与应用、推动消费提质升级，更好地利用国内国际两个市场，加快国内国际循环的互促互进；当未越过发展门槛时，该地区知识产权国内贸易的发展对"双循环"有效联动的促进作用可能由于对外开放水平偏低、消费能力不足、技术创新较滞后等原因受到制约。由此提出理论假说2：

理论假说2：鉴于各地区对外开放程度、人力资本水平、城镇化水平、消费水平和知识产权保护水平的差异，知识产权国内贸易对国内国际循环有效联动的促进作用可能存在一定的"门槛特征"。

第二节　基于省际面板数据的检验

一、计量模型的设定

为检验知识产权国内贸易对"双循环"有效联动的影响，构建实证模型如下：

$$dcl_{it} = \alpha + \beta dipt_{it} + \delta C_{it} + \varphi_i + \varepsilon_{it} \tag{6.1}$$

模型（6.1）中的 dcl_{it} 表示 i 地区 t 时期的"双循环"联动情况，$dipt_{it}$ 表示 i 地区 t 时期的知识产权国内贸易水平，C_{it} 是所有控制变量的合集，α 代表常数项，β 和 δ 为各变量的待估系数，φ_i 表示 i 地区不可观测的个体固定效应，ε_{it} 为随机扰动项。

二、变量与数据说明

（一）被解释变量

"双循环"有效联动（dcl），与前文相同，以经济"内循环"和"外循环"的耦合协调度表示。采用熵权法，从消费和生产的角度测度"内循环"发展，从资本跨国流动、对外贸易、技术引进的角度测度"外循环"发展，并构造耦合度模型和耦合协调度模型，耦合协调度越高，"双循环"有效联动的程度越强。具体测算方法参考赵文举和张曾莲（2022）。

（二）解释变量

知识产权国内贸易（dipt），以技术市场成交额与规模以上工业企业新产品国内销售收入之和度量各地区的知识产权国内贸易发展。为保证研究结论的可靠性，采用人均知识产权国内贸易额（diptsub）和知识产权国内贸易额占地区 GDP 的比重（diptsub2）进行稳健性检验。

（三）控制变量

参考已有研究，选取服务业比重（ind）、金融发展（fin）、财政自给率（self）、外商直接投资（fdi）、政府干预（gov）作为控制变量。其中，服务业比重（ind）采用第三产业增加值占地区 GDP 的比重表示；金融发展（fin）采用金融机构人民币贷款余额与地区 GDP 的比值表示；财政自给率（self）以一般公共预算收入与一般公共预算支出的比例表示；外商直接投资（fdi）采用实际利用外资额占地区 GDP 的比重表示；政府干预（gov）采用一般公共预算支出占地区 GDP 的比重表示。

实证分析采用中国 30 个省级行政区（不含西藏和港澳台地区）的面板数据，时间跨度为 2001～2020 年。数据来源于《中国统计年鉴》《中国科技统计年鉴》，以及各地区统计年鉴。所有数据均以 2001 年为基期，并进行对数处理。变量说明及描述性统计如表 6 - 1 和表 6 - 2 所示。表 6 - 3 汇报了变量的多重共线性检验结果，变量 VIF 值小于 5，因此变量不存在多重共线性。

表 6 - 1　　　　　　　　　　　　变量的名称及含义

变量符号	变量名称	变量定义	单位
被解释变量			
dcl	双循环联动水平	参考赵文举和张曾莲（2022），取对数	
解释变量			
dipt		技术市场成交额与规上工业企业新产品国内销售收入之和，取对数	亿元
diptsub	知识产权国内贸易	人均知识产权国内贸易额，取对数（稳健性检验）	万元
diptsub2		知识产权国内贸易额占地区 GDP 的比重，取对数（稳健性检验）	%
控制变量			
ind	服务业比重	第三产业增加值占地区 GDP 的比重，取对数	%
fin	金融发展	金融机构人民币贷款余额与 GDP 的比值，取对数	
self	财政自给率	一般公共预算收入与一般公共预算支出的比值，取对数	%
fdi	外商直接投资	实际利用外资额占 GDP 的比重，取对数	%
gov	政府干预	一般公共预算支出占地区 GDP 的比重，取对数	%

表 6 - 2　　　　　　　　　　　　　变量的描述性统计

变量	均值	中位数	最大值	最小值	标准差	样本量
dcl	− 0.8365	− 0.8656	− 0.319	− 1.5733	0.2441	600
dipt	6.5459	6.6387	10.0466	0.9916	1.6812	600
diptsub	− 1.6221	− 1.7054	1.175	− 5.268	1.3856	600
diptsub2	2.24	2.2344	3.6846	− 0.1075	0.794	600
ind	3.7427	3.7063	4.4292	3.3539	0.1943	600
fin	0.1255	0.1067	0.9844	− 0.6294	0.326	600
self	3.85	3.8146	4.5548	2.6964	0.3863	600
fdi	0.5907	0.7189	2.7941	− 4.5756	1.0166	600
gov	2.9593	2.9555	4.1636	2.0432	0.4185	600

表 6 - 3　　　　　　　　　　　　　多重共线性结果

变量	VIF	1/VIF
self	5.22	0.191511
gov	4.25	0.235402
fin	3.14	0.318657
ind	2.97	0.337172
dipt	2.01	0.496699
fdi	1.86	0.536843
Mean VIF	3.24	

三、实证结果与分析

(一) 基准检验

根据 Hausman 检验结果（P 值为 0.004），选用固定效应模型进行估计较为科学，因此采用固定个体效应模型进行回归分析。表 6 - 4 给出了基准检验的回归结果，其中，列（1）中仅包含核心解释变量，列（2）~列（6）中依次加入不同控制变量。结果显示，知识产权国内贸易的估计系数在列（1）~列（6）中都在1%水平上显著为正，列（6）中的系数值为0.079，意味着知识产权国内贸易额每增长1%，"双循环"联动水平将增加0.079%，说明知识产权国内贸易的发展有助于推动国内国际循环的有效联动，本章第一节的理论假说1得到验证。

控制变量中，外商直接投资（fdi）的系数在10%水平上显著为正，政府干预（gov）的系数在5%的水平上显著为正，服务业比重（ind）、金融发展（fin）、财政自给率（self）的系数在统计学意义上不显著。

表6-4   基准检验

变量	（1）	（2）	（3）	（4）	（5）	（6）
dipt	0.092 *** (8.468)	0.103 *** (8.377)	0.105 *** (8.128)	0.105 *** (8.105)	0.107 *** (8.637)	0.079 *** (5.188)
ind		-0.122 (-1.636)	-0.065 (-0.701)	-0.065 (-0.683)	-0.065 (-0.689)	-0.061 (-0.676)
fin			-0.056 (-1.283)	-0.055 (-1.272)	-0.028 (-0.551)	-0.078 (-1.514)
self				0.009 (0.110)	-0.022 (-0.304)	0.022 (0.291)
fdi					0.025 * (2.016)	0.024 * (2.038)
gov						0.171 ** (2.681)
_cons	-1.436 *** (-20.290)	-1.055 *** (-4.218)	-1.272 *** (-3.914)	-1.307 ** (-2.539)	-1.218 ** (-2.476)	-1.718 *** (-3.169)
N	600	600	600	600	600	600
R-sq	0.393	0.403	0.406	0.406	0.416	0.435

注：***、**、* 分别表示在1%、5%和10%水平通过显著性检验；括号中的数值为t值。

（二）稳健性检验

为保证实证结果的可靠性，进行了三方面的稳健性检验。

第一，替换核心解释变量。将知识产权国内贸易发展水平的代理指标替换为人均知识产权国内贸易额（diptsub）、知识产权国内贸易额占地区 GDP 的比重（diptsub2），回归结果在表 6-5 中的列（1）和列（2）中分别列示，diptsub 和 diptsub2 的估计系数都在 1% 水平上显著为正。第二，改变检验方法。采用随机效应模型进行估计，回归结果见表 6-5 中的列（3）。结果显示，知识产权国内贸易的系数值仍在 1% 水平上显著为正。第三，进行缩尾处理。对所有数据进行上下 1% 的缩尾处理以消除极端值对回归结果的影响，结果见表 6-5 中的列（4），知识产权国内贸易的回归系数值、系数方向和显著性与列（2）一致。以上稳健性检验的回归结果表明知识产权国内贸易促进"双循环"有效联动的结论是稳健可靠的。

表 6-5   稳健性检验

变量	（1）	（2）	（3）	（4）
dipt			0.078 *** (6.137)	0.079 *** (5.117)
ind	−0.048 (−0.560)	0.030 (0.323)	−0.035 (−0.391)	−0.079 (−0.896)
fin	−0.082 (−1.628)	−0.107 ** (−2.137)	−0.022 (−0.397)	−0.069 (−1.352)
self	0.031 (0.420)	0.084 (1.056)	0.167 *** (2.643)	0.017 (0.226)
fdi	0.023 * (1.970)	0.017 (1.325)	0.027 ** (2.363)	0.024 * (1.910)
gov	0.168 ** (2.542)	0.347 *** (7.473)	0.152 *** (3.085)	0.166 ** (2.548)
diptsub	0.083 *** (5.080)			
diptsub2		0.068 *** (3.596)		
_cons	−1.143 * (−1.949)	−2.446 *** (−4.654)	−2.326 *** (−5.007)	−1.625 *** (−3.028)

续表

变量	（1）	（2）	（3）	（4）
N	600	600	600	600
R－sq	0.443	0.385		0.435

注：***、**、*分别表示在1%、5%和10%水平通过显著性检验；括号中为 t 值或 z 值。

（三）内生性检验

如果变量存在内生性问题，会造成回归结果的有偏和不一致。内生性检验包括三方面，第一，解释变量滞后一期。采用知识产权国内贸易的滞后一期作为解释变量，回归结果见表 6－6 的列（1），滞后项的回归系数在 1%水平上显著为正，表明知识产权国内贸易对"双循环"有效联动的促进作用具有一定的滞后效应。第二，采取面板工具变量法。以核心解释变量的一期滞后项作为工具变量，回归结果如表 6－6 的列（2）所示，结果显示知识产权国内贸易的估计系数在 1%水平上显著为正，系数值与基准回归结果接近，Anderson-canon LM 检验显著拒绝工具变量识别不足的原假设，Cragg－Donald Wald 的 F 统计量大于 Stock－Yogo 检验在 10%水平上的临界值，拒绝弱工具变量的原假设，过度识别 Sargan 检验不能拒绝原假设，说明工具变量是外生的，检验结果表明所选择的工具变量是合理有效的。第三，控制变量滞后一期。将所有控制变量滞后一期后进行回归分析，以缓解控制变量的潜在内生性问题，结果如表 6－6 的列（3）所示，知识产权国内贸易的系数仍在 1%的水平上显著为正。内生性检验结果表明知识产权国内贸易促进"双循环"有效联动的结果具有稳健性。

表 6－6　　　　　　　　　　　内生性检验

变量	（1）	变量	（2）	变量	（3）
	fe		iv		fe
dipt	0.058 *** （3.436）	dipt	0.072 *** （6.252）	dipt	0.063 *** （4.341）

续表

变量	(1) fe	变量	(2) iv	变量	(3) fe
ind	− 0.019 (− 0.210)	ind	− 0.040 (− 0.767)	l. ind	− 0.086 (− 1.145)
fin	− 0.079 (− 1.666)	fin	− 0.076 ** (− 2.050)	l. fin	− 0.048 (− 0.804)
self	0.054 (0.692)	self	0.041 (0.770)	l. self	− 0.069 (− 0.952)
fdi	0.022 * (1.801)	fdi	0.023 *** (2.839)	l. fdi	0.031 ** (2.590)
gov	0.175 ** (2.624)	gov	0.150 *** (3.391)	l. gov	0.164 ** (2.615)
_cons	− 1.858 *** (− 3.354)	_cons		_cons	− 1.155 ** (− 2.381)
N	570	N	570	N	570
R − sq	0.340	R − sq	0.348	R − sq	0.355

注：***、**、*分别表示在1%、5%、10%水平通过显著性检验；括号中数值为 t 值或 z 值。

(四) 异质性检验

1. 贸易规模异质性

由于我国各地区经济发展水平、知识产权保护、技术交易市场的发展水平存在差异，因此知识产权国内贸易的发展情况会具有异质性。为研究知识产权国内贸易的发展程度对"双循环"有效联动的影响，按知识产权国内贸易实际总额的中位数划分出高低两组，表6－7的列（1）和列（2）分别是知识产权国内贸易额较高组、较低组的回归结果。结果显示，较高组中解释变量的系数值为0.116，在1%水平上显著为正，较低组中解释变量的系数值为0.063，在5%水平上显著为正，较高组中知识产权国内贸易的回归系数值和显著性均高于较低组。这表明，在知识产权国内贸易发展规模更大的地区，贸易额的壮大对"双循环"有效联动的推动作用更强。

2. 时间异质性

进一步将全部样本期划分为 2001～2017 年和 2018～2020 年两个时间段进行回归估计，以考察知识产权国内贸易对"双循环"有效联动的影响是否会随时间推进而有所不同，结果如表 6 - 7 的列（3）和列（4）所示，其中列（3）为 2001～2017 年的回归结果。对比两个时间段的回归结果可以发现，随着中国创新步伐的加快，技术市场的发展，知识产权国内贸易通过促进科技创新、优化要素配置效率、提振消费，对"双循环"有效联动的促进作用不断增大。

表 6 - 7　　　　　　　　　异质性检验

变量	规模异质性		时间异质性	
	（1）	（2）	（3）	（4）
dipt	0. 116 *** (10. 261)	0. 063 ** (2. 820)	0. 068 *** (4. 214)	0. 162 ** (2. 095)
ind	−0. 146 (−1. 241)	0. 090 (0. 706)	−0. 123 (−1. 503)	0. 119 (0. 411)
fin	−0. 042 (−0. 664)	−0. 138 * (−1. 821)	−0. 069 (−1. 321)	−0. 038 (−0. 220)
self	0. 017 (0. 217)	0. 046 (0. 376)	0. 088 (1. 123)	0. 008 (0. 057)
fdi	0. 045 ** (2. 393)	0. 018 (1. 029)	0. 008 (0. 622)	0. 014 (0. 646)
gov	−0. 002 (−0. 030)	0. 233 *** (3. 616)	0. 233 *** (3. 717)	−0. 352 (−1. 546)
_cons	−1. 177 ** (−2. 201)	−2. 502 *** (−3. 105)	−1. 848 *** (−3. 423)	−1. 365 (−0. 883)
N	300	300	510	90
R - sq	0. 501	0. 412	0. 475	0. 121

注：*** 、** 、* 分别表示在 1% 、5% 、10% 水平通过显著性检验；括号中的数值为 t 值。

四、研究结论

近年来，知识产权国内贸易规模不断增强，对促进"双循环"有效联动发挥着重要影响。利用2001～2020年我国30个省（自治区、直辖市）的面板数据，对知识产权国内贸易促进"双循环"有效联动的作用进行实证检验，结果表明，在整体上，知识产权贸易的发展显著推动了国内循环和国际循环的相互促进，并且这一结论在控制内生性之后依然成立，说明了研究结论的稳健性。进一步的分析表明知识产权国内贸易对"双循环"有效联动的促进作用存在规模异质性和时间异质性。在规模异质性上，知识产权国内贸易对"双循环"有效联动的推动作用在贸易规模不同的地区都存在，但在贸易额较高地区其正向作用更强且更显著；在时间异质性上，知识产权国内贸易对"双循环"有效联动的促进作用在不同时间段均显著存在，且随着时间推进，其影响程度明显增大。结论对理解知识产权国内贸易与"双循环"有效联动的关联及知识产权国内贸易的政策制定具有一定的参考意义。

第三节　基于面板门槛模型的检验

上一节的实证结果表明，知识产权国内贸易对国内国际循环有效联动的促进作用因贸易规模的不同而具有异质性，这意味着知识产权国内贸易对"双循环"有效联动的影响可能具有非线性趋势。第一节基于理论分析提出了"知识产权国内贸易对国内国际循环有效联动的促进作用可能存在一定的'门槛特征'"的研究假说，本节通过构造门槛回归模型进行实证检验，深入考察可能影响知识产权国内贸易发挥积极作用的各种因素，并测算各因素的门槛水平。

一、计量模型的设定

构建多重门槛模型进行回归估计，结合各地区的发展特征，选择可能影响知识产权国内贸易对国内国际循环有效联动促进作用发挥的五个门槛变量，分别为对外开放程度、人力资本水平、城镇化水平、消费水平和知识产权保护水平。具体的面板门槛模型如下：

$$dcl_{it} = \alpha + \beta_1 dipt_{it} \cdot I(open_{it} \leqslant \gamma_1) + \beta_2 dipt_{it} \cdot I(open_{it} > \gamma_1) + \cdots$$
$$+ \beta_{n+1} dipt_{it} \cdot I(open \leqslant \gamma_n) + \delta C_{it} + \varphi_i + \varepsilon_{it} \qquad (6.2)$$

$$dcl_{it} = \alpha + \beta_1 dipt_{it} \cdot I(hc_{it} \leqslant \gamma_1) + \beta_2 dipt_{it} \cdot I(hc_{it} > \gamma_1) + \cdots$$
$$+ \beta_{n+1} dipt_{it} \cdot I(hc \leqslant \gamma_n) + \delta C_{it} + \varphi_i + \varepsilon_{it} \qquad (6.3)$$

$$dcl_{it} = \alpha + \beta_1 dipt_{it} \cdot I(urban_{it} \leqslant \gamma_1) + \beta_2 dipt_{it} \cdot I(urban_{it} > \gamma_1) + \cdots$$
$$+ \beta_{n+1} dipt_{it} \cdot I(urban \leqslant \gamma_n) + \delta C_{it} + \varphi_i + \varepsilon_{it} \qquad (6.4)$$

$$dcl_{it} = \alpha + \beta_1 dipt_{it} \cdot I(cons_{it} \leqslant \gamma_1) + \beta_2 dipt_{it} \cdot I(cons_{it} > \gamma_1) + \cdots$$
$$+ \beta_{n+1} dipt_{it} \cdot I(cons \leqslant \gamma_n) + \delta C_{it} + \varphi_i + \varepsilon_{it} \qquad (6.5)$$

$$dcl_{it} = \alpha + \beta_1 dipt_{it} \cdot I(ipr_{it} \leqslant \gamma_1) + \beta_2 dipt_{it} \cdot I(ipr_{it} > \gamma_1) + \cdots$$
$$+ \beta_{n+1} dipt_{it} \cdot I(ipr \leqslant \gamma_n) + \delta C_{it} + \varphi_i + \varepsilon_{it} \qquad (6.6)$$

基于模型（6.1），构建模型（6.2）~（6.6），其中的 open 表示对外开放程度，hc 表示人力资本水平，urban 表示城镇化水平，cons 表示消费水平，ipr 表示知识产权保护水平，上述五个变量均为门槛变量，γ 是门槛值，$I(\cdot)$ 为指示性函数。当门槛变量满足括号内条件时，$I = 1$，否则，$I = 0$。$\beta_1 - \beta_{n+1}$ 表示不同门槛水平下知识产权国内贸易的估计系数。上述模型中其他指标的设定与模型（6.1）中一致。

二、变量与数据说明

（一）被解释变量

"双循环"有效联动（dcl），国内国际循环有效联动的度量方法与上一节相同，具体测算方法参考赵文举和张曾莲（2022）。

（二）解释变量

知识产权国内贸易（dipt），以技术市场成交额与规模以上工业企业新产品国内销售收入之和度量各地区的知识产权国内贸易发展。

（三）控制变量

与上一节相同，选取服务业比重（ind）、金融发展（fin）、财政自给率（self）、外商直接投资（fdi）、政府干预（gov）作为控制变量，各变量含义及表示方法此处不再赘述。

（四）门槛变量

包含如下五个门槛变量：对外开放程度（open），以进出口总额占地区GDP的比重表示；人力资本水平（hc），采用平均受教育年限表示，各地区6岁及以上人口的文化程度为小学、初中、高中、大专及以上的受教育年限依次以6年、9年、12年、16年计，分别乘以各教育水平的人数，加总之和再除以总人口即为该地区的平均受教育年限；城镇化水平（urban），以城镇人口所占比重表示；消费水平（cons），以居民实际人均消费支出表示；知识产权保护水平（ipr），以专利授权量表示知识产权保护程度。

实证分析采用2001～2020年中国30个省级行政区（不含西藏和港澳台地区）的面板数据，所有数据均以2001年为基期，并进行对数处理，数据来源与上一节相同。由于前文中已对除门槛变量外的其余变量进行说明，此处的变量描述性统计（见表6-8）仅涉及门槛变量。

表6-8　　　　　　　　　　门槛变量的描述性统计

变量	均值	中位数	最大值	最小值	标准差	样本量
open	2.8648	2.581	5.1484	-0.2781	0.993	600
hc	2.1538	2.1566	2.5401	1.7985	0.121	600

续表

变量	均值	中位数	最大值	最小值	标准差	样本量
urban	3.896	3.92	4.4954	2.6796	0.3099	600
cons	8.7792	8.7792	10.4021	7.3604	0.6384	600
ipr	9.0945	9.0847	13.4726	4.2485	1.7568	600

三、实证结果与分析

（一）对外开放程度

表 6-9 是以对外开放程度（open）为门槛变量的门槛显著性检验、门槛估计值和置信区间，检验结果显示，open 存在两个门槛值，表 6-10 的列（1）和列（2）为面板门槛检验的系数估计结果。当对外开放水平指标值小于门槛值 2.4872 时，知识产权国内贸易的系数值为 0.06；当对外开放水平指标值介于 2.4872 和 4.5801 之间时，知识产权国内贸易的系数值为 0.078；当对外开放水平指标值跨过第二个门槛值时，知识产权国内贸易的系数上升至 0.095。门槛检验的结果证明，知识产权国内贸易对"双循环"有效联动的积极影响受各地区对外开放程度的影响，随着对外贸易依存度的增加，国内国际两个市场的关联性加强，知识产权国内贸易促进国内国际循环有效联动的作用逐渐增强。

表 6-9　　　　　　　　　　门槛效应估计与检验结果

门槛变量	门槛数	F 值	P 值	1%	5%	10%	门槛值	95% 的置信区间
open	单一	71.32	0.000	35.1354	25.3800	22.5539	2.4872	[2.4587, 2.4921]
	双重	35.35	0.000	28.1006	24.9470	20.9275	2.4872	[2.4679, 2.4921]

续表

门槛变量	门槛数	F 值	P 值	1%	5%	10%	门槛值	95% 的置信区间
open	三重	21.31	0.700	66.6655	55.6965	49.5148	4.5801	[4.5283, 4.6090]

注：表中的 F 值、P 值、临界值及 95% 的置信区间均为采用 Bootstrap 方法反复抽样 300 次所得结果。

表 6 - 10　　　　　　　　　面板门槛模型回归结果（1）

变量	open		hc		urban	
	（1）	（2）	（3）	（4）	（5）	（6）
	估计系数	t 值	估计系数	t 值	估计系数	t 值
dipt	0.060 ***	(7.181)	0.048 ***	(4.829)	0.022 **	(2.088)
	γ≤2.4872		γ≤2.0428		γ≤3.3766	
	0.078 ***	(9.645)	0.066 ***	(7.457)	0.046 ***	(4.710)
	2.4872<γ≤4.5801		γ>2.0428		3.3766<γ≤3.6588	
	0.095 ***	(10.962)			0.059 ***	(6.862)
	γ>4.5801				γ>3.6588	
ind	−0.023	(−0.490)	−0.005	(−0.101)	−0.050	(−1.048)
fin	−0.081 **	(−2.459)	−0.131 ***	(−3.661)	−0.062 *	(−1.828)
self	0.014	(0.289)	−0.012	(−0.231)	0.047	(0.982)
fdi	0.011	(1.454)	0.023 ***	(2.964)	0.013 *	(1.676)
gov	0.176 ***	(4.884)	0.170 ***	(4.483)	0.116 ***	(3.111)
_cons	−1.798 ***	(−6.741)	−1.691 ***	(−5.998)	−1.545 ***	(−5.640)
N	600		600		600	
R − sq	0.524		0.467		0.501	

注：*** 、** 、* 分别表示在 1%、5%、10% 水平通过显著性检验。

（二）人力资本水平

表 6 - 11 是以人力资本水平（hc）为门槛变量的门槛显著性检验、门

槛估计值和置信区间，检验结果显示，hc 仅存在一个门槛值，表 6 – 10 的列（3）和列（4）为面板门槛检验的系数估计结果。当人力资本水平的指标值小于门槛值 2.0428 时，知识产权国内贸易的系数值为 0.048；当人力资本的指标值越过门槛值时，知识产权国内贸易的系数增加至 0.066。门槛检验的结果证明，知识产权国内贸易对"双循环"有效联动的促进作用受各地区人力资本水平的影响，随着教育发展步伐的加快，高学历人口比重不断提升，人口素质的提高有利于推动地区的科技进步与技术创新，知识产权国内贸易对国内国际循环有效联动的推动作用也会逐步增大。

表 6 – 11　　　　　　　　　门槛效应估计与检验结果

门槛变量	门槛数	F 值	P 值	1%	5%	10%	门槛值	95% 的置信区间
hc	单一	34.47	0.007	33.8278	28.0490	22.9709	2.0428	[2.0352, 2.0441]
	双重	13.72	0.3233	27.9595	23.0714	19.7619		

注：表中的 F 值、P 值、临界值及 95% 的置信区间均为采用 Bootstrap 方法反复抽样 300 次所得结果。

（三）城镇化水平

表 6 – 12 是以城镇化水平（urban）为门槛变量的门槛显著性检验、门槛估计值和置信区间，检验结果表明，urban 存在两个门槛值，表 6 – 10 的列（5）和列（6）为面板门槛检验的系数估计结果。当城镇化水平指标值小于门槛值 3.3766 时，知识产权国内贸易的系数值为 0.022；当城镇化水平指标值介于 3.3766 和 3.6588 之间时，知识产权国内贸易的系数值为 0.046；当城镇化水平指标值越过 3.6588 时，知识产权国内贸易的系数增至 0.059。门槛检验的结果证明，知识产权国内贸易对"双循环"有效联动的正向影响受各地区城镇化水平的影响。城镇化是增加供给需求两侧新动能的重要动力源，随着城镇化程度的加深，需求和供给将更好地衔接，知识产权国内贸易促进国内国际循环有效联动的作用也将会加大。

表6-12 门槛效应估计与检验结果

门槛变量	门槛数	F值	P值	1%	5%	10%	门槛值	95%的置信区间
urban	单一	51.09	0.000	38.9421	24.9888	22.4860	3.3776	[3.3682, 3.3844]
	双重	22.60	0.083	36.0892	24.9657	20.1602	3.3766	[3.3541, 3.3844]
	三重	8.02	0.74	38.092	28.3523	23.3231	3.6588	[3.6495, 3.6674]

注：表中的F值、P值、临界值及95%的置信区间均为采用Bootstrap方法反复抽样300次所得结果。

（四）消费水平

表6-13是以消费水平（cons）为门槛变量的门槛显著性检验、门槛估计值和置信区间，检验结果显示，cons存在两个门槛值，表6-14的列（1）和列（2）为面板门槛检验的系数估计结果。当消费水平指标值小于门槛值7.8825时，知识产权国内贸易的系数值为0.014，但在统计学意义上不显著；当消费水平指标值介于7.8825和8.2121之间时，知识产权国内贸易的系数值为0.042；当消费水平指标值超过8.2121时，知识产权国内贸易的系数增至0.056。门槛检验的结果证明，知识产权国内贸易对"双循环"有效联动的推动作用受各地区消费水平的影响。消费是双循环发展的重要枢纽，提振消费有助于供需在更高水平上实现良性互动，随着消费水平的上升，知识产权国内贸易对国内国际循环有效联动的推动作用趋于增强。

表6-13 门槛效应估计与检验结果

门槛变量	门槛数	F值	P值	1%	5%	10%	门槛值	95%的置信区间
cons	单一	45.82	0.003	36.1465	26.0965	22.7427	7.8825	[7.8705, 7.8980]

续表

门槛变量	门槛数	F 值	P 值	1%	5%	10%	门槛值	95% 的置信区间
cons	双重	24.37	0.030	29.9273	21.1670	19.3301	7.8825	[7.8571, 7.8980]
	三重	15.31	0.527	48.1033	31.8570	28.1454	8.2121	[8.2029, 8.2188]

注：表中的 F 值、P 值、临界值及 95% 的置信区间均为采用 Bootstrap 方法反复抽样 300 次所得结果。

表 6-14　　　　　　　　　　面板门槛模型回归结果（2）

变量	cons		ipr	
	(1)	(2)	(3)	(4)
	估计系数	t 值	估计系数	t 值
dipt	0.014	(1.201)	0.056 ***	(5.866)
	$\gamma \leqslant 7.8825$		$\gamma \leqslant 7.2056$	
	0.042 ***	(4.234)	0.077 ***	(9.026)
	$7.8825 < \gamma \leqslant 8.2121$		$\gamma > 7.2056$	
	0.056 ***	(6.402)		
	$\gamma > 8.2121$			
ind	-0.031	(-0.652)	-0.055	(-1.127)
fin	-0.040	(-1.187)	-0.093 ***	(-2.671)
self	0.044	(0.911)	-0.018	(-0.351)
fdi	0.007	(0.925)	0.028 ***	(3.590)
gov	0.063	(1.577)	0.131 ***	(3.361)
_cons	-1.419 ***	(-5.127)	-1.449 ***	(-5.038)
N	600		600	
R-sq	0.496		0.462	

注：***、**、* 分别表示在 1%、5%、10% 水平通过显著性检验。

（五）知识产权保护水平

表 6 - 15 是以知识产权保护水平（ipr）为门槛变量的门槛显著性检验、门槛估计值和置信区间，检验结果显示，ipr 仅存在一个门槛值，表 6 - 14 的列（3）和列（4）为面板门槛检验的系数估计结果。当知识产权保护水平指标值小于门槛值 7.2056 时，知识产权国内贸易的系数值为 0.056；当知识产权保护水平指标值越过 7.2056 时，知识产权国内贸易的系数值增加至 0.077。门槛检验的结果证明，知识产权国内贸易对"双循环"有效联动的推动作用受各地区知识产权保护水平的影响。一般而言，知识产权保护程度越强，地区的创新环境、消费环境更好，技术创新与技术成果转化应用、消费扩容升级的步伐加快，知识产权国内贸易对"双循环"有效联动的促进作用也会逐渐增大。

表 6 - 15　　　　　　　　门槛效应估计与检验结果

门槛变量	门槛数	F 值	P 值	1%	5%	10%	门槛值	95% 的置信区间
ipr	单一	29.10	0.030	35.4116	27.0601	22.9578	7.2056	[7.1948, 7.2130]
	双重	9.64	0.533	33.0924	22.6558	20.1337		

注：表中的 F 值、P 值、临界值及 95% 的置信区间均为采用 Bootstrap 方法反复抽样 300 次所得结果。

四、研究结论

通过构建面板门槛回归模型，就知识产权国内贸易对"双循环"有效联动的影响可能具有的非线性特征进行了实证检验，并测算了门槛水平。分析结论如下：知识产权国内贸易对国内国际循环有效联动的促进作用有显著的门槛特征，文中选择对外开放程度、人力资本水平、城镇化水平、消费水平和知识产权保护水平五个门槛变量，检验结果表明，人力资本水平和知识产权保护水平存在单门槛特征，对外开放程度、城镇化水平和消费水平存在双门槛特征，当这些变量的指标值跨越门槛值时，知识产权国内贸易对"双循环"有效联动的促进效应会呈现显著跃升。第一节的理论假说2在本节得以验证。由于中国区域经济发展的不平衡性，知识产权国内贸易对不同地区"双循环"联动的影响存在差异，各地政府应采取差异化的政策，提高人力资本水平，加强知识产权保护，积极扩大消费，加快新型城镇化建设，推进高水平对外开放，以充分发挥知识产权国内贸易推动国内国际循环相互促进的积极作用。

第七章

知识产权国内贸易对国内国际循环有效联动影响的实证检验：基于空间视角

第一节　理论逻辑分析

空间溢出效应对中国地区经济发展有着不可忽视的影响（潘文卿，2015），关于知识产权国内贸易对国内国际循环有效联动的影响，不仅要关注总体影响，也需要研究知识产权国内贸易促进"双循环"有效联动的空间效应，从而为制定科学合理的知识产权国内贸易发展政策提供经验证据。

目前基于空间溢出效应对知识产权国内贸易如何影响国内国际循环有效联动的研究极为缺乏，有关区域经济增长、区域创新的空间溢出效应的研究能为本章的研究提供有益参考。已有的规范研究和实证研究都证明创新产出的空间集聚现象（Martin and Ottaviano，2001；Jun，2005）。随着区域一体化进程的推进，国内各区域间的人才、资本、信息等要素流动加快，知识转移、扩散和溢出加大，省域创新的空间依赖性逐渐增强（李国平和王春杨，2012）。近年来的实证研究表明，区域经济增长具有显著的空间正向溢出效应（闫东升等，2021），研发要素的区域流动具有显著的空间溢出效应，且这一溢出效应对经济增长有显著的正向影响（白俊红等，2017）。

已有研究表明中国区域经济发展、区域创新具有空间外溢性，但缺乏从空间视角考察知识产权国内贸易与国内国际循环有效联动的关联的研究，本节结合 2001~2020 年中国 30 个省市（不含西藏和港澳台地区）的面板数据，采用空间自相关分析方法，首先研究知识产权国内贸易和国内国际循环有效联动的空间演变特征，接着构建空间面板模型就知识产权国内贸易对国内国际循环有效联动的影响进行实证检验。

一、知识产权国内贸易具有空间溢出效应的理论分析和研究假说

知识产权国内贸易通过创新成果产业化市场化实现对技术创新的正向激励，通过蕴含知识产权成果的高质量供给创造和引领消费需求，市场需求反向倒逼技术创新，以"激励 + 倒逼"的方式，有力促进区域内的技术创新。同时，知识产权国内贸易的发展还具有区域协同创新效应，通过提高地理邻近地区的创新能力，促进相邻地区的知识产权国内贸易的发展。知识产权国内贸易加快了知识产权成果在不同区域的转移，促进技术扩散和应用，发挥技术创新外溢效应。地理邻近是衡量区域创新溢出的关键要素，相邻地区能更好地进行区域创新合作，技术、人才、资本、信息等创新要素向周边地区流动更为便捷，流通效率更高，地区之间共享创新成果，交流创新信息，整合创新资源，分摊创新成本，提高创新效率，创新的空间依赖性明显。因此，知识产权国内贸易不仅促进本地区的技术创新，也能提升相邻地区的创新能力和科技成果转化能力，促进其知识产权国内贸易的发展。由此，提出理论假说 1：

理论假说 1：知识产权国内贸易具有空间溢出效应，即本地区知识产权国内贸易的发展对相邻地区知识产权国内贸易的发展具有正向影响。

二、空间溢出效应条件下知识产权国内贸易对国内国际循环有效联动促进作用的理论分析和研究假说

知识产权国内贸易以创新驱动本地区经济发展，促进当地创新能力的提升和消费提档升级，提高要素配置效率，加快产业结构升级，增加高质量供给，催生创造需求，提高本地区"双循环"有效联动水平。区域创新存在

空间正相关性（谢伟伟等，2019），本地消费水平和消费习惯对周边城市也具有空间上的正向溢出效应（黄晓寅和张效莉，2022），因此本地知识产权国内贸易不仅能加速当地创新步伐和激活当地消费市场，还能带动周边地区的技术创新和消费扩大，有助于相邻地区的"双循环"有效联动，国内循环的水平进一步提升，同时也带动外循环的高质量发展，提高了国内国际循环有效联动的区域整体水平。此外，本地区创新能力的提升对经济发展具有正向溢出效应，能打破行政经济的界限，促进创新要素的区域间流动，实现跨区域的协调与合作（焦敬娟等，2017），区域协同发展有助于推动市场规模拓展和高效畅通，缓解市场分割，打通制约内循环的关键堵点，建设高水平外循环，推动国内循环和国际循环的相关促进。由此，提出理论假说2和理论假说3：

理论假说2：考虑空间溢出效应的条件下，知识产权国内贸易对国内国际循环有效联动具有显著的促进作用。

理论假说3：知识产权国内贸易的发展不仅能促进本地区国内国际循环有效联动，对相邻地区的"双循环"有效联动也有积极促进效应。

第二节　时空动态演变的特征研究

一、知识产权国内贸易和国内国际循环有效联动的时序演变特征

（一）知识产权国内贸易的时序演变特征

2001～2020年中国知识产权国内贸易的时序演变如图7-1所示，图中知识产权国内贸易实际总额以技术市场成交额与规模以上工业企业新产品国内销售收入之和度量，并以2001年为基期进行平减处理。如图7-1所示，2001～2020年，知识产权国内贸易实际总额从全国总体来看，呈现逐年上升趋势，近十年的增速明显加快，贸易发展态势良好；分区域来看，东部、

中部、西部地区也均呈增长趋势，但各区域的增速明显不同，实际贸易额的总量水平也有较大差异。具体而言，东部地区知识产权国内贸易规模和增速均高于全国平均水平；中部地区的贸易规模和增速与全国平均水平差距较小；西部地区的贸易规模与中部地区仍存较大差距，增速较为缓慢。2001～2020年，三大区域知识产权国内贸易水平的差距逐渐拉大。

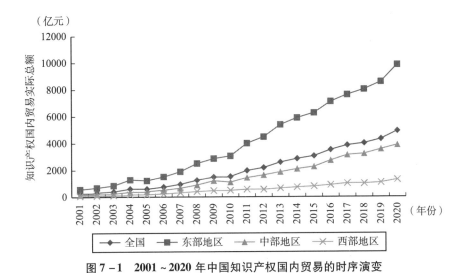

图 7 - 1　2001～2020 年中国知识产权国内贸易的时序演变

资料来源：历年《中国统计年鉴》和《中国科技统计年鉴》。

（二）国内国际循环有效联动的时序演变特征

2001～2020年中国国内国际循环联动水平的时序演变如图 7 - 2 所示。关于国内国际循环联动水平的度量，采用熵权法从多维度测算"内循环"和"外循环"发展，并进一步测度国内循环和国际循环的耦合协调度，具体测算方法参考赵文举和张曾莲（2022）。如图 7 - 2 所示，2001～2020 年，国内国际循环联动水平从全国层面看，2001～2007 年持续上升，自 2008 年起呈波动变化，总体变动幅度不大；分区域来看，东部、中部、西部地区的国内国际循环联动水平也呈波动变化趋势，东部、中西部地区国内循环和国际循环的耦合协调度值分别持续高于、低于全国平均水平，近年来，东部地区的"双循环"联动水平变化不大，中部地区上升明显，西部地区则出现明显下降。2001～2020 年，东部地区和中部地区的国内国际循环联动水平差距逐渐缩小，但西部地区与东部、中部地区的差距未见明显收缩。

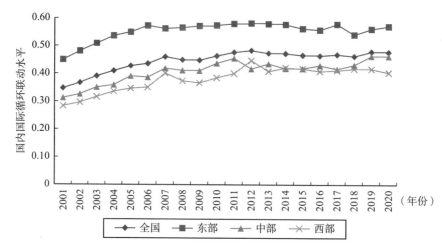

图 7－2　2001～2020 年中国国内国际循环联动水平的时序演变

资料来源：作者测算所得。

二、知识产权国内贸易和国内国际循环有效联动的空间演变特征

（一）研究方法

为研究知识产权国内贸易和国内国际循环有效联动的空间演变，采用空间自相关分析方法，包括全局空间自相关和局部空间自相关。全局空间自相关描述了变量在具体的区域范围内的空间依赖程度，通常使用全局 Moran'I 指数进行分析，指数的具体公式为：

$$I = \frac{n \sum_{i=1}^{n} \sum_{j=1}^{n} W_{ij}(X_i - \overline{X})(X_j - \overline{X})}{\sum_{i=1}^{n} \sum_{j=1}^{n} W_{ij} \sum_{i=1}^{n} (X_i - \overline{X})^2} \tag{7.1}$$

公式（7.1）中，n 表示地区数量，X_i 和 X_j 表示地区 i 和地区 j 的变量观测值，$\overline{X}$ 表示所有地区变量值的平均值，W_{ij} 表示空间权重矩阵。全局 Moran'I 的指数值在 －1 和 1 之间，当指数值大于 0 时，存在空间正相关，指数值越高相关性越强；当指数值小于 0 时，存在空间负相关，指数值越接近 -1，负相关性越强；当指数值接近 0 时，变量呈随机分布，地区之间不存在空间相关性。

局域空间自相关描述不同地理位置的空间相关模式，通常可采用 LISA 指数和 Moran 散点图进行分析。LISA 指数的具体计算公式为：

$$I = \frac{(X_i - \bar{X})}{S^2} \sum_{j \neq i} W_{ij}(X_j - \bar{X}) \tag{7.2}$$

公式（7.2）中 $S^2 = \left[\sum_i (X_i - \bar{X})^2 \right]/n$，公式中的 n，$X_i$，$X_j$，$\bar{X}$，$W_{ij}$ 的含义与公式（7.1）相同。当指数值大于 0 时，地区 i 与周围地区呈空间正相关特征，表现为"高 – 高"相关，即高值地区空间相互聚集，和"低 – 低"相关，即低值地区空间相互聚集；当指数值小于 0 时，地区 i 与周围地区呈空间负相关特征，表现为"低 – 高"相关，即低值地区被高值地区围绕，和"高 – 低"相关，即高值地区被低值地区围绕。Moran 散点图包括四个象限，第一象限和第三象限为正的空间自相关，空间相关关系分别为"高 – 高"相关、"低 – 低"相关；第二象限和第四象限为负的空间自相关，空间相关关系分别为"低 – 高"相关、"高 – 低"相关。

在空间相关性分析中，空间权重矩阵的设定尤为重要。为考察知识产权国内贸易与国内国际循环有效联动的空间演变特征，构建了三类空间权重矩阵。

地理空间权重矩阵，包括空间距离权重矩阵和空间相邻权重矩阵。空间距离权重矩阵选取各地区省会城市之间最短距离平方的倒数构建。空间相邻权重矩阵是基于两个地区是否相邻或交界，如有相邻为 1，否则为 0。

经济空间权重矩阵，参考陈丰龙等（2018）的方法，具体的计算公式如下：

$$W_{i,j}^e = W_{i,j}^d(\overline{y_1}/\bar{y}, \ \overline{y_2}/\bar{y}, \ \cdots, \ \overline{y_n}/\bar{y}) \tag{7.3}$$

$$W_{i,j}^{\circ e} = \frac{W_{i,j}^e}{\sum_j W_{i,j}^e}, i \neq j \tag{7.4}$$

公式（7.3）中，$W_{i,j}^d$ 为地理距离权重矩阵，$W_{i,j}^e$ 为经济空间权重矩阵，$\overline{y_i} = \frac{1}{t_1 - t_0 + 1} \sum_{t_0}^{t_1} y_{i,j}$ 为地区 i 在样本期内的 GDP 均值，$\bar{y} = \frac{1}{n(t_0 - t_1 + 1)} \sum_{t=1}^{n} \sum_{t_0}^{t_1} y_{i,j}$

为样本期内总的 GDP 均值，公式（7.4）为经济空间权重矩阵 $W_{i,j}^e$ 标准化后的权重矩阵。

（二）全局空间自相关

表 7 - 1 和表 7 - 2 分别为 2001 ~ 2020 年中国知识产权国内贸易和国内国际循环有效联动的全局 Moran's I 指数，从 Moran's I 的数值来看，在不同空间权重矩阵下，各年的知识产权国内贸易、国内国际循环有效联动的 Moran's I 指数值均大于 0，且大多数指标值在 1% 的水平上显著，2020 年的 Moran's I 指数值分别约为 0.3 和 0.4，说明我国的知识产权国内贸易和"双循环"有效联动水平具有显著的正向空间相关性，知识产权国内贸易的发展和国内国际循环的联动均有空间溢出效应。从 2001 ~ 2020 年 Moran's I 的动态变化来看，知识产权国内贸易的 Moran's I 指数值在不同空间权重矩阵下都略有下降，十年间的指数值变化幅度不大；国内国际循环联动水平的 Moran's I 指数值在不同空间权重矩阵下均呈波动变化，整体略有上升，空间相邻权重矩阵下的指数值明显高于其他空间权重矩阵。

表 7 - 1　　2001 ~ 2020 年中国知识产权国内贸易的全局 Moran's I 指数

年份	空间距离权重矩阵	空间相邻权重矩阵	经济空间权重矩阵
2001	0. 331 ***	0. 366 ***	0. 314 ***
2002	0. 342 ***	0. 391 ***	0. 320 ***
2003	0. 319 ***	0. 395 ***	0. 304 ***
2004	0. 343 ***	0. 361 ***	0. 324 ***
2005	0. 260 ***	0. 259 **	0. 242 ***
2006	0. 301 ***	0. 376 ***	0. 290 ***
2007	0. 281 ***	0. 326 ***	0. 270 ***
2008	0. 284 ***	0. 284 **	0. 266 ***
2009	0. 228 ***	0. 209 **	0. 210 ***
2010	0. 274 ***	0. 283 ***	0. 255 ***
2011	0. 275 ***	0. 306 ***	0. 260 ***
2012	0. 278 ***	0. 311 ***	0. 261 ***
2013	0. 290 ***	0. 335 ***	0. 271 ***

续表

年份	空间距离权重矩阵	空间相邻权重矩阵	经济空间权重矩阵
2014	0. 284 ***	0. 308 ***	0. 265 ***
2015	0. 285 ***	0. 297 ***	0. 262 ***
2016	0. 310 ***	0. 325 ***	0. 278 ***
2017	0. 292 ***	0. 307 ***	0. 256 ***
2018	0. 303 ***	0. 303 ***	0. 263 ***
2019	0. 282 ***	0. 263 **	0. 243 ***
2020	0. 286 ***	0. 292 ***	0. 247 ***

注：*** 、** 、* 分别表示在 1% 、5% 、10% 水平上显著。

表 7 – 2　2001 ~ 2020 年中国国内国际循环联动水平的全局 Moran's I 指数

年份	空间距离权重矩阵	空间相邻权重矩阵	经济空间权重矩阵
2001	0. 343 ***	0. 384 ***	0. 354 ***
2002	0. 345 ***	0. 406 ***	0. 358 ***
2003	0. 340 ***	0. 418 ***	0. 355 ***
2004	0. 342 ***	0. 433 ***	0. 356 ***
2005	0. 316 ***	0. 390 ***	0. 337 ***
2006	0. 312 ***	0. 469 ***	0. 330 ***
2007	0. 231 ***	0. 259 **	0. 250 ***
2008	0. 356 ***	0. 391 ***	0. 366 ***
2009	0. 263 ***	0. 371 ***	0. 289 ***
2010	0. 273 ***	0. 476 ***	0. 289 ***
2011	0. 358 ***	0. 461 ***	0. 369 ***
2012	0. 180 **	0. 217 **	0. 195 **
2013	0. 309 ***	0. 382 ***	0. 316 ***
2014	0. 279 ***	0. 375 ***	0. 296 ***
2015	0. 291 ***	0. 417 ***	0. 298 ***
2016	0. 366 ***	0. 425 ***	0. 373 ***
2017	0. 217 ***	0. 405 ***	0. 237 ***
2018	0. 213 ***	0. 310 ***	0. 226 ***
2019	0. 212 **	0. 211 **	0. 228 ***
2020	0. 373 ***	0. 446 ***	0. 363 ***

注：*** 、** 、* 分别表示在 1% 、5% 、10% 水平上显著。

（三）局域空间自相关

LISA 指数值显示我国大多数地区的知识产权国内贸易、国内国际循环联动水平与周围地区呈空间正相关特征。图 7-3~图 7-8 分别为 2001 年、2010 年、2020 年各地区知识产权国内贸易实际总额、国内国际循环联动水平的 Moran's I 散点图（空间距离权重矩阵）。

如图 7-3~图 7-5 所示，知识产权国内贸易实际总额的空间自相关属于"高-高"型相关的地区主要包括北京、上海、江苏、浙江、山东、福建、天津、河北、辽宁、吉林、安徽、湖北、湖南、河南，以东部、中部地区为主；属于"低-低"型相关的主要包括陕西、宁夏、青海、新疆、内蒙古、甘肃、广西、云南、贵州，基本都位于西部地区；从动态演变特征看，各年属于"高-高"型和"低-低"型空间相关的地区变化不大。知识产权国内贸易的 Moran's I 散点图表明受区位条件、经济发展水平、技术创新能力、技术市场发展等因素的影响，东部、中部地区形成了知识产权国内贸易的高水平集聚区，西部地区则形成了低水平集聚区。

如图 7-6~图 7-8 所示，国内国际循环联动水平的空间自相关属于"高-高"型相关的地区主要包括北京、上海、江苏、浙江、山东、福建、天津、海南、安徽，以东部沿海地区为主；属于"低-低"型相关的主要包括四川、陕西、山西、宁夏、青海、新疆、内蒙古、甘肃、云南、贵州、吉林、黑龙江，主要位于中西部地区；从动态演变特征看，各年属于"高-高"型和"低-低"型空间相关性的地区有较明显变化，黑龙江、吉林的空间自相关特征由 2001 年的"高-高"型变化为 2020 年的"低-低"型，广东、广西的空间自相关特征则分别由 2001 年的"高-低"型、"低-低"型变化为 2020 年的"高-高"型。国内国际循环联动水平的 Moran's I 散点图表明受国内外经济发展形势、对外开放水平、区位条件等因素的影响，东部沿海地区形成了国内国际循环联动水平的高水平集聚区，中西部地区则形成了低水平集聚区。

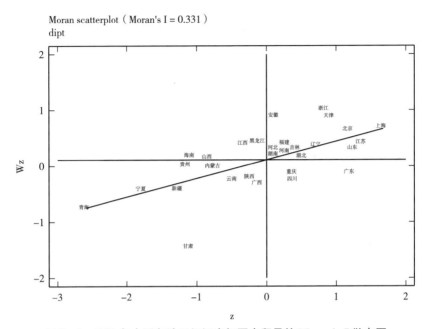

图 7 - 3　2001 年中国各地区知识产权国内贸易的 Moran's I 散点图

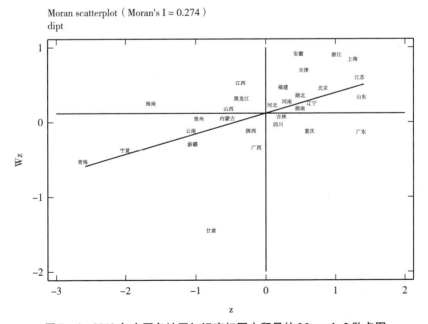

图 7 - 4　2010 年中国各地区知识产权国内贸易的 Moran's I 散点图

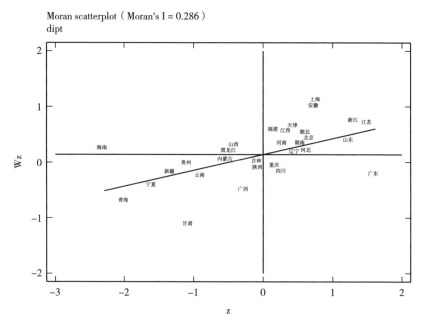

图7-5　2020年中国各地区知识产权国内贸易的Moran's I散点图

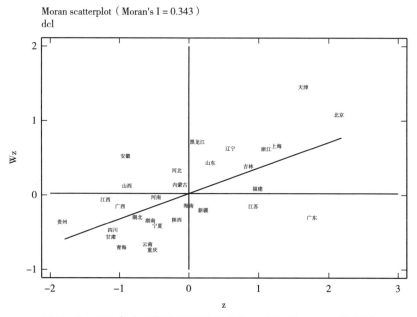

图7-6　2001年中国各地区双循环联动水平的Moran's I散点图

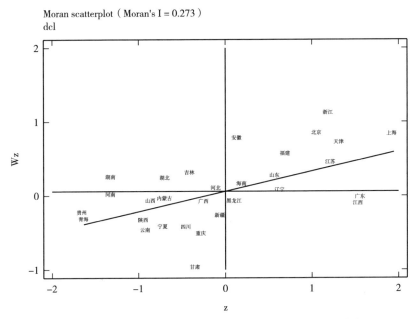

图 7 - 7 2010 年中国各地区双循环联动水平的 Moran's I 散点图

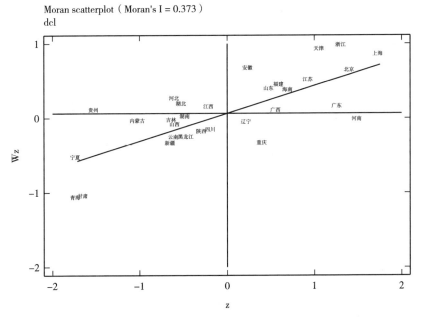

图 7 - 8 2020 年中国各地区双循环联动水平的 Moran's I 散点图

（四）空间分布

根据 2001～2020 年各地区知识产权国内贸易实际总额、"双循环"有效联动水平的样本数值，分别选取四分位数分位点，将 30 个省（自治区、直辖市）划分为四种类型，按照数值由高到低依次为高水平区、中高水平区、中低水平区和低水平区，以考察不同时间知识产权国内贸易、国内国际循环有效联动水平的空间演变。具体划分标准如下：知识产权国内贸易低水平区（2.70～229.34）、中低水平区（229.34～756.74）、中高水平区（756.74～2465.76）、高水平区（2465.76～23076.09）；国内国际循环有效联动低水平区（0.207～0.369）、中低水平区（0.369～0.420）、中高水平区（0.420～0.517）、高水平区（0.517～0.727）。图 7－9 和图 7－10 分别为依据上述划分标准，2001～2020 年知识产权国内贸易各水平区所含地区数量、国内国际循环有效联动各水平区所含地区数量的折线图。

图 7－9 显示，知识产权国内贸易的高水平区省市数量呈阶梯式递增变化，表明知识产权国内贸易的整体发展趋势较好；中高水平区省市数量大致呈倒 U 型曲线，整体趋势为先增后减，2019～2020 年有明显增长；中低水平区省市数量大致呈 M 型曲线，整体趋势为先增后减；低水平区省市数量整体趋于下降，近十年的降速较前期明显减小。从具体的省市看，样本期间，江苏省为首个高水平区省份（2004 年），自 2008 年起持续位于高水平区的省市为北京、浙江、广东、山东、江苏、上海；与 2010 年相比，2020 年宁夏、贵州、新疆、云南已由低水平区进入中低水平区，黑龙江、内蒙古、山西、陕西、广西已由中低水平区进入中高水平区。总体看来，2020 年知识产权国内贸易发展位于高水平区、中高水平区的主要是东部、中部地区的省份，位于中低水平区、低水平区的主要是西部地区的省份。

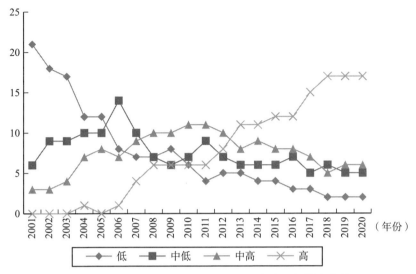

图 7 – 9　知识产权国内贸易各水平区所含地区数量变化情况

资料来源：测算所得。

图 7 – 10 显示，国内国际循环有效联动的高水平区省市数量整体呈增长趋势，其间 2012～2018 年出现小幅波动下降；中高水平区省市数量 2001～2008 年变化较小，2009～2020 年呈倒 U 型曲线，即后期呈先增后减趋势；中低水平区省市数量大致呈 M 型曲线，整体趋势为先增后减；低水平区省市数量整体趋于下降，2011～2018 年变化较小，2019～2020 年数量小幅增长。从具体的省市看，样本期间，"双循环"有效联动始终位于高水平区的省市仅有广东和天津；自 2010 年起持续位于高水平区的省市为福建、浙江、广东、天津、江苏、上海；与 2010 年相比，2020 年湖南、陕西已由低水平区跃入中高水平区；河南则由低水平区跃进高水平区，四川由中低水平区进入中高水平区，广西和海南由中高水平区进入高水平区。总体看来，2020年"双循环"有效联动情况显示，高水平区主要是东部沿海地区的省份，中高和中低水平区主要是中部地区的省份，低水平区主要是西部地区的省份。

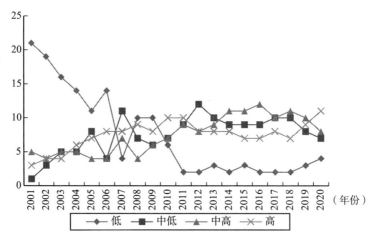

图7-10　国内国际循环联动各水平区所含地区数量变化情况

资料来源：测算所得。

三、研究结论

本节对知识产权国内贸易、国内国际循环有效联动的时空动态演变特征进行了分析，研究结论如下：关于时序演变特征，知识产权国内贸易从全国整体看，规模显著上升，东中西区域间的差距逐渐增大；国内国际循环联动水平从全国总体看，呈波动变化，近年来的变化幅度不大，东部和中部地区的差距逐渐缩小，西部与东中部地区的差距未见收缩。关于空间演变特征，空间自相关研究结果表明，知识产权国内贸易和国内国际循环的联动均有空间溢出效应，受区位条件、国内外经济发展形势、对外开放水平等因素的影响，知识产权国内贸易的高水平集聚区主要位于东部和中部地区，低水平集聚区主要位于西部地区；国内国际循环联动水平的高水平集聚区主要位于东部沿海地区，低水平集聚区主要位于中西部地区。

第三节　基于空间面板模型的检验

一、计量模型的设定

上一节中的空间自相关分析结果表明，我国不同地区间的知识产权国内贸易、国内国际循环有效联动存在不同程度的空间相关性，基于传统经典面板模型的分析，由于不考虑空间溢出性和空间依赖性，回归结果可能存在偏误。空间面板模型引入了空间效应，回归结果比传统计量模型可能更为准确。空间滞后模型（SLM）和空间误差模型（SEM）是较为常见的空间计量模型，分别在传统计量模型中引入了因变量的空间滞后项和误差项的空间滞后项。因此，基于模型（6.1），本节构建如下的 SLM 和 SEM 模型进行空间面板模型检验：

$$dcl_{it} = \alpha + \rho \sum W dipt_{it} + \beta dipt_{it} + \delta C_{it} + \varphi_i + \varepsilon_{it} \qquad (7.5)$$

$$dcl_{it} = \alpha + \beta dipt_{it} + \delta C_{it} + \varphi_i + \varepsilon_{it}, \quad \varepsilon_{it} = \lambda W_\varepsilon + \eta_{it} \qquad (7.6)$$

模型（7.5）为空间滞后模型，模型（7.6）为空间误差模型，其中 W 是空间权重矩阵，$\sum W dipt_{it}$ 是"双循环"有效联动的空间滞后项，系数 ρ 为其空间滞后系数，系数 λ 为空间误差系数，η_{it} 是 ε_{it} 的随机误差项，服从正态分布，模型中其他指标的设定与模型（6.1）中一致。

本节的知识产权国内贸易对国内国际循环有效联动影响的空间面板模型检验延续第六章中经典面板模型的分析方法，采用固定效应模型进行回归估计，关于 SLM 模型和 SEM 模型中最优模型的选择，可依据 LM 检验做出判断，同时拟合优度、似然值的自然对数也可用于模型的比较。为保证空间视角下回归结果的稳健性，空间计量分析同时采用地理空间权重矩阵和经济空间权重矩阵，其中地理空间权重矩阵包括空间距离权重矩阵和空间相邻权重矩阵，空间权重矩阵的具体计算方法参见本章第二节。

二、变量与数据说明

（一）被解释变量

"双循环"有效联动（dcl），国内国际循环有效联动与第六章中的测度方法相同，具体计算方法参考赵文举和张曾莲（2022）。

（二）解释变量

知识产权国内贸易（dipt），度量方法同前文，以技术市场成交额与规模以上工业企业新产品国内销售收入之和表示。为保证分析结果的稳健性，同时采用人均知识产权国内贸易额进行回归分析（diptsub）。

（三）控制变量

空间面板模型是在传统经典面板模型基础上考虑空间效应，因此模型中的变量设置与普通面板模型相同，控制变量的选取与第六章的回归分析一致，仍选择服务业比重（ind）、金融发展（fin）、财政自给率（self）、外商直接投资（fdi）、政府干预（gov）作为控制变量，各变量含义及表示方法如前文所述。

实证分析采用2001~2020年中国30个省级行政区（不含西藏和港澳台地区）的面板数据，所有数据均以2001年为基期进行平减处理，并取对数，数据来源、描述性统计在第六章第二节中已有详细描述，此处不再赘述。

三、实证结果与分析

（一）空间滞后模型（SLM）空间误差模型（SEM）的选择

为判定SLM和SEM模型中哪个更符合客观实际，在回归分析前首先进行LM检验，如果在检验中发现LM – lag和LM – error中有统计显著的指标值，则选择该指标值对应的空间计量模型，如果LM – lag和LM – error均统计显著，则继续比较Robust LM – lag和Robust LM – error的统计显著性，显著性较强的模型更适合。表7 – 3~表7 – 5中列出了不同空间权重矩阵下的LM检验结果，各表检验结果的第1列对应的空间计量模型中解释变量为知识产权国内贸易总额（dipt），第2列对应的空间计量模型则以人均知识产权国内贸易额（diptsub）作为知识产权国内贸易的代理变量。

如表7 – 3所示，在空间距离权重矩阵下，解释变量为dipt时，通过LM

检验无法选择最佳模型，当解释变量更换为 diptsub 时，SLM 模型更适合；如表 7-4 所示，在空间相邻权重矩阵下，LM 检验也无法筛选出最合适的模型；如表 7-5 所示，在经济空间权重矩阵下，解释变量为 dipt 时，SEM 模型更优，当解释变量替换为 diptsub 时，SLM 模型更优。当 LM 检验无法判定最优模型时，需结合空间回归结果的拟合优度（R - sq）、似然值的自然对数（Log - L）进行进一步分析，R - sq 和 Log - L 的数值更大者，所对应的空间计量模型更优。

表 7-3　　　　　　　　　　　空间距离权重矩阵下的 LM 检验

	dipt	diptsub
LM - lag	27. 147	41. 347
P - value	0. 000	0. 000
Robust LM - lag	13. 119	28. 284
P - value	0. 000	0. 000
LM - error	28. 229	18. 451
P - value	0. 000	0. 000
Robust LM - error	14. 202	5. 389
P - value	0. 000	0. 020

表 7-4　　　　　　　　　　　空间相邻权重矩阵下的 LM 检验

	dipt	diptsub
LM - lag	170. 089	128. 378
P - value	0. 000	0. 000
Robust LM - lag	109. 638	90. 925
P - value	0. 000	0. 000
LM - error	109. 227	65. 713
P - value	0. 000	0. 000
Robust LM - error	48. 776	28. 260
P - value	0. 000	0. 000

表 7 – 5　　　　　　　　　经济空间权重矩阵下的 LM 检验

	dipt	diptsub
LM – lag	5.429	14.076
P – value	0.020	0.000
Robust LM – lag	1.504	8.953
P – value	0.220	0.003
LM – error	9.089	6.532
P – value	0.003	0.011
Robust LM – error	5.164	1.408
P – value	0.023	0.235

（二）空间计量模型的回归结果

表 7 - 6 ~ 表 7 - 8 为在不同空间权重矩阵下的空间计量模型回归结果，各表中的列（1）和列（2）为基准检验的结果，采用固定效应模型进行回归分析。为保证回归结果的稳健可靠，进行了两方面的稳健性检验，包括更换回归方法和替换核心解释变量。列（3）和列（4）为采用随机效应模型的回归结果，列（5）和列（6）为将解释变量替换为人均知识产权国内贸易额后采用固定效应模型的回归结果。表 7 – 6 ~ 表 7 – 8 中的列（1）、列（3）和列（5）使用的空间计量模型为 SLM 模型，列（2）、列（4）和列（6）使用的是 SEM 模型。

表 7 – 6 ~ 表 7 – 8 中所有空间滞后系数 ρ 和空间误差系数 λ 都显著为正，验证了空间自相关检验的结果，说明知识产权国内贸易的发展具有空间溢出效应。结合 LM 检验结果，以及各表中的拟合优度（R – sq）、似然值的自然对数（Log – L），可以发现在空间距离权重矩阵、空间相邻权重矩阵、经济空间权重矩阵下，基准检验结果中分别为使用 SLM 模型、SLM 模型、SEM 模型的结果更优，所对应的 ρ 或 λ 的数值分别为 0.459、0.454 和 0.425，表明本省的知识产权国内贸易额每上升 1%，相邻省份的贸易额上升约 0.4%，本章第一节的理论假说 1 得到验证。

关于核心解释变量，不同空间权重矩阵下基准检验的最优模型中 dipt 的系数值分别 0.041、0.042、0.056，且都在 1% 水平上显著，表明空间视角下，知识产权国内贸易对国内国际循环有效联动具有显著促进作用，第一节的理论假说 2 得到验证。与第六章第二节中的传统面板模型的基准检验结果（系数值为 0.079）相比，dipt 的估计系数方向和显著性均未发生变化，系数值有所下降，表明考虑了空间效应后，知识产权国内贸易发展对"双循环"联动水平的影响有所下降。比较不同空间权重矩阵，经济空间权重矩阵下 dipt 的估计系数值明显大于地理空间权重矩阵下的系数，表明在同时考虑区域间地理空间距离和经济发展水平距离的情况下，知识产权国内贸易对"双循环"有效联动的积极影响更大。

关于控制变量，不同空间权重矩阵下，服务业比重（ind）、金融发展（fin）、财政自给率（self）的回归系数不显著，外商直接投资（fdi）和政府干预（gov）的系数显著为正，系数的大小与传统面板模型的基准检验结果接近，表明在考虑了空间溢出效应后，地区外商直接投资的发展与政策干预力度的增强，都有助于推动国内国际循环有效联动。

从稳健性检验的结果看，在不同空间权重矩阵下，当采用随机效应模型分析时［各表的列（3）和列（4）］，SLM 模型和 SEM 模型中 dipt 的系数均在 1% 水平上显著为正，系数值与固定效应模型的结果接近；当将解释变量替换为人均知识产权国内贸易额时［各表的列（5）和列（6）］，diptsub 的估计系数仍基本都在 1% 水平上显著为正。稳健性检验的结果证明了上述分析结论是稳健可靠的。

表 7-6   空间距离权重矩阵下的回归结果

变量	(1)	(2)	(3)	(4)	(5)	(6)
	SLM	SEM	SLM	SEM	SLM	SEM
dipt	0.041 *** (3.104)	0.052 *** (2.688)	0.047 *** (4.085)	0.063 *** (4.010)		
ind	−0.029 (−0.343)	−0.002 (−0.020)	−0.017 (−0.204)	0.018 (0.195)	−0.025 (−0.308)	0.003 (0.037)
fin	−0.040 (−0.804)	−0.069 (−1.181)	−0.003 (−0.051)	−0.024 (−0.359)	−0.042 (−0.857)	−0.073 (−1.265)

续表

变量	(1) SLM	(2) SEM	(3) SLM	(4) SEM	(5) SLM	(6) SEM
self	-0.023 (-0.348)	-0.014 (-0.168)	0.072 (1.013)	0.108 (1.204)	-0.019 (-0.280)	-0.008 (-0.092)
fdi	0.025** (2.300)	0.020* (1.738)	0.027** (2.515)	0.024** (2.055)	0.025** (2.276)	0.019* (1.700)
gov	0.112** (2.467)	0.202*** (3.282)	0.078** (1.978)	0.150** (2.501)	0.106** (2.254)	0.198*** (3.145)
diptsub					0.046*** (3.204)	0.057*** (2.801)
_cons			-1.238** (-2.511)	-2.188*** (-3.874)		
ρ/λ	0.442*** (8.004)	0.420*** (4.985)	0.439*** (8.025)	0.388*** (5.466)	0.430*** (7.602)	0.406*** (4.680)
R-sq	0.459	0.426	0.457	0.422	0.468	0.434
Log-L	545.6093	534.1857	473.9213	459.3158	548.1847	536.662
N	600	600	600	600	600	600

注：***、**、*分别表示在1%、5%、10%水平通过显著性检验；括号中的数值为z值。

表7-7　　　　　　　　　　空间相邻权重矩阵下的回归结果

变量	(1) SLM	(2) SEM	(3) SLM	(4) SEM	(5) SLM	(6) SEM
dipt	0.042*** (2.760)	0.043* (1.935)	0.050*** (4.329)	0.061*** (3.732)		
ind	-0.032 (-0.378)	-0.025 (-0.276)	-0.023 (-0.278)	-0.011 (-0.118)	-0.028 (-0.343)	-0.020 (-0.236)
fin	-0.057 (-1.141)	-0.064 (-1.036)	-0.015 (-0.261)	-0.025 (-0.378)	-0.059 (-1.194)	-0.070 (-1.148)
self	0.001 (0.009)	0.021 (0.288)	0.104 (1.402)	0.139* (1.676)	0.005 (0.076)	0.025 (0.348)
fdi	0.021* (1.896)	0.012 (0.982)	0.022** (2.080)	0.017 (1.449)	0.020* (1.880)	0.012 (1.055)

续表

变量	(1) SLM	(2) SEM	(3) SLM	(4) SEM	(5) SLM	(6) SEM
gov	0.152 *** (2.660)	0.256 *** (4.287)	0.108 ** (2.394)	0.185 *** (3.106)	0.146 ** (2.453)	0.247 *** (3.819)
diptsub					0.047 *** (2.855)	0.049 ** (2.100)
_cons			−1.516 *** (−2.947)	−2.287 *** (−4.106)		
ρ/λ	0.352 *** (6.928)	0.346 *** (3.895)	0.346 *** (7.607)	0.276 *** (3.943)	0.339 *** (6.475)	0.323 *** (3.466)
R − sq	0.454	0.415	0.454	0.422	0.462	0.426
Log − L	537.881	527.8345	467.236	451.9815	540.3609	529.9282
N	600	600	600	600	600	600

注：*** 、** 、* 分别表示在1%、5%、10%水平通过显著性检验；括号中的数值为 z 值。

表 7 – 8　　　　　　　　　　经济空间权重矩阵下的回归结果

变量	(1) SLM	(2) SEM	(3) SLM	(4) SEM	(5) SLM	(6) SEM
dipt	0.042 *** (3.141)	0.056 *** (3.038)	0.047 *** (4.158)	0.067 *** (4.414)		
ind	−0.025 (−0.302)	−0.003 (−0.039)	−0.014 (−0.164)	0.015 (0.174)	−0.021 (−0.261)	0.003 (0.031)
fin	−0.034 (−0.697)	−0.067 (−1.165)	0.002 (0.039)	−0.026 (−0.407)	−0.037 (−0.754)	−0.071 (−1.247)
self	−0.020 (−0.296)	−0.017 (−0.196)	0.072 (1.061)	0.105 (1.174)	−0.015 (−0.225)	−0.010 (−0.119)
fdi	0.026 ** (2.374)	0.020 * (1.763)	0.027 *** (2.603)	0.023 ** (2.067)	0.025 ** (2.342)	0.020 * (1.718)
gov	0.119 *** (2.635)	0.212 *** (3.384)	0.088 ** (2.287)	0.162 *** (2.710)	0.114 ** (2.423)	0.207 *** (3.211)
diptsub					0.047 *** (3.223)	0.060 *** (3.084)

续表

变量	(1) SLM	(2) SEM	(3) SLM	(4) SEM	(5) SLM	(6) SEM
_cons			-1.293^{***} (-2.722)	-2.226^{***} (-3.894)		
ρ/λ	0.471^{***} (8.554)	0.418^{***} (5.281)	0.470^{***} (8.938)	0.386^{***} (5.928)	0.460^{***} (8.085)	0.407^{***} (4.886)
R-sq	0.456	0.425	0.457	0.423	0.466	0.433
Log-L	547.2915	533.7152	476.1339	458.8254	549.7975	536.1855
N	600	600	600	600	600	600

注：***、**、*分别表示在1%、5%、10%水平通过显著性检验；括号中的数值为 z 值。

（三）空间计量模型的直接效应和间接效应

空间面板模型的回归估计结果可分解为直接效应和间接效应，直接效应代表某地区的自变量变化对本地区因变量的平均影响；间接效应表示某地区的自变量变化对相邻地区因变量的平均影响，间接效应即空间溢出效应；总效应是直接效应和间接效应的加总之和。

表7-9～表7-11报告了不同空间权重矩阵下的直接效应和间接效应。各表中知识产权国内贸易对国内国际循环有效联动影响的直接效应估计值约为0.04，均在1%水平显著，表明知识产权国内贸易的发展通过促进技术创新、推动消费提质，对本地区自身的"双循环"有效联动有显著的积极促进效应；知识产权国内贸易对国内国际循环有效联动影响的间接效应估计值在0.02～0.04之间，且均在1%水平显著，说明知识产权国内贸易对"双循环"联动形成了显著的正向空间溢出，在不断完善的区域交通体系支撑下，各地区的商贸交流与合作不断加强，物资流、信息流、人才流等要素流动加快，地区知识产权国内贸易的发展产生辐射带动作用，促进了区域整体"双循环"联动水平的提升。第一节的理论假说3得到验证。控制变量中，外商直接投资、政府干预的直接效应和间接效应也显著为正，表明本地区外商直接投资的发展和政府干预的加大不仅能促进本地区的"双循环"有效

联动，也有助于推动周围地区"双循环"联动水平的提高。

表 7 - 9　　　　　空间距离权重矩阵下的直接效应和间接效应估计

变量	直接效应	间接效应	总效应
dipt	0.043 *** (3.102)	0.031 *** (3.198)	0.074 *** (3.333)
ind	−0.035 (−0.399)	−0.024 (−0.361)	−0.058 (−0.385)
fin	−0.036 (−0.722)	−0.025 (−0.662)	−0.061 (−0.702)
self	−0.026 (−0.377)	−0.022 (−0.413)	−0.048 (−0.395)
fdi	0.027 ** (2.404)	0.020 * (1.943)	0.047 ** (2.243)
gov	0.116 *** (2.669)	0.084 ** (2.416)	0.199 *** (2.661)

注：*** 、 ** 、 * 分别表示在 1%、5%、10% 水平通过显著性检验；括号中的数值为 z 值。

表 7 - 10　　　　　空间相邻权重矩阵下的直接效应和间接效应估计

变量	直接效应	间接效应	总效应
dipt	0.044 *** (2.754)	0.021 *** (2.842)	0.065 *** (2.900)
ind	−0.038 (−0.434)	−0.018 (−0.399)	−0.056 (−0.425)
fin	−0.053 (−1.072)	−0.025 (−1.007)	−0.078 (−1.061)
self	−0.001 (−0.021)	−0.001 (−0.031)	−0.003 (−0.024)
fdi	0.022 ** (1.990)	0.011 * (1.664)	0.033 * (1.900)
gov	0.156 *** (2.845)	0.077 ** (2.471)	0.234 *** (2.816)

注：*** 、 ** 、 * 分别表示在 1%、5%、10% 水平通过显著性检验；括号中的数值为 z 值。

表 7 – 11　　　　　　　经济空间权重矩阵下的直接效应和间接效应估计

变量	直接效应	间接效应	总效应
dipt	0.044 *** (3.144)	0.036 *** (3.258)	0.080 *** (3.394)
ind	− 0.031 (− 0.358)	− 0.024 (− 0.316)	− 0.055 (− 0.340)
fin	− 0.030 (− 0.610)	− 0.024 (− 0.557)	− 0.054 (− 0.590)
self	− 0.022 (− 0.323)	− 0.021 (− 0.352)	− 0.043 (− 0.338)
fdi	0.027 ** (2.477)	0.023 ** (1.990)	0.050 ** (2.291)
gov	0.124 *** (2.834)	0.102 ** (2.373)	0.226 *** (2.709)

注：***、**、*分别表示在1%、5%、10%水平通过显著性检验；括号中的数值为 z 值。

四、研究结论

本节结合 2001 ~ 2020 年中国 30 个省级行政区的面板数据，采用空间滞后模型（SLM）和空间误差模型（SEM），在地理空间权重矩阵和经济空间权重矩阵下，实证检验了知识产权国内贸易对国内国际循环有效联动的影响，研究结论如下：在考虑了空间效应后，知识产权国内贸易的发展对国内国际循环的联动水平仍具有显著的正向影响，采用经济空间权重矩阵时，知识产权国内贸易对"双循环"有效联动的积极影响更大，该结论在进行了稳健性检验后依然成立，表明回归结果是稳健可靠的。对空间效应的分解结果显示，知识产权国内贸易具有显著的直接效应和间接效应，正向空间溢出明显，贸易的发展不仅能促进本地区国内国际循环联动水平的提高，也有助于提升相邻地区的"双循环"联动水平。本节的结论对于认识"双循环"有效联动的动力具有重要启发意义，各地区不仅应进一步加快当地知识产权国内贸易发展，为更好地发挥知识产权国内贸易对国内国际循环有效联动的空间溢出效应，也应积极促进区域间的协调融合，增强区域协同创新能力，建立知识产权跨区域合作机制，推动知识产权国内贸易协同发展，更好推进"双循环"有效联动。

第八章

知识产权国际贸易对国内国际循环有效联动影响的实证检验：基于一般视角

第一节 理论逻辑分析

一、知识产权国际贸易对国内国际循环有效联动非线性作用的理论分析及研究假设

根据技术外部性理论，知识产权国际贸易中的外部性主要体现在技术的传播与共享上，而知识产权国际贸易的外部性效应通常需要达到一定的规模才能显现。当贸易量较小时，企业之间的互动和合作有限，技术的传播和应用程度较低，外部性效应难以形成。此时，国内市场的需求和国际市场的供给之间的联动性较弱，影响了双循环的有效性。在中长期，一国在融入全球价值链分工模式下，以专利、商标、版权等买卖为技术服务主要特征的知识产权国际贸易产生了更高附加值经济活动的跨界流动，高端要素资源实现在全球范围内的优化配置，提升了要素配置效率，并且这种知识溢出和技术转让，促进了区域间技术协同发展和发展中国家的技术进步，有利于占据全球价值链中高端，提高中国在全球价值链中的地位。另外，知识产权国际贸易有利于国内技术市场化，促进了创新－产业－市场链的有效衔接和创新链和

产业链的融合，使得企业从低端嵌入全球价值链生产低附加值产品跃至全球价值链高端环节生产高附加值产品，进而推动技术创新。最后，知识产权国际贸易促进了技术的跨区域转移和扩散，促进了区域间技术交流与合作，降低了技术产品的研发成本，推动了区域间技术协同创新。协同创新是推动技术进步和国内经济增长，促进国内循环，实现国内国际循环有效联动的重要驱动力。

基于上述影响机制分析，本节认为：在中长期，因激烈竞争产生优胜劣汰，形成的正向技术进步效应使得知识产权国际贸易促进国内国际循环有效联动。基于此，提出以下三个假设：

假设1：在知识产权国际贸易对国内国际循环有效联动产生影响的过程中，知识产权国际贸易存在适度规模边界，也就是知识产权国际贸易对国内国际循环有效联动的影响是非线性的。

假设2：当知识产权国际贸易额超过一定数值时，会产生门限外部性效应，促进国内国际双循环有效联动。

假设3：知识产权国际贸易主要通过技术进步效应促进国内国际循环有效联动。

二、知识产权国际贸易对双循环有效联动空间溢出效应的理论机理及研究假设

习近平总书记在中共中央政治局就加快构建新发展格局进行第二次集体学习时指出，"加快构建新发展格局，是立足实现第二个百年奋斗目标、统筹发展和安全作出的战略决策，是把握未来发展主动权的战略部署"，并且强调，要推进高水平对外开放，为实现国内国际两个市场两种资源联动循环创造条件。针对构建双循环新发展格局，学术界进行了大量探讨并取得了丰硕成果，不仅包括对双循环的测度（黄群慧和倪红福，2021），还包括对双循环实现路径的探讨（江小涓和孟丽君，2021）。然而，需要指出的是，影响构建双循环新发展格局的因素是复杂多元的，尽管既有文献从诸多角度和层面开展的研究，为我们理解构建双循环新发展格局提供了有益的借鉴，但

既有文献尚未从作为"高水平开放"重要表征之一的知识产权国际贸易层面进行深入探讨。随着经济全球化深入发展，全球贸易结构呈现越来越明显的知识经济特征，这不仅表现在知识产权的有形产品贸易快速发展上（代中强，2007），同时也表现在以知识产权为标的的服务贸易高速增长上（李浩，2005）。据WTO统计，2021年全球知识产权使用费出口总额高达3783亿美元。正是基于上述背景，本节力图系统探讨知识产权国际贸易促进"双循环"有效联动的理论机理与实践证据。

习近平总书记强调，只有加快构建新发展格局，才能夯实我国经济发展的根基、增强发展的安全性稳定性，确保中华民族伟大复兴进程不被迟滞甚至中断，胜利实现全面建成社会主义现代化强国目标。相对于"大进大出，两头在外"的传统发展格局，双循环新发展格局之"新"，主要体现在三个方面：一是以国内大循环为主体；二是更加注重高水平开放；三是国内国际双循环相互促进。显然，以国内大循环为主体，其使命任务就是要培育和发挥超大本土市场规模优势；更加注重高水平开放，其使命任务就是要实现分工地位的改善；国内国际双循环相互促进，其使命任务就是要推动上述两个目标在互动中实现良性循环。

一方面，知识产权国际贸易可以通过高增加值贸易带来技术创新效应等，从而促使进口国的全球价值链地位向上攀升；另一方面，中国与网络地位越高的国家开展知识产权国际贸易，越能促进其向全球价值链中高端攀升；同时，伴随贸易国节点地位和角色的变化，中国与其开展知识产权国际贸易能够通过区域传输路径，对区域内其他国家产生空间溢出效应，从而提升中国相对于第三国的全球价值链地位。更为重要的是，以此实现的分工地位提高有助于提升国内经济增长质量，并且为经济增长速度保持在合理区间提供新动能，从而进一步夯实超大本土市场规模的基础。因此，开展知识产权国际贸易对于促进内外循环有效联动，进而夯实我国经济发展的根基、增强发展的安全性稳定性，助力实现全面建成社会主义现代化强国目标，不仅必要，而且可行。为此，可以从中国知识产权国际贸易对双循环有效联动的直接影响、网络效应以及空间溢出三个层面分析其作用机制。

（一） 知识产权国际贸易对双循环有效联动的直接影响

知识产权国际贸易以高附加值的专利技术和品牌为主要内容，涉及知识产权跨境转让或许可活动等（王颖和郜志雄，2021）。从全球价值链的角度来看，知识产权国际贸易对国内国际双循环有效联动能够产生直接促进效应。与一般商品贸易相比较而言，进口国购买出口国的先进设备和专利等，会促进更高增加值的中间产品在进口国与出口国之间流动，从而带动技术和人力资本等要素资源在进口国与出口国之间流动。

进口国通过引进和购买技术等多种方式进行技术吸收和改造，可以提升自身技术水平，加快自主创新研发速度，促进内生性技术进步。在此基础上，进口国可以通过改造低水平工艺实现"工序升级"，进而通过提升产品质量和功能实现"产品升级"和"功能升级"。这一点显然与新发展格局所要求的改善分工地位、畅通国际大循环等使命任务具有内在一致性。伴随着全球价值链的分工深化和细化，知识产权国际贸易带来的价值链"工序升级""产品升级""功能升级"，有助于中国经济发展实现提质增效，在经济增长传统动能弱化条件下，还有助于形成经济增长新动能，从而保证经济实现"量的合理增长"。国内经济的"提质增量"无疑是培育和发挥超大本土市场规模优势的关键，这同样与新发展格局的使命任务具有内在一致性。需要指出的是，上述两个方面具有相互促进的关系。以高附加值中间产品为主要内容的商品和要素跨国流动，可以使进口国通过吸收外源性技术获得创新资源和技术创新能力，进而提升进口国和出口国之间价值链关联程度，有助于实现国内市场和国际市场的渗透、融合和互动（戴翔和宋婕，2020）。这显然与新发展格局所要求的"国内国际双循环相互促进"的使命任务具有内在一致性。

（二） 知识产权国际贸易促进双循环有效联动的网络效应

一般而言，中国对外开展知识产权国际贸易对国内国际双循环有效联动的促进作用，可能会因贸易国在知识产权国际贸易网络中的角色和地位不同而在作用方向上呈现升高或降低的差异。全球贸易具有网络效应，在全球价值链分工条件下，这种网络效应表现得更为明显和直接，或者说，各国之间的经济联系通过全球生产网络和贸易网络变得越来越"紧密"。"你中有我，我中有你"正是对当前世界经济格局的形象描述。显然，在此背景下，中国对其他国家开展知识产权国际贸易，不能局限于同另一国家形成点对点的贸易关系，更重要的是要形成中国对众多贸易国的点对面的关系网络。

在这种复杂网络关系中，由于目标贸易国也会与其他国家发生贸易关系，因而具有区域性、邻近性和强关系的网络特征（杨震宁等，2021）。对于贸易国而言，网络联系广度指的是与节点国家通过线路直接相连的其他节点国家的数量。与一国相连的节点国家数量越多，意味着节点之间线路的学习和沟通能力越强（李建明和罗能生，2020），越能加快人力资本、知识等要素溢出速度，改善网络节点国的创新集聚环境。与具有较高网络联系广度的国家进行知识产权国际贸易，意味着中国可以更加容易地利用网络中节点国家之间因知识产权国际贸易流动而产生的技术溢出效应，带动其技术进步和人力资本水平提升。

网络中心性指的是位于网络中的任何一个节点国家到其他节点国家的距离，通常地理位置相近以及拥有更加相近的制度和文化的节点国之间距离更近。与具有较强网络中心性的贸易国进行知识产权国际贸易，更有利于知识等要素在线路之间溢出，降低信息不对称风险，提高技术等高端要素传播的稳定性，进而促进中国向全球价值链中高端攀升。因此，中国知识产权国际贸易对双循环有效联动的直接作用会通过这种网络效应进一步产生间接作用。

（三）知识产权国际贸易促进双循环有效联动的空间溢出效应

知识产权国际贸易对双循环的促进作用还会通过网络关系产生空间溢出效应。当然，这种溢出效应的大小通常与网络联系广度和网络中心性有关。伴随贸易国的网络联系广度和网络中心性不断提高，以及分工细化引致的产出增长，中国会增加对与贸易国相邻近的其他节点国家相关技术产品的需求，从而强化中国与第三国之间的价值链关联程度，进而带来全球价值链地位的提升。通过网络所产生的空间溢出效应，也进一步说明充分发挥知识产权国际贸易对内外循环有效联动的促进作用，必要且可行。

基于上述分析，提出研究假设4和假设5：

假设4：知识产权国际贸易对国内国际双循环有效联动有显著的空间溢出效应。

假设5：随着一国知识产权国际贸易关系网络的扩张，与网络地位较高的国家开展知识产权国际贸易，对双循环有效联动的促进作用更为显著。

第二节　基于面板门槛模型的检验

本节首先通过构建半参数模型就知识产权国际贸易对双循环有效联动可能存在的非线性关系进行初步检验，进而利用面板门槛模型验证知识产权国际贸易与双循环有效联动之间可能存在的非线性关系；第二，通过构建逐步回归模型对知识产权国际贸易驱动国内国际循环有效联动的中介作用机制进行检验；第三，基于样本划分法，构建面板门槛模型驱动知识产权国际贸易对国内国际循环有效联动的非线性作用进行异质性检验。

一、研究设计

（一）计量经济模型设定

本节旨在通过构建半参数模型和面板门槛模型来讨论知识产权国际贸易的非线性作用和门槛性质，即知识产权国际贸易过少或过多时对国内国际循环有效联动带来的影响，验证假设1和假设2，确定知识产权国际贸易对国内国际循环有效联动带来的非线性作用。在此基础上，使用逐步回归模型检验知识产权国际贸易对国内国际循环有效联动的作用机制，即：通过技术进步促进双循环有效联动的中介作用。最后，通过面板门槛模型继续探究知识产权国际贸易对国内国际循环有效联动的促进作用对"一带一路"沿线国家和非"一带一路"沿线国家是否成立。

首先，利用半参数模型对知识产权国际贸易对国内国际循环有效联动的非线性作用进行检验。以往利用参数估计法估计非线性模型参数的优势是较有效率且容易操作，但其缺点也非常明显，即：模型假设较强，可能存在较大的设定误差（陈强，2014）。近几十年发展起来的具有较为稳健估计结果的非参数估计法是对参数估计法的有效补充，但其缺点是需要较大的样本容量，且收敛速度较慢。同时具有参数估计法和非参数估计优势的半参数估计法降低了对样本量的要求，且估计结果也具有较强的稳健性，因此在计量经济学中得到广泛应用（Melo 等，2017）。半参数估计模型的具体形式如下：

$$y_{it} = \beta x_{it} + f(z_{it}) + \omega_{it} \tag{8.1}$$

其中，βx_{it} 为参数部分的线性函数，$f(z_{it})$ 为非参数部分的未知函数，ω_{it} 为随机扰动项，且假设随机扰动项的均值独立于 x_{it}。依据 Robinson（1988），主要使用罗宾逊差分估计量进行半参数估计。结合所涉及的变量，将公式（8.1）调整为：

$$lnohxt_{it} = f(lnzhsh_{it}) + \beta X_{it} + \omega_{it} \tag{8.2}$$

其中，$lnohxt_{it}$ 为国内国际循环有效联动的对数形式，$lnzhsh_{it}$ 为知识产权国际贸易的对数形式，x_{it} 为控制变量。

其次，依照 Hansen（2000）的做法，设定面板门限回归模型对知识产权国际贸易对国内国际循环有效联动的影响效应进行检验。比较常见的单门限模型和双门限模型的具体形式分别为：

$$lnohxt_{it} = \alpha_1 + \alpha_2 lnzhsh_{it} \times I(lnzhsh_{it} \leq \gamma) + \alpha_3 lnzhsh_{it} \times I(lnzhsh_{it} \geq \gamma)$$
$$+ \alpha_4 X_{it} + \mu_i + \sigma_t + \xi_{it} \tag{8.3}$$

$$lnohxt_{it} = \alpha_1 + \alpha_2 lnzhsh_{it} \times I(lnzhsh_{it} \leq \gamma) + \alpha_3 lnzhsh_{it} \times I(\gamma_1 < lnzhsh_{it} \leq \gamma_2)$$
$$+ \alpha_4 lnzhsh_{it} \times I(lnzhsh_{it} > \gamma_2) + \alpha_5 X_{it} + \mu_i + \sigma_t + \xi_{it} \tag{8.4}$$

其中，i 和 t 分别表示国家和年份，$lnzhsh_{it}$ 为门限变量，$I()$ 为知识产权国际贸易的示性函数，γ 为待求门限值，μ_i 为时间固定效应，σ_t 为国家固定效应，ξ_{it} 为随机扰动项。以单门限模型为例，其示性函数的具体形式如下：

$$I() = \begin{cases} 1, & lnzhsh_{it} < \gamma \\ 0, & lnzhsh_{it} \geq \gamma \end{cases} \tag{8.5}$$

最后，构建逐步回归模型对知识产权国际贸易作用于国内国际双循环有效联动的作用机制进行检验，即对技术进步效应的中介作用机制进行检验。逐步回归模型的具体形式如下：

$$jsh_{it} = \delta_1 zhsh_{it} + \delta_2 X_{it} + \psi_{it} \tag{8.6}$$

$$ohxt_{it} = \chi_1 zhsh_{it} + \chi_2 jsh_{it} + \chi_3 X_{it} + \psi_{it} \tag{8.7}$$

其中，jsh_{it} 为 t 年 i 国的技术进步变量，X_{it} 为知识产权国际贸易可能会影响国内循环发生的控制变量，δ_1 表示知识产权国际贸易对技术进步的影响系数，χ_1 为知识产权国际贸易对双循环有效联动的影响系数，χ_2 为技术进步对双循环有效联动的影响系数，ψ_{it} 为随机误差项。根据逐步回归模型，$\delta_1 \chi_2$ 为技术进步的中介效应大小。

（二）变量说明

1. 被解释变量：国内国际双循环有效联动（ohxt）

对国内循环和国际循环指标的测算主要有两种思路：一是基于国内层面通过构建国内和国外循环指标评价体系分别对国内和国际循环情况进行衡量（赵文举和张曾莲，2022），二是基于国际层面从经济依存性角度对国内循环和国际循环进行测算。由于贸易依存度指标能够较好反映双边经济的相互依赖性，陈全润等（2021）通过构建外贸依存度指标对国内循环和国际循环指数进行了测算，客观反映了一国经济对其他国家的依赖程度。然而，李昕和徐滇庆（2013）指出，利用传统进出口贸易统计口径数据测算的贸易依存度指数可能会造成高估问题，因此，基于根据投入产出表对一国增加值构成进行分解更能准确衡量双边国家之间的贸易依存度。基于此，本节对国内循环和国际循环的测算分别是利用国内增加值最终被国内消费部分占国内最终需求比重和国内增加值最终被国外消费部分占国外最终需求比重来进行。接着，利用耦合协调度模型对国内和国际循环有效联动指标进行测算。国内循环和国际循环的计算公式具体如下：

$$Y_{ab} = \frac{D_{ab}}{J_a} = \frac{W_{a'} L x_b}{J_a}, \quad L = (I - T)^{-1} \tag{8.8}$$

其中，Y 为子系统变量，D_{ab} 指 a 向 b 的增加值出口，J_a 为 a 的 GDP，

$W_{a'}$ 为 a 的增加值行向量，L 为 Leontief 逆矩阵，x_b 为 b 的需求列向量，I 为单位矩阵，T 为投入系数矩阵。多子系统的耦合度模型为：

$$O(Y_1, Y_2, \cdots, Y_n) = n \times \left[\frac{Y_1 Y_2 \cdots Y_n}{(Y_1 + Y_2 + \cdots Y_n)^n} \right]^{\frac{1}{n}} \tag{8.9}$$

其中，n 为系统个数。当 n 为 2 时，双子系统的耦合度模型为：

$$O(Y_1, Y_2) = 2 \times \left[\frac{Y_1 Y_2}{(Y_1 + Y_2)^2} \right]^{\frac{1}{2}} \tag{8.10}$$

其中，Y_1 和 Y_2 分别为国内循环和国际循环，$O(Y_1, Y_2)$ 为耦合值，且 $0 \leqslant O(Y_1, Y_2) \leqslant 1$。耦合协调度模型为：

$$X(Y_1, Y_2) = \sqrt{O(Y_1, Y_2) \times (\lambda Y_1 + \theta Y_2)} \tag{8.11}$$

其中，$X(Y_1, Y_2)$ 为双循环有效联动值，$0 \leqslant X(Y_1, Y_2) \leqslant 1$；$\lambda$ 和 θ 为权重，且 $\lambda + \theta = 1$。本节设定国内循环和国际循环的权重分别为 0.7 和 0.3（赵文举和张曾莲，2022）。

对外经贸大学全球价值链数据库公布全球各国的增加值构成情况，中国向各国的增加值出口为满足国内需求和国外需求的数据分别来源于其中的"domestic value added directly created by producing final products for export"和"domestic value added returned and consumed domestically"项。

2. 解释变量：知识产权国际贸易（zhsh）

本节涉及的全球 46 个国家的知识产权国际贸易数据为专利权使用费和特许费支出额之和，其数据主要来源于世界银行 – 世界发展指数数据库。

3. 控制变量

投资合作等级指标（sbxr）为一国与某一国签订的双边投资协定生效份数，数据来源于 Bilateral Investment Treaties（BIT）数据库。外商直接投资指标（fdi）为双边数据，其他国家对中国的外商直接投资数据来源于 OECD. Stat 数据库。投资合作信任度指标（sbxr）主要使用一国与某一国签订的双边投资协定生效份数衡量，其数据来源于联合国贸发会议的 Bilateral Investment Treaties（BIT）数据库。第四，双边合作等级指标（sbdj）指国与国之间伙伴关系等级，主要依据双方国家是否属于同一联盟，若是，则赋值 7；若不是，则根据陈初昇等（2020）的研究，将国与国之间的伙伴关系划分成：无关系、合作伙伴关系、全面合作伙伴关系、战略伙伴关系、战略合作伙伴关系、全面战略伙伴关系、全面战略合作伙伴关系、全天候战略合作伙伴关系 8 个层次，并且依次赋值 0 ~ 7。由于在中华人民共和国外交部网站相关外交文件只能获得中国与某一国家之间的伙伴关系层次，一国与另一国间双边伙伴关系层级主要依据上述数据计算而得。具体而言，如果一国与中国之间建立了外交关系，而另一国与中国没有建立外交关系，则这个国家与另一国则视为外交关系等级为 0；如果另一国家与中国之间建立了外交关系，这一国家与另一国家之间的外交关系等级则是根据网络关系指数计算得到其与中国之间的外交关系层级值。

4. 中介变量

根据周璇和陶长琪（2021），技术进步的具体计算公式如下所示：

$$jsh_{ab} = \frac{g_a g_b'}{\sqrt{(g_a g_a') \times (g_b g_b')}} \tag{8.12}$$

其中，jsh 为技术进步指标，g_a 和 g_b 分别是 a 和 b 的工业产值占该国 GDP 的比重。

二、实证结果与分析

（一）相关性分析

在对知识产权国际贸易与国内国际循环有效联动之间关系进行检验之前，需对变量之间的多重共线性进行检验。表 8 - 1 汇报了变量的多重共线性结果，根据相关关系系数检验结果可知：gn、gj 和 ohxt 的相关性系数分别为 0.655 和 0.772，gn 和 gj 的相关性系数为 0.908，jsh 和 ohxt、gn 和 gj 的相关系数分别为 0.759、0.945 和 0.995，其他变量之间的相关系数均在 0.5 以下，表明模型中不存在严重的多重共线性问题。

表 8 - 1　　　　　　　　　　　　多重共线性结果

变量	ohxt	zhsh	gn	gj	gdp	fdif	sbdj	sbxr	jsh
ohxt	1.000								
zhsh	0.006	1.000							
gn	0.655	0.133	1.000						
gj	0.772	0.099	0.908	1.000					
gdp	-0.072	0.258	0.119	0.048	1.000				
fdif	-0.049	0.699	0.112	0.071	0.432	1.000			
sbdj	-0.207	0.137	-0.092	-0.162	0.065	0.204	1.000		
sbxr	-0.094	0.084	-0.051	-0.134	-0.040	0.005	0.259	1.000	
jsh	0.759	0.109	0.945	0.995	0.067	0.082	-0.149	-0.115	1.000

（二）基准回归

其次，在对模型（8.1）进行半参数回归检验之前，还需对变量是否服从正态分布进行验证。图 8 - 1 展示了双循环有效联动的直方图，表明双循环有效联动数据基本服从正态分布。图 8 - 2 和图 8 - 3 分别展示了双循环有效联动和知识产权国际贸易变量的核密度图，进一步说明模型涉及变量基本服从正态分布，该结果意味着选择半参数模型进行检验是合适的。

使用罗宾逊差分估计量进行半参数估计的结果如图 8 - 4 所示。图 8 - 4 展示了知识产权国际贸易与国内国际循环有效联动之间的非线性关系，表明了知识产权国际贸易对国内国际循环有效联动具有非线性促进作用。具体而言，在其对数值超于 8 时，知识产权国际贸易对国内国际循环有效联动具有明显的正向促进作用。此图意味着，中国的知识产权国际贸易对国内国际循环有效联动产生影响的过程中，知识产权国际贸易存在适度规模边界，也就是知识产权国际贸易对国内国际循环有效联动的影响是存在门槛效应，验证了假设 1。

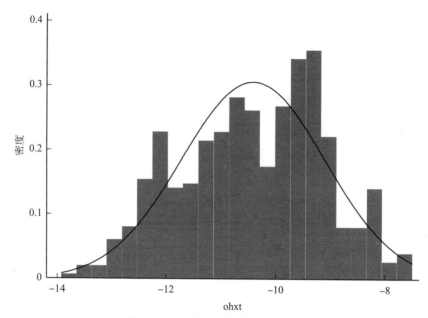

图 8-1　双循环有效联动的直方图

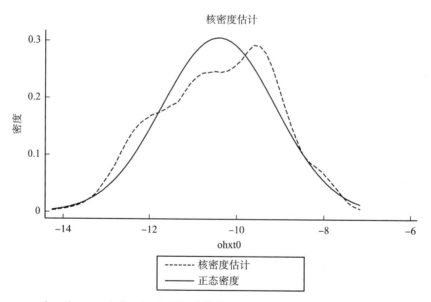

kernel = epanechnikov, bandwidth = 0.3345

图 8-2　双循环有效联动的核密度图

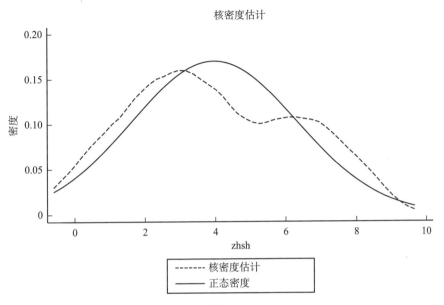

图 8 - 3　知识产权国际贸易的核密度图

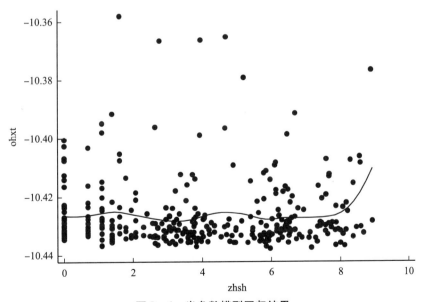

图 8 - 4　半参数模型回归结果

　　由于半参数回归模型只能展示知识产权国际贸易对国内国际循环有效联动的作用关系图，而不能汇报知识产权国际贸易在边界值附近对国内国际循环有效联动的作用大小，因此进一步使用面板门限模型对二者之间的非线性关系做进一步探讨。在使用面板门限模型对假设2进行检验前，首先需对数据进行单位根检验，用以检验变量的平稳性，如果数据平稳则表明可以进行门槛模型检验。在 Levin – Lin – Chu（LLC）unit-root test 下，p-value 为 0.000，p 值显著，表明数据是平稳的，可以进行面板门槛回归检验。

　　在面板门槛效应检验中使用自举法抽样，且去掉 1% 的异常数据。表 8 – 2 汇报了单门限模型的检验结果，双门限模型检验结果不显著。表 8 – 2 结果说明，单门限对应的概率值在 10% 的水平上显著，而双门限对应的概率值则不显著。

表 8 – 2　　　　　　　　　　　　门限值检验结果

门限个数	RSS	MSE	F 统计量	Prob	BS 次数
单门限	0.000	0.000	8.99	0.000	300
双门限	0.000	0.000	0.667	0.667	300

　　根据门限变量知识产权国际贸易的单个门限值，样本可以分为两个区间。表 8 – 3 为单门限面板模型的估计结果。可以看出，在小于单门限值 5 时，知识产权国际贸易的回归系数对应 – 0.002，对应 p 值为 0.506，不显著；在大于单门限值 5 时，知识产权国际贸易的回归系数为 0.031，且在 5% 的水平上显著。并且大部分截面迈过了知识产权国际贸易门限值门槛。在单门限值的右侧，知识产权国际贸易对国内国际循环有效联动的作用方向发生了明显转变。该结果表明，当知识产权国际贸易额超过一定数值时，会产生门限外部性效应，促进国内国际双循环有效联动，验证了假设 2。

表 8 – 3   单门限面板模型的估计结果

解释变量	变量描述	系数估计值	t 值	p 值
zhsh · I(zhsh ≤ β1)	小于门限值 5	– 0.002	– 0.67	0.506
zhsh · I(zhsh > β1)	大于门限值 5	0.031	3.27	0.001
sbdj	双边等级	– 0.001	– 2.17	0.030
sbxr	投资合作信任度	0.012	0.25	0.755
fdi	对外直接投资	0.006	0.91	0.000
gn	国内循环	31.109	32.51	0.000
gj	国际循环	2.026	81.53	0.000
N	598			
R – squared	0.962			

图 8 – 5 汇报了门限对应的 LR 图像。可以看到，门限的 LR 图像与水平虚线有交点，确定了一个门限值的置信区间，所以通过了显著性的检验，验证了单门槛效应的有效性。

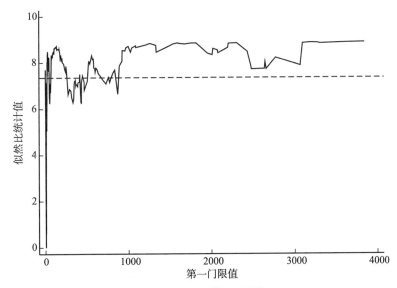

图 8 – 5 门限的 LR 图像

（三）机制检验

逐步回归模型的检验结果如表8－4所示。具体而言，第（1）和第（2）列分别为知识产权国际贸易对技术进步的影响结果及知识产权国际贸易和技术进步对双循环有效联动的影响结果。第（1）列下，知识产权国际贸易的估计系数为0.063，且在1%的水平上显著；第（2）列结果显示，在纳入了相同的控制变量下，知识产权国际贸易的估计系数为－0.001，且不显著；技术进步的估计系数为0.031，且在10%的水平上显著。因此，技术进步的中介效应为0.002，可以看出，知识产权国际贸易主要通过正向作用于技术进步促进国内国际循环有效联动，验证了假设3。

表8－4　　　　　　　　　　　　　影响机制检验

解释变量	技术进步	双循环有效联动
	（1）	（2）
zhsh	0.063 *** （5.47）	－ 0.001 （－0.56）
jsh		0.031 * （1.81）
控制变量	是	是
N	598	597
R – squared	0.371	0.999

注：括号内为 t 检验值，*** 、** 、* 分别代表在1%、5%、10%的水平上显著。

（四）异质性分析

进一步进行异质性检验，重点考察以"一带一路"沿线国家和非"一带一路"沿线国家为样本下的知识产权国际贸易对国内国际循环有效联动是否也具有门限效应，结果如表 8 - 5 所示。经检验，"一带一路"沿线国家和非"一带一路"沿线国家均只有一个门限，因此应设定单门限面板回归模型进行验证。表 8 - 5 汇报了分区域样本数据的单门限回归模型估计结果。可以看出，在单门限值下，以"一带一路"沿线国家和非"一带一路"沿线国家为样本，知识产权国际贸易对国内国际循环有效联动均具有单门限效应，即：知识产权国际贸易对国内国际循环有效联动具有右侧的正向促进作用，在小于一定门限值时，知识产权国际贸易对国内国际循环有效联动的作用不显著，而当跨越一定门限值时，知识产权国际贸易对国内国际循环有效联动具有显著的正向促进作用。

表 8 - 5　　　　　　　　　　单门限模型估计结果（分区域样本）

解释变量	"一带一路"沿线国家	非"一带一路"沿线国家
$zhsh \cdot I(zhsh \leqslant \beta_1)$	$-3.11e-07$ (-0.89)	$-2.56e-07$ (-0.84)
$zhsh \cdot I(zhsh > \beta_1)$	$1.63e-06$ $(2.70)^{***}$	$1.13e-06$ $(3.27)^{**}$
控制变量	是	是
N	598	598
R - squared	0.962	0.961

注：括号内为 t 检验值，***、**、*分别代表在 1%、5%、10% 的水平上显著。

图 8 - 6 和 8 - 7 分别汇报了以"一带一路"沿线国家和非"一带一路"沿线国家为样本的单门槛效应 LR 图。该图结果表明，上述分样本对应的曲线均通过了置信区间的检验。说明通过了置信区间检验，通过了单门槛效应检验，证明了上述结果的有效性。

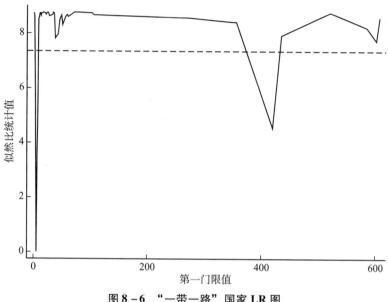

图 8-6 "一带一路"国家 LR 图

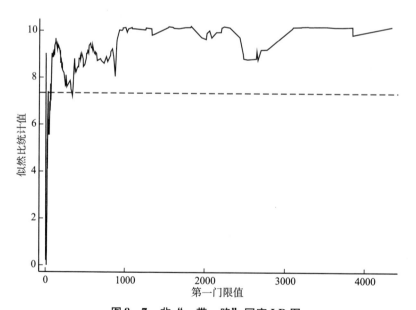

图 8-7 非"一带一路"国家 LR 图

三、研究结论

首先，基于半参数模型的估计结果表明，在知识产权国际贸易对国内国际循环有效联动产生影响的过程中，知识产权国际贸易存在适度规模边界，也就是知识产权国际贸易对国内国际循环有效联动的影响是非线性的。其次，基于单门限面板回归模型的结果表明，当知识产权国际贸易额超过一定数值时，会产生门限外部性效应，促进国内国际双循环有效联动。最后，逐步回归模型结果表明，技术进步具有正向中介效应，即知识产权国际贸易主要通过正向作用于技术进步促进国内国际循环有效联动。

第三节　基于空间杜宾模型的检验

上一节主要利用门槛面板模型就知识产权国际贸易对国内国际循环有效联动的影响进行参数检验，却没有考虑知识产权国际贸易对国内国际循环有效联动影响可能存在的空间溢出效应。基于此，本节通过构建空间杜宾模型就知识产权国际贸易对国内国际循环有效联动影响可能存在的空间溢出效应进行检验。在此基础上，基于样本划分法，对上述影响可能存在的异质性进行检验。

一、研究设计

（一）计量模型设定

知识产权国际贸易对双循环有效联动的促进不仅存在直接效应，还可能产生空间溢出效应，因此构建如下空间杜宾模型研究知识产权国际贸易对国内国际双循环有效联动的促进作用。

$$ohxt_{it} = \lambda W_{ij}ohxt_{it} + \beta IPTRADE_{it} + \delta W_{it}IPTRADE_{it} + \sum \theta X_{it} + a_i + b_i + \xi_{it}$$

$$(8.13)$$

其中，IPTRADE 为知识产权国际贸易，ohxt 为国内国际双循环有效联动，X 为控制变量，λ 为国内国际双循环有效联动的空间滞后项系数，β 为知识产权国际贸易的回归系数，δ 为知识产权国际贸易的空间滞后项系数，α 为控制变量的回归系数，θ 为控制变量的空间滞后项系数，a_i 为个体效应，b_i 为时间效应，ζ_{it} 为随机误差项，W_{ij} 为空间权重矩阵，其中的元素满足：当 $i \neq j$ 时，$W_{ij} = 1/dis_{ij}$，当 $i = j$ 时，$W_{ij} = 0$，dis_{ij} 为国家 i 和国家 j 之间的空间距离。主要使用人口分布加权地理矩阵和球面地理矩阵，以保证结果的稳健性，其中空间距离数据来自法国 CEPII 数据库中的 distw 和 dist 指标。

（二）变量说明及数据来源

（1）被解释变量：国内国际双循环有效联动（ohxt）。被解释变量的测算与上节相同，在此不做赘述。

（2）核心解释变量：知识产权国际贸易（IPTRADE）。鉴于我国知识产权国际贸易长期处于逆差状态（崔艳新，2019），且呈逐年扩大态势，本节使用我国知识产权国际贸易的净进口额，即知识产权进口额与知识产权出口额之差来衡量我国的知识产权国际贸易。WTO Stats 数据库中 EBOPS 2002 提供了 1980 ～ 2013 年"royalties and license fees"进出口数据。由于其数据时间区间比较滞后，本节使用的知识产权进出口数据来源于 WTO Stats 数据库中 EBOPS2010 提供的 2005 ～2019 年"charges for the use of intellectual property n. i. e."项。

（3）调节变量：知识产权国际贸易网络（IPNET）。在知识产权国际贸易网络的构建中，依据历年的世界各国知识产权国际贸易开展情况构建贸易网络关系，主要利用度数中心度反映网络联系广度，利用接近中心性衡量网络中心性，且基于度数中心度和接近中心性两个维度考察一国在知识产权国际贸易网络中的地位及其变化。

（4）控制变量。投资合作信任度指标（sbxr）主要使用一国与某一国签订的双边投资协定生效份数衡量，其数据来源于联合国贸发会议的 Bilateral

Investment Treaties（BIT）数据库。市场需求水平指标（gdp），用东道国的国内生产总值来衡量，相关数据来自 WDI 数据库。技术差距会受到国家间技术势差的影响，因此，选取技术距离指标（jsh）衡量一国与另一国之间的技术差距。

二、实证结果与分析

1. 基准回归分析

基于莫兰指数法使用人口分布加权地理矩阵和球面地理矩阵对双循环有效联动进行空间自相关性检验，其结果表明国内国际双循环存在明显的空间自相关性。Hausman 检验结果表明，应使用随机效应形式，因此，使用聚类稳健的标准误估计随机效应的空间杜宾模型，回归分析结果如表 8 - 6 所示。

表 8 - 6　　　　　　　　　　回归结果

解释变量	被解释变量：双循环有效联动					
	主效应 （1）	直接效应 （2）	间接效应 （3）	主效应 （4）	直接效应 （5）	间接效应 （6）
IPTRADE	0.404 *** (2.99)	0.076 ** (2.47)	0.328 ** (2.53)	0.038 * (1.84)	0.038 * (1.84)	0.039 * (1.73)
gdp	0.031 ** (2.25)	0.025 ** (2.24)	0.007 ** (2.24)	0.019 ** (2.45)	0.019 * (2.45)	0.020 * (1.80)
jsh	- 0.685 ** (- 2.21)	- 0.535 ** (- 2.23)	- 0.150 ** (- 2.11)	—	—	—
sbxr	- 0.026 ** (- 2.10)	- 0.020 ** (- 2.12)	- 0.006 ** (- 1.97)	- 0.005 (- 0.40)	- 0.003 (- 0.44)	- 0.002 (- 0.36)
rho	7.357 *** (18.89)			19.559 *** (10.92)		
N	598			598		
R - squared	0.255			0.536		

注：括号中的数值为 t 统计量，***、**、*分别表示在 1%、5%、10% 的水平上显著。

从表 8－6 中第（1）~（3）列的回归结果可以看出，在使用人口分布加权地理距离矩阵时，知识产权国际贸易对双循环有效联动的影响系数均显著为正，表明中国与其他国家之间的双边知识产权国际贸易促进了国内国际双循环有效联动，验证了前文理论预期。在将空间权重矩阵调换成球面地理距离矩阵后，第（4）~（6）列结果显示，知识产权国际贸易的回归系数均在10%的水平上显著为正，表明上述结果具有稳健性。

2. 稳健性分析

考虑到知识产权国际贸易影响双循环有效联动可能存在滞后特征进而影响到结论的准确性，将解释变量的一阶滞后项纳入空间杜宾模型，并且使用球面地理距离矩阵作为空间权重矩阵进行稳健性检验。从表 8－7 第（1）~（3）列的结果来看，在引入知识产权国际贸易变量的一阶滞后项后，空间杜宾模型的回归结果与基准回归结果保持一致，表明知识产权国际贸易对国内国际双循环有效联动的显著正向促进效应具有稳健性。然而，引进解释变量的滞后项并不能消除构建的计量经济模型中因知识产权国际贸易与国内国际双循环有效联动之间潜在的双向因果关系而导致的内生性问题，进一步通过引入被解释变量的滞后项构建动态面板模型，使用差分 GMM 法进行回归，以对上述基准结果进行稳健性检验。表 8－7 中第（4）列结果显示，知识产权国际贸易的回归系数依然为正，且在 1% 的水平上显著，表明知识产权国际贸易显著促进了国内国际双循环有效联动，与基准结果保持一致。

表 8－7   稳健性检验结果

解释变量	被解释变量：双循环有效联动			
	（1）	（2）	（3）	（4）
双循环有效联动一阶滞后项	—	—	—	0.271 *** (4.52)
IPTRADE	0.079 * (1.91)	0.039 * (1.93)	0.040 * (1.78)	0.079 *** (3.24)

续表

解释变量	被解释变量：双循环有效联动			
	（1）	（2）	（3）	（4）
IPTRADE 一阶滞后项	−0.009 （−0.49）	−0.004 （−0.47）	−0.005 （−0.49）	
控制变量	是		是	
N	598		506	
R – squared	0.543		—	
Artests （2）	—		−0.878 （0.380）	
chi 值 （p 值）	—		40.862 （0.229）	

注：括号中的数值为 t 统计量，***、**、* 分别表示在 1%、5%、10% 的水平上显著。

3. 知识产权国际贸易对双循环有效联动的网络效应及空间溢出效应

通过构建调节效应模型，将知识产权国际贸易与度数中心度的交互项和知识产权国际贸易与接近中心性的交互项分别纳入模型（1），考察同度数中心度和接近中心性较高的国家进行知识产权国际贸易，是否显著正向作用于知识产权国际贸易对双循环有效联动的促进效应且具有空间溢出效应，进而对中国与其他国家之间知识产权国际贸易与双循环有效联动之间关系产生影响。采用极大似然估计法对全样本进行数据拟合，相应回归结果见表 8 – 8 和表 8 – 9。在表 8 – 8 和表 8 – 9 中，第（1）、（2）列为全样本回归结果，其中第（1）列为直接效应，第（2）列为间接效应。从全样本的回归结果来看，第（1）列结果显示，交互项 IPTRADE × 度数中心度、IPTRADE × 接近中心性的影响系数均显著为正，第（2）列结果显示，交互项 IPTRADE × 度数中心度、IPTRADE × 接近中心性的影响系数也显著为正。这表明，在知识产权国际贸易网络中，某国家的度数中心度、接近中心性越高，中国与该国家的知识产权国际贸易对双循环有效联动的促进作用越强，同时也能发挥空间溢出效应，更好增进中国与周边国家的双循环联动水平，验证了前文理论预期。在全样本知识产权国际贸易网络中，中国与度数中心度、接近中心性高的节点贸易国的知识产权国际贸易对中国与邻近国家的双循环有效联动水平有较高的空间溢出效应，那么，这种空间溢出在《区域全面经济伙伴关系协定》（RCEP）国家和非 RCEP 国家是否存在异质性？为了进一步深入讨论这个问题，将样本划分为 RCEP 国家和非 RCEP 国家，并构建空间杜宾模型对上述问题进行实证分析。

表 8 - 8 和表 8 - 9 的第（3）、（4）列中展示了非 RCEP 国家知识产权国际贸易网络度数中心度、接近中心性对知识产权国际贸易与双循环有效联动之间关系空间溢出效应的回归结果。以非 RCEP 国家样本来考察，交互项 IPTRADE × 度数中心度、IPTRADE × 接近中心性的系数估计值显著为正，表明在非 RCEP 国家中，中国与度数中心度、接近中心性较高的国家进行知识产权国际贸易，能更好地发挥其空间溢出效应。表 8 - 8 和表 8 - 9 的第（5）、（6）列展示了 RCEP 国家度数中心度、接近中心性对知识产权国际贸易与双循环联动之间关系空间溢出效应的回归结果。以 RCEP 国家为样本来考察，交互项 IPTRADE × 度数中心度、IPTRADE × 接近中心性的系数估计值也均显著为正，表明度数中心度、接近中心性所具有的空间溢出效应既存在于非 RCEP 国家之间，也存在于 RCEP 国家之间。

表 8 - 8　　知识产权国际贸易对双循环有效联动的空间溢出效应：度数中心性

解释变量	全样本		非 RCEP 样本		RCEP 样本	
	（1）	（2）	（3）	（4）	（5）	（6）
W × 度数中心性	3.941 ** (2.52)	1.065 * (1.91)	3.735 *** (10.83)	0.670 (0.57)	3.857 *** (8.31)	2.160 *** (2.94)
IPTRADE × 度数中心性	0.283 *** (3.25)	1.185 *** (4.33)	0.262 *** (3.06)	4.578 *** (3.17)	- 0.156 ** (- 2.54)	- 0.092 * (- 1.69)
IPTRADE × W × 度数中心性	1.160 *** (2.93)	6.645 *** (2.95)	0.038 (1.27)	0.553 * (1.70)	0.015 ** (2.41)	0.009 * (1.67)

续表

解释变量	全样本		非 RCEP 样本		RCEP 样本	
	(1)	(2)	(3)	(4)	(5)	(6)
控制变量	是		是		是	
N	598		468		182	
R – squared	0.421		0.142		0.222	

注：括号中的数值为 t 统计量，*** 、** 、* 分别表示在 1% 、5% 、10% 的水平上显著。

表 8 – 9　　知识产权国际贸易对双循环有效联动的空间溢出效应：接近中心性

解释变量	全样本		非 RCEP 样本		RCEP 样本	
	(1)	(2)	(3)	(4)	(5)	(6)
W × 接近中心性	0.020 (0.17)	0.001 (0.19)	3.408 *** (8.70)	– 0.573 (– 0.45)	3.596 *** (8.98)	1.151 *** (4.18)
IPTRADE × 接近中心性	0.010 ** (2.01)	0.151 ** (2.09)	– 0.374 ** (– 2.04)	– 10.941 *** (– 2.89)	– 0.690 ** (– 2.58)	– 0.231 * (– 1.91)
IPTRADE × W × 接近中心性	0.025 ** (2.08)	0.398 ** (2.14)	– 0.050 (– 0.38)	– 0.082 (– 0.40)	– 0.164 (– 1.18)	– 0.124 (– 0.80)
控制变量	是		是		是	
N	598		468		182	
R – squared	0.130		0.172		0.219	

注：括号中的数值为 t 统计量，*** 、** 、* 分别表示在 1% 、5% 、10% 的水平上显著。

三、结论和政策建议

本节深入分析了知识产权国际贸易影响双循环有效联动的理论机理，并且基于 2007 ~ 2019 年中国与 46 个国家的双边数据进行了实证检验，研究结果表明：第一，总体而言，知识产权国际贸易对国内国际双循环有效联动有显著的空间溢出效应。第二，随着知识产权国际贸易关系网络的扩张，中国与网络地位较高的国家开展知识产权国际贸易，对双循环有效联动的促进作用更为显著。同时，随着知识产权国际贸易网络的不断完善和发展，与网络地位较高的 RCEP 国家和非 RCEP 国家的知识产权国际贸易均会对本区域内其他国家产生空间溢出效应。需要指出的是，虽然双循环新发展格局作为一项重大战略是 2020 年正式提出的，但是双循环的实践效应在此之前已经有了不同程度的体现，本节利用 2007~2019 年的经验数据也证实了这一点。更为重要的是，基于这一经验数据的研究结论，验证了一种理论上的可能性，即知识产权国际贸易可以促进双循环有效联动。

基于以上研究结论，提出如下政策建议。第一，加大知识产权国际贸易力度，提高知识产权保护水平，营造适宜新技术引进的政策环境，推进更高水平对外开放，为"双循环"有效联动奠定技术基础。近年来，构建新发展格局虽然取得了一定成效，但全面建成新发展格局还任重道远，尤其是在某些关键零部件和核心技术领域还存在着"卡脖子"现象，构建双循环新发展格局所依赖的科技自立自强基础还不够扎实，加大知识产权国际贸易力度是克服上述难题的重要途径。第二，中国应借助对发达国家的知识产权国际贸易，提升国际贸易质量，推动优质外商投资流入，以中国知识产权事业高质量发展推动国内国际双循环有效联动。双循环有效联动的本质就是国内国际两个市场两种资源的联动循环，在具体形式上主要表现为商品和要素的输入输出，尤其是高端要素的输入输出。为此，要以知识产权国际贸易为纽带吸引一揽子高端要素流入。第三，加强区域合作和国际协调，放大知识产权国际贸易促进双循环有效联动的网络空间溢出效应。中国应以 RCEP 全面实施为契机，促进与 RCEP 国家的贸易投资，加强区域间价值链合作。同时，面对逆全球化浪潮，中国应发挥大国担当，在加强国际协调和完善全球治理中贡献中国智慧和方案，以此为知识产权国际贸易促进双循环有效联动创造更加良好的外部环境，不断夯实经济全球化互利共赢的合作基础。

第 ⑨ 章

知识产权国际贸易对国内国际循环有效联动影响的实证检验：基于网络视角

第一节 理论逻辑分析

世界各国在知识产权国际贸易网络中的角色和地位对国内国际循环有效联动有重要作用。知识产权国际贸易网络扩张可能通过全球价值链生产长度扩张效应，加强在各国布局的上下游产业之间的强依赖性，进而促进国内循环和国际循环有效联动形成。

一、知识产权国际贸易网络扩张对双循环有效联动的影响机理及研究假设

一般而言，一国在其知识产权国际贸易网络中的地位和作用可能通过技术进步效应促进国内国际双循环有效联动。这种知识产权国际贸易网络是指一国除了与另一国家开展知识产权国际贸易，形成点对点的进出口贸易联系外，还可以形成一国对众多国家贸易的点对面映射，形成知识产权国际贸易网络（戴翔和宋婕，2020）。社会关系网络理论认为，这些位于知识产权国际贸易网络中的国家就可以看作是网络中的不同节点，国家与国家之间的知识产权国际贸易成为连结节点与节点的线路。一个节点国家与其他节点国家连接的数量越多则意味着这个国家的社会网络联系广度越高，线路之间人

力、知识、技术等要素流动越强（李建明和罗能生，2020），要素溢出速度越快，区域间技术差距降低，因此推动了区域间协同创新；另外，这种技术等要素溢出还改善了网络节点国的创新集聚环境，优化了要素资源配置，加快了区域间技术溢出和扩散，促进创新链和产业链的深度融合，促进产业结构升级，进而推动技术进步和促进国内国际双循环有效联动。此外，节点国家与节点国家之间的空间距离越近，意味着这个节点国家的网络中心性越强，国家与国家之间制度和文化距离也相似，降低了信息不对称，提高知识的可靠性（杨震宁等，2021），进而加速知识等要素在线路之间自由流动，打破创新要素在区域间的流动障碍，使得技术等高端要素资源实现全球范围内优化配置，促进要素配置效率和双循环有效联动。

知识产权国际贸易网络扩张对国内国际循环有效联动影响的作用路径还包括价值链扩张效应。知识产权国际贸易网络扩张不仅能够促进技术外溢，使得进口国通过消化、吸收，缩小与出口国之间的技术差距，进而融入全球生产分工，在全球价值链中承担着重要一环。这种嵌入全球价值链的生产方式，价值链不同环节布局也不同，国家的生产布局会导致价值链生产长度的扩张，进而促进不同国家之间经济、贸易或是创新有效联动。

综上分析，知识产权国际贸易网络扩张对国内国际循环有效联动的影响包括促进技术进步，以及价值链扩张效应的中介作用。总的来说，知识产权国际贸易网络通过线路产生的知识或技术溢出，促进了其他国家的技术进步，以嵌入全球价值链的生产方式促进了市场规模和收入增长，因而有利于促进国内循环和国际循环有效联动新格局的形成。因此，提出以下研究假设：

假设1：知识产权国际贸易网络扩张促进了国内国际双循环有效联动。

假设2：知识产权国际贸易网络扩张引致的价值链扩张效应促进了国内国际循环有效联动新格局的形成。

二、知识产权国际贸易网络结构对国内国际循环有效联动的影响机理及研究假设

知识产权国际贸易网络涉及"节点"和"线路"之间的关系，节点和

节点之间主要通过"线路"建立联系，其贸易网络中"节点"为国家，"线路"为国家与国家之间的贸易流量。知识产权国际贸易网络结构变化主要表现在两个方面：网络中的节点国家中心地位不断提高以及节点国家之间贸易流量增加。这两方面的扩张有利于提升与其他国家的互联互通水平，使得一国通过贸易就可以选择自己所需要的产品或技术。基于不断扩张的知识产权国际贸易网络，一国能够选择更多蕴含国外先进技术的高质量技术。由于国外技术供应商在技术上具有低价格和高质量的优势，在本土企业有机会获取更高质量的技术产品的情况下，就更愿意以购买的方式进行。技术进口方式减少研发时间和提高生产效率，从而促进国内技术研发创新，进而促进国内循环和国际循环有效联动。

知识产权国际贸易网络结构变化主要从生产端和消费端两方面促进国际循环，进而推动国内国际循环有效联动。从生产端来看，知识产权国际贸易结构变化促进了节点国家之间的知识和技术溢出，加强了技术落后国家与技术发达国家之间的技术关联，加快了技术落后国家创新链和产业链融合，通过技术协同机制促使技术落后国家的企业融入全球价值链中，增强本土市场的开放性，促进市场竞争，导致部分企业退出市场，留有一批具有高质量产品的出口企业，进而提升企业经济收益和提高国际竞争力，促进产业结构升级和提升本土市场的消费能力，推动技术创新。从消费端来看，知识产权国际贸易网络结构变化，意味着出口规模和出口对象的增加（吴群锋和杨汝岱，2019）。市场竞争效应和规模效应共同促使了消费市场规模的扩张，激发大市场消费潜力，进而促进国外循环和国内循环有效联动的形成。

综上分析，知识产权国际贸易网络结构变化对国内国际循环有效联动的影响最终取决于内循环效应。鉴于知识产权国际贸易网络结构变化会通过影响技术创新给国内循环带来正向影响，因此，提出以下研究假设：

假设3：知识产权国际贸易网络结构正向影响国内国际循环有效联动。

假设4：知识产权国际贸易网络结构引致的正向国内循环效应促进了国内国际循环有效联动的发展。

第二节　贸易网络扩张的影响研究

本节尝试将社会网络分析法与空间杜宾模型结合，探讨世界各国知识产权网络联系广度和网络中心性对国内国际双循环有效联动的影响。其次，通过构建逐步回归法对生产长度扩张效应的中介作用进行检验。最后，基于分样本法，探讨知识产权国际贸易网络扩张对双循环有效联动影响的异质性。

一、研究设计

（一）计量经济模型设定

知识产权国际贸易网络扩张对国内国际循环有效联动的促进作用不仅对本国具有直接效应，还有可能对第三国产生空间溢出效应，因此构建空间杜宾模型对知识产权国际贸易网络引致的国内国际双循环有效联动进行检验。空间杜宾模型具体形式如下：

$$y_{it} = \lambda W_{ij} y_{it} + \beta D_{it} + \delta W_{ij} D_{ij} + \sum \theta X_{it} + a_i + b_t + \xi_{it} \qquad (9.1)$$

其中，D_{it} 为解释变量知识产权国际贸易网络指数，y_{it} 为被解释变量国内国际循环有效联动指数，λ 为空间自回归系数，δ 为解释变量的空间滞后项系数，a_i 为空间效应，b_t 为时间效应，W_{ij} 为空间权重矩阵，其中的元素满足：当 $i \neq j$ 时，$W_{ij} = 1/dis_{ij}$，当 $i = j$ 时，$W_{ij} = 0$，dis_{ij} 为国家 i 和国家 j 之间的空间距离。

（二）变量说明及数据来源

1. 被解释变量：国内国际循环有效联动指数（y）

本节涉及的国内国际循环有效联动指数的数据与上一章相同，在此不多作赘述。

2. 解释变量：知识产权国际贸易网络指数

知识产权国际贸易网络指数主要用网络度数中心性和网络接近中心性指数来衡量，其公式分别如下所示：

$$DD = \sum_{j=1}^{N} a_{ij} / N(N-1) \tag{9.2}$$

其中，DD 为一国的知识产权国际贸易网络度数中心性指数，a_{ij} 为一国构建的知识产权国际贸易网络矩阵，具体为一国与其他国家之间存在知识产权进口贸易联系；N 为该国构建的知识产权国际贸易网络中的节点数量。

$$JJ = (k-1) / \sum_{m=1}^{n} d_{jm} \tag{9.3}$$

其中，JJ 为一国的知识产权国际贸易网络接近中心性指数，k 为该国构建的知识产权国际贸易网络中的节点数量，d_{jm} 为该国构建的知识产权国际贸易网络中国家与国家之间的最短距离。其中，世界各国知识产权进口贸易数据为使用知识产权所支付的费用，相关数据来源于世界银行数据库。

3. 空间地理距离

空间地理距离变量为国家与国家之间的空间距离，其测算主要有人口加权地理距离和球面地理距离两种方法。其中，人口加权地理距离中的人口权重为一国城市层面的人口分布情况；球面地理距离主要依据不同国家主要城市之间球面地理距离计算得到。空间地理距离的计算公式如下所示：

$$WDIST_{ij} = \frac{1}{DIST_{ij}}, \ i \neq j; \ WDIST_{ij} = 0, \ i = j \tag{9.4}$$

其中，WDIST 为人口分布加权地理距离矩阵和球面地理距离矩阵，DIST 为人口分布加权地理距离和球面地理距离，其数据来源于法国 CEPII 数据库中的 distw 和 dist 指标。

4. 中介变量：价值链扩张效应（jzl）

全球价值链扩张不仅仅是指增加值贸易在总量上的增加，而且还呈现出生产环节在多国家分布的距离特征，全球生产链条长度不断延长。全球价值链生产长度主要包括两部分：基于前向增加值联系的生产长度和基于后向增加值联系的生产长度。由于后向增加值联系生产长度的计算强调本国加工生产的最终产品被国外消费，更能反映中间品进口、加工后的最终去处，因此主要使用基于后向联系的生产长度对价值链扩张进行衡量，其测算主要依据王等（Wang et al., 2017）的研究方法对价值链扩张进行计算。

5. 控制变量

选取的控制变量主要有：经济发展水平指标（gdp）、投资合作信任度指标（sbxr）、双边合作等级指标（sbdj）和技术差距（jsh）指标，其测算方式和主要数据来源与上一章一致，在此不多作赘述。

二、实证结果与分析

（一）基准模型分析

在使用空间杜宾模型对假设 1 进行验证前，首先要对数据是否存在空间依赖关系进行检验：如果存在空间依赖性，则可以使用空间杜宾模型进行验证；如果不存在，使用一般的计量方法即可。首先使用莫兰指数（Moran's I）法对国内国际循环有效联动指数的空间自相关性进行检验。莫兰指数值的结果均为正，且大部分数值对应的 p 值均显著，表明双循环有效联动值存在显著的空间自相关性。基于此，在通过双循环的空间自相关检验的基础上，根据模型（9.1），采用极大似然估计法对全样本进行数据拟合，相应回归结果报告于表 9 - 1 和表 9 - 2 中。表 9 - 1 第（1）、（2）、（3）列分别汇报了基于空间杜宾模型的关于接近中心性的总效应、直接效应和间接效应结果。具体而言，第（1）列结果显示，知识产权国际贸易网络接近中心性的回归系数为 6.550，且在 1% 的水平上显著，表明知识产权国际贸易接近中心性提升会显著促进国内国际循环有效联动；第（2）列结果显示，知识产权国际贸易网络接近中心性的回归系数为 2.744，且在 1% 的水平上显著，表明知识产权国际贸易网络接近中心性提升对本国国内国际循环有效联动有显著的正向促进作用；第（3）列结果显示，知识产权国际贸易网络接近中心性的回归系数为 3.806，且在 1% 的水平上显著，表明知识产权国际贸易接近中心性提升对第三国的国内国际循环有效联动有正向的促进作用。综上所述，上述结果验证了假设 1。除此之外，选取的控制变量的回归系数与预期全部一致，由于本节关注的重点是知识产权国际贸易网络扩张的回归系数，因此对控制变量的结果不多作赘述。

表 9 - 1　　　　　　　　知识产权国际贸易网络扩张对双循环有效
联动的空间溢出效应：接近中心性

解释变量	总效应（1）	直接效应（2）	间接效应（3）
JJ	6.550 *** (12.48)	2.744 *** (10.99)	3.806 *** (6.88)
gdp	0.617 * (1.29)	0.278 ** (2.03)	1.065 * (1.91)
sbxr	-0.204 * (-1.23)	-0.084 * (-1.27)	-0.119 ** (-1.18)
sbdj	0.128 (0.49)	0.054 ** (1.48)	0.074 * (1.46)
jsh	-0.043 * (-0.08)	-0.013 * (-0.06)	-0.030 * (-0.09)
N	598		
rho	0.593 *** (12.32)		
R - squared	0.187		

注：括号内为 t 检验值，***、**、*分别表示在 1%、5%、10% 的水平上显著。

表 9 - 2 汇报了基于空间杜宾模型的知识产权国际贸易网络度数中心度对国内国际循环有效联动的影响结果。表 9 - 2 第（1）、（2）、（3）列分别汇报了总效应、直接效应和间接效应结果。第（1）列结果显示，知识产权国际贸易网络度数中心度的回归系数为 7.986，且在 1% 的水平上显著，表明知识产权国际贸易网络度数中心度的提升对国内国际循环有效联动有显著

的正向促进作用；第（2）列结果显示，网络度数中心度的回归系数为3.398，且在1%的水平上显著，表明知识产权国际贸易网络度数中心度对本国双循环有效联动有正向促进作用；第（3）列结果显示，网络度数中心性为4.587，且在1%的水平上显著，表明知识产权国际贸易网络度数中心性对第三国的国内国际循环有效联动有正向促进作用。综上所述，上述结果验证了假设1。

表 9 – 2　　　　　知识产权国际贸易网络扩张对双循环有效
联动的空间溢出效应：度数中心性

解释变量	总效应（1）	直接效应（2）	间接效应（3）
DD	7.986 *** (13.25)	3.398 *** (12.21)	4.587 *** (6.88)
gdp	0.678 * (1.43)	0.274 * (2.03)	0.404 * (0.83)
sbxr	– 0.204 * (– 1.25)	– 0.086 * (– 1.29)	– 0.118 * (– 1.20)
sbdj	0.136 * (1.61)	0.058 * (1.60)	0.077 * (1.57)
jsh	– 0.058 * (– 0.11)	– 0.019 * (– 0.09)	– 0.038 * (– 0.12)
N	598		
rho	0.586 *** (12.15)		
R – squared	0.198		

注：括号内为 t 检验值，***、**、* 分别表示在1%、5%、10%的水平上显著。

（二）稳健性分析

为了检验上述结论的稳健性，使用替代变量法对上述结论进行进一步检验。具体做法如下：对知识产权国际贸易网络扩张指标使用知识产权国际贸易额进行替代，空间权重矩阵使用人口分布加权地理距离矩阵进行替代。表9－3汇报了使用替代变量法的稳健性检验结果。从表9－3中第（1）、（2）和（3）列的回归结果可以看出，在使用人口分布加权地理距离矩阵时，知识产权国际贸易对国内国际双循环影响的回归系数在1%的水平上显著为正，表明知识产权国际贸易促进了国内国际双循环有效联动，表明上述结果的稳健性。

表9－3　　　　　　　　　稳健性检验结果：替换变量法

解释变量	主效应	直接效应	间接效应
	（1）	（2）	（3）
IPTRADE	0.031 *** (3.34)	0.029 *** (3.45)	0.002 *** (1.68)
gdp	0.026 * (1.27)	0.024 * (1.28)	0.002 (0.98)
sbxr	0.036 * (0.95)	－ 0.019 ** (－ 2.05)	0.055 ** (1.56)
sbdj	－ 0.116 *** (－ 2.64)	0.002 (0.42)	－ 0.118 ** (－ 2.59)
jsh	－ 0.441 ** (－ 2.47)	－ 0.083 * (－ 1.38)	－ 0.357 ** (－ 2.53)
rho	0.078 ** (2.27)		
N	598		
R － squared	0.974		

注：括号内为 t 检验值，***、**、* 分别表示在1%、5%、10%的水平上显著。

（三）知识产权国际贸易网络扩张影响双循环有效联动的机制检验

通过构建逐步回归模型实证检验价值链扩张效应对知识产权国际贸易与双循环有效联动之间关系所起的中介作用。表9－4汇报了价值链扩张效应的中介作用。具体而言，第（1）、（3）列结果检验了价值链扩张效应对知识产权国际贸易网络度数中心性与双循环有效联动之间关系所起的中介作用。第（1）列结果显示，网络度数中心性的回归系数为0.068，且在10%的水平上显著；第（3）列结果显示，价值链扩张的回归系数为4.082，且在1%的水平上显著，综合上述结果来看，价值链扩张效应的中介作用大小为0.278，该结果表明知识产权国际贸易网络度数中心性的扩大通过正向促进价值链扩张正向作用于国内国际循环有效联动。

同理，第（2）、（4）列结果验证了价值链扩张效应对知识产权国际贸易网络接近中心性与双循环有效联动之间关系所起的中介作用。第（2）列结果显示，网络接近中心性的回归系数为0.059，且在10%的水平上显著；第（4）列结果显示，价值链扩张的回归系数为0.086，且在10%的水平上显著，综合上述结果来看，价值链扩张效应的中介作用大小为0.005，该结果表明知识产权国际贸易接近中心性的扩大通过正向促进价值链扩张正向作用于国内国际循环有效联动。综上结论表明，知识产权国际贸易网络扩张通过价值链扩张效应促进了国内国际循环有效联动的形成，验证了假设2。

表9-4　　　　　　　　　　价值链扩张效应的中介作用

变量	价值链扩张		被解释变量	
	（1）	（2）	（3）	（4）
DD	0.068 * （1.85）		0.088 * （1.88）	
JJ		0.059 * （1.84）		3.255 *** （17.23）
jzl			4.082 *** （19.19）	0.086 * （1.90）
控制变量	是	是	是	是
N	598	598	598	598
R – squared	0.368	0.368	0.242	0.223

注：括号内为t检验值，***、**、*分别表示在1%、5%、10%的水平上显著。

（四）知识产权国际贸易网络扩张影响双循环有效联动的异质性检验

因知识产权国际贸易网络扩张对双循环联动效率可能存在的异质性影响，表9-5分析了以 RCEP 国家和非 RCEP 国家作为样本的检验结果。其中，第（1）、（2）列为 RCEP 国家的检验结果，第（3）、（4）列为非 RCEP 国家的检验结果。具体而言，第（1）列为基于以知识产权国际贸易网络度数中心性来解释双循环有效联动模型的结果，第（2）列为基于以知识产权国际贸易网络接近中心性来解释双循环有效联动模型的结果，第（3）、（4）列类似。第（1）列结果表明，知识产权国际贸易网络度数中心性的系数为3.533，且在1%的显著性水平上显著；拟合优度值为0.260，表明在 RCEP 下，知识产权国际贸易网络度数中心性扩张显著促进了双循环有效联动水平的提升。第（2）列结果表明，知识产权国际贸易网络接近中心性的系数为2.875，且在1%的显著性水平上显著；拟合优度值为0.245。表明在 RCEP 下，知识产权国际贸易网络接近中心性扩张显著促进了双循环有效联动水平的提升。

类似的，第（3）列结果显示知识产权国际贸易网络度数中心性的系数为3.171，且在1%的显著性水平上显著，拟合优度值为0.171，表明在非 RCEP 下，知识产权国际贸易网络度数中心性扩张显著促进了双循环有效联动水平的提升。第（4）列结果表明，知识产权国际贸易网络接近中心性的系数为2.549，且在1%的显著性水平上显著，拟合优度值为0.223，表明在非 RCEP 下，知识产权国际贸易网络接近中心性扩张显著促进了双循环有效联动水平的提升。在分样本回归下，知识产权国际贸易网络接近中心性和度数中心性的拟合优度值差别不大，而对应的系数值在以 RCEP 为样本下更大，表明在 RCEP 背景下，知识产权国际贸易网络扩张对双循环有效联动的正向促进作用更为显著。

表9－5　　　　　　　　　　　　　异质性检验结果

变量	RCEP 国家		非 RCEP 国家	
	(1)	(2)	(3)	(4)
DD	3.533*** (7.74)		3.171*** (9.94)	
JJ		2.875*** (7.00)		2.549*** (8.98)
控制变量	是	是	是	是
N	598	598	598	598
R－squared	0.260	0.245	0.171	0.223

注：括号内为 t 检验值，***、**、*分别表示在1%、5%、10%的水平上显著。

三、研究结论

本节利用2007～2019年46个国家的知识产权国际贸易数据，基于社会网络分析法测算了知识产权国际贸易网络指数（即：知识产权国际贸易网络度数中心性指数和接近中心性指数），接着通过构建空间杜宾模型，实证分析了知识产权国际贸易网络扩张对国内国际双循环有效联动的影响，最后构建逐步回归模型检验了价值链扩张效应的中介作用。具体结论如下：第一，总体而言，知识产权国际贸易网络对国内国际双循环有效联动具有显著的正向促进作用。第二，机制检验分析中，知识产权国际贸易网络扩张产生的双循环提升效应主要是通过促进价值链扩张效应来实现。第三，分样本的异质性检验分析中，知识产权国际贸易网络扩张对 RCEP 国家双循环有效联动的正向促进作用更为显著。

第三节　贸易网络结构的影响研究

上一节利用社会网络分析法分别构建了知识产权国际贸易网络度数中心性指标和接近中心性指数来衡量知识产权国际贸易网络扩张情况，但是这些网络中心性指标只能反映节点的部分特征，不能反映现实网络的复杂性以及拓扑结构特征。因此，在利用社会网络分析法测算的知识产权国际贸易网络度数中心性和接近中心性指数的基础上，进一步利用 TOPSIS 多属性决策法，对知识产权国际贸易网络扩张情况进行综合评价，得到知识产权国际贸易网络拓扑结构指数。其次，通过构建联立方程组模型，利用迭代 3SLS 法对知识产权国际贸易网络拓扑结构对国内国际循环有效联动的影响进行实证检验。第三，利用 Sobel、Bootstrap 和结构方程法对国内循环和国际循环效应的中介作用进行检验。最后，基于分样本法，就知识产权国际网络结构对双循环联动效率影响可能存在的异质性关系进行进一步检验。

一、研究设计

（一）联立方程模型构建

在使用单一方程估计法时，由于忽略了方程之间的联系，如：各方程之间扰动项之间的联系，故而使用系统估计法对方程组进行估计更有效率。为了检验知识产权国际贸易网络结构指数对国内国际循环有效联动水平的影响，主要使用三阶段最小二乘法对构建的联立方程组模型进行估计。联立方程组模型如下所示：

$$lnohxtx_{it} = \alpha_1 + \alpha_2 lnnetwork_{it} + \alpha_3 X_{it} + \psi_i + \zeta_t + \varsigma_{it} \tag{9.5}$$

$$lnnetwork_{it} = \alpha_1 + \alpha_2 lnohxtx_{it} + \alpha_3 X_{it} + \psi_i + \zeta_t + \varsigma_{it} \tag{9.6}$$

其中，network 为知识产权国际贸易网络指数，$ohxtx_{it}$ 为双循环有效联动效率变量，X 为控制变量，ψ_i 为截面固定效应，ζ_t 为年份固定效应，ς_{it} 为随机误差项。由于知识产权国际贸易网络结构与双循环有效联动之间可能存在双向因果关系而导致内生性问题，因此主要使用三阶段最小二乘法来估计模型（9.5）、（9.6）中所涉及的主要参数值。

（二）变量说明及数据来源

1. 被解释变量：国内国际循环有效联动（ohxtx）

本节涉及的国内国际循环有效联动水平指数的测算与上一节相同，其主要数据来源于对外经贸大学 UIBE GVC 数据库。

2. 解释变量：知识产权国际贸易网络结构指数

社会网络分析法在经济学领域有着较广泛的应用。尤其在国际贸易方向，比较常见的是利用社会网络分析法对贸易网络度数中心性和贸易接近中心性指数进行计算，以此衡量贸易网络扩张情况。一般而言，度数中心性公式可表示为：

$$DD = \sum_{j=1}^{N} a_{ij}/N(N-1) \tag{9.7}$$

其中，DD 为基于知识产权国际贸易测算的网络度数中心性指数，a_{ij} 为一国与东道国之间因知识产权国际贸易形成的贸易网络矩阵；N 为节点国家的数量。

接近中心性公式如下所示：

$$JJ = (k-1)/\sum_{m=1}^{n} d_{jm} \tag{9.8}$$

其中，JJ 为基于知识产权国际贸易测算的网络接近中心性指数，k 为知识产权国际贸易网络中节点国家的数量，d_{jm} 为国家与国家之间的距离。

上述两个网络指标可以较完善的评估知识产权国际贸易网络扩张情况，然而，使用单一指标评价网络扩张情况具有较大的片面性，不能全面反映知识产权国际贸易网络的拓扑结构特征。基于此，采用 TOPSIS 多属性决策法对上述两个指标进行综合评价。基于 TOPSIS 多属性决策法的综合评价法计算步骤如下：

第一步，构建国与国之间的贸易矩阵，并且将矩阵中的元素正向化，最后得到的矩阵如下所示：

$$\begin{pmatrix} x_{11} & x_{12} & \cdots & x_{1n} \\ x_{21} & x_{22} & \cdots & x_{2n} \\ \vdots & \vdots & \ddots & \vdots \\ x_{n1} & x_{n2} & \cdots & x_{nn} \end{pmatrix} \tag{9.9}$$

第二步，在上述矩阵中找出最大值和最小值，并且计算第 i（i = 1，2，…，n）个元素与最大值、最小值之间的距离分别为：

$$\hat{D}_i = \sqrt{\sum_{i=1}^{n} (x_j^{max} - x_{ij})} \tag{9.10}$$

$$\check{D}_i = \sqrt{\sum_{i=1}^{n} (x_j^{min} - x_{ij})} \tag{9.11}$$

第三步，根据距离公式（9.10）和公式（9.11），计算出第 $i(i=1,$ $2,\cdots,n)$ 个元素的综合得分：

$$Z_i = \frac{\check{D}_i}{\check{D}_i + \hat{D}_i} \tag{9.12}$$

其中，$0 \leqslant Z_i \leqslant 1$，$Z_i$ 值越大表明该国在知识产权国际贸易网络拓扑结构中的地位越重要。

3. 控制变量

选取的控制变量主要有：经济发展水平指标（gdp）、双边合作等级指标（sbdj）和接近中心性指标（jjzxx），具体测算方式和主要数据来源与上面章节一致，在此不多作赘述。

二、实证结果与分析

（一）基准回归结果

由于知识产权国际贸易网络结构与国内国际循环有效联动之间可能存在的双向因果关系，即：知识产权国际贸易网络结构优化可能会促进双循环有效联动水平的提升，同时双循环有效联动水平的提升也会对知识产权国际贸易网络产生一个反向作用力，促进网络结构扩张和优化。这种解释变量和被解释变量之间因可能存在的双向因果关系而导致一般估计法的结果存在有偏。为此，使用 3SLS 法对联立方程组模型重新进行回归，表 9-6 汇报了基于联立方程组模型分别使用 OLS 法、单一 2SLS 和迭代 3SLS 法的估计结果。具体而言，第（1）、（2）列为使用 OLS 法的回归结果，第（1）列结果显示，知识产权国际贸易网络结构的回归系数为 0.076，且在 1% 的水平上显著，其拟合优度值为 0.096；第（2）列结果显示，双循环有效联动的回归系数为 0.673，且在 1% 的水平上显著。第（1）列下对应着较低的拟合优度值表明该列结果不是很理想。

第（3）、（4）列为使用 2SLS 的回归结果，其回归系数和拟合优度值与使用 OLS 法下的估计结果很接近。第（3）列结果显示，知识产权国际贸易网络结构的回归系数为 0.279，且在 1% 的水平上显著，其拟合优度值为 0.164；第（2）列结果显示，双循环有效联动的回归系数为 0.981，且在 5% 的水平上显著，对应的拟合优度值为 0.616。这两列结果对应的拟合优度值相较于第（1）、（2）列下值均有一定提升，表明使用 2SLS 法对构建的联立方程组进行估计更加可靠。

第（5）、（6）列为使用迭代 3SLS 的回归结果，其知识产权国际贸易网络的回归系数为 0.442，且在 1% 的水平上显著，对应的拟合优度值为 0.215；双循环有效联动的回归系数为 0.223，且在 5% 的水平上显著，该结果与使用单一 2SLS 和 3SLS 法的回归结果差异不大，但是第（5）列对应的拟合优度值相较于第（1）、（3）列有了一定幅度的提升，这意味着，通过构建联立方程组使用 3SLS 法消除内生性问题后，得到的结论更加稳健可靠。该结论意味着知识产权国际贸易网络结构与双循环有效联动之间因双向因果关系而导致的内生性如果不能通过选择合适的研究方法以及计量经济模型可能会导致"伪回归"的问题。基于联立方程组模型的 3SLS 法的结果验证了假设 3，即知识产权国际贸易结构正向促进了国内国际双循环有效联动水平的提升。

表 9 - 6　　　　　　　　　　　　　　基准回归结果

变量	ohxtx	network	ohxtx	network	ohxtx	network
	OLS（1）	OLS（2）	2SLS（3）	2SLS（4）	迭代 3SLS（5）	迭代 3SLS（6）
network	0.076 *** (3.66)		0.279 *** (7.15)		0.442 *** (11.52)	

续表

变量	ohxtx	network	ohxtx	network	ohxtx	network
	OLS（1）	OLS（2）	2SLS（3）	2SLS（4）	迭代 3SLS（5）	迭代 3SLS（6）
ohxtx		0.673 *** （2.70）		0.981 ** （2.19）		0.223 *** （3.09）
gdp	0.004 * （0.12）	0.072 * （0.78）		—	0.007 * （0.12）	—
sbdj	− 0.056 ** （ − 2.04）	1.712 * （2.61）	− 0.151 *** （ − 3.39）		− 0.025 * （ − 0.90）	
jjzxx		4.460 *** （18.31）		3.981 *** （25.57）		3.433 *** （21.03）
N	493	493	458	458	458	458
R^2	0.096	0.428	0.164	0.616	0.215	0.570

注：第（1）~（4）列括号内为 t 检验值，第（5）~（6）列括号内为 z 检验值，*** 、** 、* 分别代表在 1% 、5% 、10% 的水平上显著。

（二）机制检验结果

本节主要检验知识产权国际贸易网络结构通过内循环效应对双循环有效联动的影响。主要采用 Sobel、Bootstrap 和结构方程方法对内循环效应的中介作用进行检验。表 9 – 7 汇报了上述三种方法下的内循环变量中介作用的检验结果。具体而言，在第（1）列 Sobel 法下，知识产权国际贸易网络结构对双循环有效联动的总效应为 0.078，且在 5% 的显著性水平上显著，内循环的中介效应为 0.069，且在 5% 的显著性水平上显著，知识产权国际贸易网络结构对双循环有效联动的直接效应为 0.010，且在 5% 的显著性水平上显著；中介效应的 Sobel 检验对应 p 值小于 0.05，说明内循环的中介效应成立，且内循环的中介效应在总效应中占比为 87.3%。第（2）列在 Bootstrap 下，内循环的中介效应为 0.069，且在 1% 的显著性水平上显著；知识产权国际贸易网络结构对双循环有效联动的直接效应为 0.010，且在 5%

的显著性水平上显著。内循环的中介效应对应的置信区间为［0.002，0.018］，_bs_1 置信区间包含 0 判断中介效应成立，此结果表明上述中介效应成立。第（3）列在结构方程方法下，内循环的中介效应为 0.070，且在 1% 的显著性水平上显著；知识产权国际贸易网络结构对双循环有效联动的直接效应为 0.011，且在 10% 的显著性水平上显著。上述结果意味着，在不同中介效应机制检验方法下的检验结果的系数大小、符号以及显著性水平基本一致，证明了研究结果的稳健性。综上结果表明，知识产权国际贸易网络结构通过内循环对双循环联动效率产生显著的中介作用，知识产权国际贸易网络结构通过正向促进内循环进而对双循环联动水平产生正向作用，验证了假设 4。

表 9 − 7　　　　　　　　　　　　中介效应估计结果

解释变量	Sobel 法	Bootstrap 法	结构方程法
	（1）	（2）	（3）
间接效应	0.069 **	0.069 ***	0.070 ***
直接效应	0.010 **	0.010 **	0.011 *
总效应	0.078 **	0.078	0.081 ***
控制变量	是	是	是
N	458	533	533
Sobel P > │Z│	0.0001	—	—
置信区间	—	［0.002，0.018］	—
R − squared	0.912	—	—

注：***、**、*分别代表在 1%、5%、10% 的水平上显著。

（三）异质性分析

因知识产权国际贸易网络结构对双循环联动效率可能存在的异质性影响，表 9 − 8 汇报了以非"一带一路"沿线国家和"一带一路"沿线国家作为样本的迭代式 3SLS 法检验结果。其中，第（1）、（2）列为非"一带一路"沿线国家的检验结果，第（3）、（4）列为"一带一路"沿线国家的检验结果。具体而言，第（1）列为基于以知识产权国际贸易网络结构来解释双循环有效联动模型的结果，第（2）列为基于双循环有效联动来解释知识产权国际贸易网络结构模型的结果，第（3）、（4）列类似。第（1）列结果表明，知识产权国际贸易网络结构的系数为0.458，且在1%的显著性水平上显著；拟合优度值为0.262，表明在非"一带一路"沿线国家条件下，知识产权国际贸易网络结构显著促进了双循环有效联动水平的提升。第（3）列结果表明，知识产权国际贸易网络结构的系数为0.428，且在1%的显著性水平上显著；拟合优度值为0.252。虽然其拟合优度值和知识产权国际贸易网络结构的系数均小于非"一带一路"沿线国家条件下的值和系数，但是其系数的符号没有发生改变，表明在"一带一路"沿线国家条件下，知识产权国际贸易网络结构显著促进了双循环有效联动水平的提升。

表 9－8　　　　　　　　　　　　　异质性分析

解释变量	非"一带一路"沿线国家（1）	非"一带一路"沿线国家（2）	"一带一路"沿线国家（3）	"一带一路"沿线国家（4）
network	0.458 *** (10.38)	0.167 ** (2.59)	0.428 *** (5.85)	0.227 *** (3.02)
控制变量	是	是	是	是
N	349	349	177	177
R － squared	0.262	0.679	0.252	0.806

注：括号内为 t 检验值，*** 、** 、* 分别代表在1%、5%、10%的水平上显著。

三、研究结论

本节基于社会网络分析法测算了知识产权国际贸易网络指数（即：知识产权国际贸易网络度数中心性指数和接近中心性指数），利用 TOPSIS 法测算了知识产权国际贸易网络结构指数，接着基于联立方程组模型使用迭代 3SLS 法，实证分析了知识产权国际贸易网络结构对国内国际双循环有效联动的影响，最后构建中介效应模型使用 Sobel 法、Bootstrap 法和结构方程法检验了内循环效应的中介作用。具体结论如下：首先，通过构建联立方程组模型，使用迭代 3SLS 法，表明知识产权国际贸易网络结构对双循环有效联动水平具有显著的正向促进作用。其次，从中介效应模型的检验结果来看，这种贸易网络结构主要通过内循环效应的中介作用对双循环有效联动水平产生正向影响，并且内循环的中介效应在总效应中占比约为 87.3%。最后，就国家异质性而言，构建的知识产权国际贸易网络结构对与非"一带一路"沿线国家和"一带一路"沿线国家双循环有效联动水平均存在显著的正向作用；知识产权国际贸易网络结构优化对与非"一带一路"沿线国家双循环有效联动水平的正向促进作用更大。

第十章

知识产权贸易促进国内国际循环
有效联动的系统动力学分析

基于前文的理论分析和实证检验，知识产权贸易能促进国内国际循环有效联动。现有文献研究局限于静态分析或结构化范式研究，静态分析侧重于各变量之间的作用关系，无法从整体、系统、动态视角对国内国际"双循环"有效联动开展最优化探索。本章以知识产权贸易为研究对象，在知识产权贸易促进国内国际循环有效联动实证检验的基础上，从整体、系统和动态视角分析知识产权贸易与国内国际循环有效联动之间的动态促进机制，探索两者之间的动态演化关系。知识产权贸易对国内国际循环有效联动的促进作用具备系统性特征，采用系统动力学方法最为合适。基于此，本章在前文实证研究的基础上，用系统动力学方法分析知识产权贸易促进国内国际循环有效联动的动态机制。

第一节　系统特征分析

一、IPT–ELDIC 系统特征分析

依据系统理论，构成系统需要三个条件：其一，大于等于两个元素；其二，元素之间相互作用或相互联系，且以一定的逻辑性组成一个整体；其

三，元素组合形成的逻辑整体所展示出来的结构和功能是各个元素单独所不具备的。基于系统理论，结合前面章节中的实证研究结果，知识产权贸易促进国内国际循环有效联动的动态作用机制可以视为一个由多元素构成、各元素之间相互关联并相互作用、并按一定的内部逻辑形成的具有特定功能的系统，本书称之为"知识产权贸易—国内国际循环有效联动"系统，简称为IPT - ELDIC 系统。IPT - ELDIC 系统是基于知识产权贸易分别通过技术通道和市场通道作用于技术创新和消费扩容从而作用于国内国际双循环有效联动所形成的系统，该系统反映的是知识产权贸易与国内国际循环有效联动的动态演化关系，具有整体性、相关性、目的性、环境适应性和动态性等系统动力学的基本特性。

二、IPT – ELDIC 系统的建模步骤

系统动力学模型的构建大体可分为五步：

第一步，系统分析。用系统动力学的理论、原理和方法对被研究的对象（IPT – ELDIC 系统）进行系统、全面地分析，剖析存在的主要问题，探寻主要原因。该步骤主要包括：（1）调查收集与 IPT – ELDIC 系统有关的情况与统计数据；（2）明确所要解决的问题是探索知识产权国内贸易与国内国际双循环有效联动之间的动态演化关系；（3）分析 IPT – ELDIC 系统基本问题与主要问题、基本矛盾与主要矛盾、变量与主要变量；（4）初步划定IPT – ELDIC 系统边界，并确定内生变量、外生变量和输入量；（5）确定IPT – ELDIC 系统行为的参考模式。

第二步，进行系统结构分析。该步骤的主要任务是处理 IPT – ELDIC 系统信息，分析 IPT – ELDIC 系统的动态反馈机制。系统结构分析主要包括：（1）分析 IPT – ELDIC 系统总体反馈机制和局部反馈机制；（2）划分 IPT – ELDIC 系统层次与子块；（3）分析 IPT – ELDIC 系统中的变量、变量之间的关系，定义变量（包括常数），确定变量的种类及主要变量；（4）确定IPT – ELDIC 系统中各回路及回路间的反馈耦合关系，初步确定 IPT – ELDIC系统的主回路及它们的性质，分析主回路随时间转移的可能性。

第三步，建立定量规范模型。主要包括：（1）确定 IPT – ELDIC 系统中的状态变量（level variable）、速率变量（rate variable）、辅助变量（auxiliary variable）、外生变量（exogenous variable）和常量（constant variable），进而建立主要变量之间的函数关系；（2）设计各种非线性表函数，并确定、估计各类参数；（3）给所有 N 方程、C 方程和表函数赋值。

第四步，检验评估系统模型。在完成 IPT – ELDIC 系统的结构分析、变量定义、模型建立后，需要先对模型进行模拟，查找可能存在的错误，确保模型的完整性和可运行性。该步骤主要包括各变量量纲一致性检验，IPT – ELDIC 系统稳定性检验，以及 IPT – ELDIC 系统极端情况检验。

第五步，模型仿真模拟和政策分析。以系统动力学理论为指导，借助模型进行仿真模拟与政策分析，深入剖析 IPT – ELDIC 系统中的问题，寻找解决问题的办法，并尽可能付诸实践，取得实践结果，进一步剖析 IPT – EL-DIC 系统得到更多的信息，发现新的问题，并反过来修改模型（包括结构与参数修改）。

基于以上系统动力学构建步骤，根据知识产权贸易促进国内国际双循环有效联动的动力机制分析，运用系统动力学工具构建影响路径仿真模型并进行仿真计算和检验，为知识产权贸易促进国内国际双循环有效联动的动态发展模式提供模型基础。模型具体构建流程见图 10 – 1。

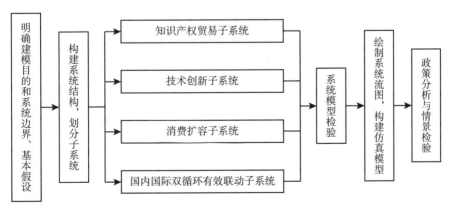

图 10 – 1　知识产权贸易促进国内国际双循环有效联动仿真模型的构建流程

第二节　系统动态反馈

一、IPT－ELDIC 系统边界确定及假设条件

系统边界又称为系统的界限，其确定了哪些因素纳入系统模型，哪些因素不包含在系统中，旨在将建模所考虑的内容与其他部分隔开。系统边界是封闭的边界，边界内的反馈回路属于闭合回路。系统动力学模型不会将所有影响要素纳入模型，而是从某一视角寻找影响系统发展的主要因素和关键变量（McAvoy et al.，2021）。基于此，本书将知识产权贸易促进国内国际双循环有效联动机制中的相关要素纳入 IPT－ELDIC 系统动力学模型中。

通过构建 IPT－ELDIC 动力学系统，旨在解决如下问题：一是更为直观地展示知识产权贸易和国内国际双循环有效联动系统各要素之间的因果关系，从动态视角进一步分析知识产权贸易促进国内国际双循环有效联动的作用机制和详细路径。二是通过改变知识产权贸易子系统各构成要素变化的系统参数，模拟不同参数下和路径选择下国内国际双循环有效联动子系统要素的动态变化，从而实现政策模拟。基于系统动力学原理，构建的 IPT－EL-DIC 系统动力学系统主要由知识产权贸易子系统、技术创新子系统、消费扩容子系统、国内国际双循环有效联动子系统等子系统构成，各子系统内部要素互相关联，子系统之间相互影响。

（一）知识产权贸易子系统

本章所讨论的知识产权贸易指的是广义知识产权贸易，以技术市场成交额与规模以上工业企业新产品销售收入之和度量各地区的知识产权贸易量。因此，该系统体现了知识产权贸易的发展情况。知识产权贸易子系统中包括技术市场成交额、规模以上工业企业新产品销售收入两个指标。系统以知识产权贸易为状态变量，以知识产权贸易额变化量为速率变量，以年度技术市

场成交额与规模以上工业企业年度新产品销售收入为辅助变量。

（二）技术创新子系统

技术创新子系统体现了知识产权贸易促进国内国际双循环有效联动过程中的间接作用机制，该机制主要是知识产权贸易通过资源要素配置优化、协同创新网络发展、产业结构升级三条路径作用于国内国际双循环子系统。技术创新的度量有多种方式，本书以发明专利授权量表示技术创新效率。基于此，技术创新子系统以技术创新为状态变量，以技术创新变化量为速率变量，以年度发明专利授权量为辅助变量。

（三）消费扩容子系统

知识产权贸易既对接技术端，又对接市场端。根据前面章节的理论分析可知，知识产权贸易促进国内国际双循环有效联动的动力机制除了技术维度外，还包括市场维度。从市场维度看，消费扩容子系统是知识产权贸易促进国内国际双循环有效联动过程中的另外一个间接作用机制，该机制主要是知识产权贸易通过催生市场消费、倒逼供给升级和提升消费能力三条路径作用于国内国际双循环有效联动子系统，消费扩容以累计社会消费品零售总额计算。基于此，消费扩容子系统以消费扩容为状态变量，以消费扩容变化量为速率变量，以年度社会消费品零售额为辅助变量。

（四）国内国际双循环有效联动子系统

国内国际双循环有效联动以经济"内循环"和"外循环"的耦合协调度表示。参考赵文举和张曾莲（2022）计算中国经济双循环耦合协调度的计算方法，借助熵权法构造耦合度模型和耦合协调度模型，进而计算出双循环耦合协调度值。其中，"内循环"发展的度量包括消费基础、消费意愿、消费结构、生产规模、生产结构和生产效率六个因素，"外循环"发展的度量包括外商直接投资、对外直接投资、进口贸易、出口贸易、技术引进五个因素。因此，国内国际双循环有效联动子系统以国内国际双循环有效联动为状态变量，以"内循环"和"外循环"的耦合协调度变化量为速率变量，以"内循环"耦合度和"外循环"耦合度为辅助变量。以影响消费基础、消费意愿、消费结构、生产规模、生产结构、生产效率、外商直接投资、对外直接投资、进口贸易、出口贸易、技术引进这十一个因素的居民人均可支配收入、居民人均消费支出、居民人均家庭设备及服务、交通与通信、文教娱乐用品及服务、医疗保健、其他用品及服务占消费总支出的比重、全社会固定资产投资额增长率、三大产业部门产出占比与劳动生产率乘积之和、三大产业部门平均劳动生产率、外商直接投资额增长率、非金融类对外直接投资额增长率、进口贸易额占 GDP 的比重、出口贸易额占 GDP 的比重、规模以上高技术产业企业技术引进支出增长率等变量作为外生变量。

另外，为防止遗漏部分变量产生的结果偏误，在国内国际双循环有效联动子系统中增加金融发展、财政自给率、服务业比重、外商投资水平四个辅助变量。同时，将影响金融发展、财政自给率、服务业比重、外商投资水平四个辅助变量的金融机构存款余额、金融机构贷款余额、一般公共预算收入、一般公共预算支出、第三产业增加值占比、地区 GDP、外商投资企业投资总额作为外生变量。各子系统及相关变量见表 10 - 1。

表 10 - 1　　　　　　知识产权贸易影响国内国际双循环有效
联动的系统动力学相关变量

性质	内容
状态变量	知识产权贸易
	技术创新
	消费扩容
	国内国际双循环有效联动
速率变量	知识产权贸易额变化量
	技术创新变化量
	消费扩容变化量
	"内循环"和"外循环"的耦合协调度变化量

续表

性质	内容
辅助变量	金融发展
	财政自给率
	服务业比重
	外商投资水平
	技术市场成交额（亿元）
	规模以上工业企业新产品销售收入（亿元）
	发明专利授权量（件）
	社会消费品零售总额（亿元）
	内循环耦合度
	外循环耦合度
外生变量	金融机构存款余额（亿元）
	金融机构贷款余额（亿元）
	一般公共预算收入（亿元）
	一般公共预算支出（亿元）
	第三产业增加值（亿元）
	地区 GDP（亿元）
	外商投资企业投资总额（万元）
	居民人均可支配收入（元/人）
	居民人均消费支出（元/人）
	居民人均家庭设备及服务、交通与通信、文教娱乐用品及服务、医疗保健其他用品及服务占消费总支出的比重（%）
	全社会固定资产投资额增长率（%）
	三大产业部门产出占比与劳动生产率乘积之和
	三大产业部门平均劳动生产率（%）
	外商直接投资额增长率（%）
	非金融类对外直接投资额增长率（%）
	进口贸易额占 GDP 的比重（%）
	出口贸易额占 GDP 的比重（%）
	规模以上高技术产业企业技术引进支出增长率（%）

本章构建的模型基本假设如下：（1）知识产权贸易促进国内国际双循环有效联动的过程是一个连续的且不断循环的系统过程；（2）模型主要考虑与知识产权贸易促进国内国际双循环有效联动相关的投入产出，与知识产权贸易无关的其他双循环有效联动影响因素暂不考虑；（3）外部环境突变引起的社会变革、宏观政策改变，以及非正常情况引致的市场突变等外部因素对系统的影响不予考虑。

二、IPT－ELDIC 系统的动态反馈关系及基本概念框架

由前面章节中的实证分析可知，在一个静态时间节点基于历史数据分析知识产权贸易对国内国际双循环有效联动的影响，知识产权贸易不仅会直接有助于提高国内国际双循环的有效联动，还会通过促进技术创新和消费扩容来提高国内国际双循环有效联动率。这种关系说明，在 IPT－ELDIC 系统中，知识产权贸易可以通过技术和市场两个通道作用于国内国际双循环有效联动。上述结论是从知识产权贸易对国内国际双循环有效联动的静态影响机制中分析总结得出的。从动态视角看，国内国际双循环相互促进的新发展格局，会对下一期的知识产权贸易活动产生影响。国内循环和国际循环的有效联动，更好地连通了国内市场和国际市场，并不断推动国内企业参与国际合作与竞争。在这个过程中，不可避免地会遇到知识产权强国的"筑墙设垒""脱钩断链"等情况，特别是涉及关键技术、设备或资源的领域，贸易壁垒会成倍增加，国际市场和规则对接难度增大，从而倒逼企业加大技术创新投入，重视知识产权保护，改善生产环节、拓展国内市场。在国内外环境发生显著变化的大背景下，中国政府也在积极地探索深化供给侧结构性改革的措施，加快构建以国内大循环为主体的新发展格局，并在促进知识产权的转化和应用、完善知识产权服务贸易法律法规、建立知识产权争端解决机制等方面不懈努力。在国内国际双循环相互促进的新发展格局下，国内国际双循环的有效联动，为提高知识产权贸易创造了一个良好的供应链生态环境，使得 IPT－ELDIC 系统形成一个闭合回路。

基于上述分析，本章构建了 IPT－ELDIC 系统的基本概念框架，如

图 10 - 2 所示。

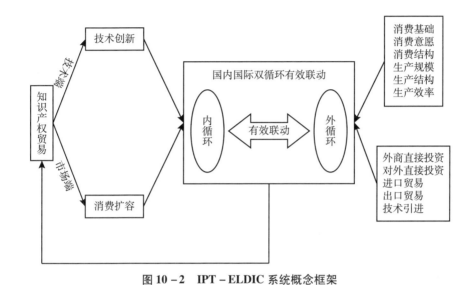

图 10 - 2　IPT - ELDIC 系统概念框架

第三节　仿真模型构建

一、IPT - ELDIC 系统的因果关系分析

本小节依据第五章第三节实证分析结果，对 IPT - ELDIC 系统的因果关系进行分析。依据系统动力学因果图构建原则，因果图中的所有变量均为名词，在 IPT - ELDIC 系统中，国内国际双循环有效联动子系统的主要影响因素由知识产权贸易水平、技术创新水平、消费扩容水平以及金融发展水平、财政自给率、服务业比重、外商投资水平组成。依据第五章第三节知识产权贸易促进国内国际双循环有效联动的动力机制，绘制的 IPT - ELDIC 系统因果关系图见图 10 - 3。

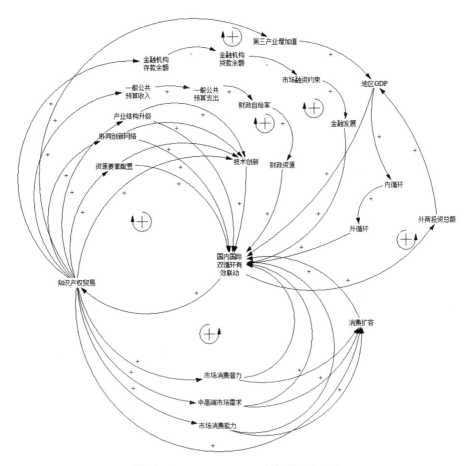

图 10 – 3　IPT – ELDIC 系统因果关系图

由图 10 – 3 可知，知识产权贸易、技术创新、消费扩容、国内国际双循环有效联动之间的反馈因果关系，主要由十个因果回路图来表征。具体如下：

（1）知识产权贸易→资源要素配置优化→技术创新→国内国际双循环有效联动→知识产权贸易。

（2）知识产权贸易→协同创新网络发展→技术创新→国内国际双循环有效联动→知识产权贸易。

（3）知识产权贸易→产业结构升级→技术创新→国内国际双循环有效

联动→知识产权贸易。

（4）知识产权贸易→市场消费潜力→消费扩容→国内国际双循环有效联动→知识产权贸易。

（5）知识产权贸易→中高端市场需求→消费扩容→国内国际双循环有效联动→知识产权贸易。

（6）知识产权贸易→市场消费能力→消费扩容→国内国际双循环有效联动→知识产权贸易。

（7）金融机构存款余额→金融机构贷款余额→市场融资约束→金融发展→国内国际双循环有效联动→金融机构存款余额。

（8）一般公共预算收入→一般公共预算支出→财政自给率→财政资源→国内国际双循环有效联动→一般公共预算收入。

（9）第三产业增加值→地区 GDP→国内国际双循环有效联动→第三产业增加值。

（10）外商投资总额→地区 GDP→内循环→外循环→国内国际双循环有效联动→外商投资总额。

二、IPT－ELDIC 系统流图构建

为进一步厘清 IPT－ELDIC 系统各要素之间的逻辑关系和反馈机制，在上一小节 IPT－ELDIC 系统因果关系图的基础上，基于精简性、重点性、可获得和代表性等系统流图构建原则，选取相关变量，借助 Vensim 软件构建知识产权贸易促进国内国际双循环有效联动的系统流程图，见图 10－4。

三、IPT－ELDIC 系统参数设置和方程构建

从变量数据的可获得性和一致性考虑，本章将知识产权贸易促进国内国际双循环有效联动的系统模型运行范围划定为 2001～2020 年，时间步长为 1 年。数据均为中国 30 个省级行政区（不含西藏和港澳台地区）的面板数据。数据来源于《中国统计年鉴》《中国科技统计年鉴》《中国贸易外经统

计年鉴》，以及各地区统计年鉴，少量缺失数据采用插值法或均值法补齐。文中所有数据均以 2001 年为基期，并相应地进行对数处理。IPT - ELDIC 系统模型主要包括状态变量（level variable）、速率变量（rate variable）、辅助变量（auxiliary variable）、外生变量（exogenous variable）、常量（constant variable）等，各参数变量主要通过初始值、回归分析法、熵值法、表函数等方法计算得出，详细计算过程及公式如下：

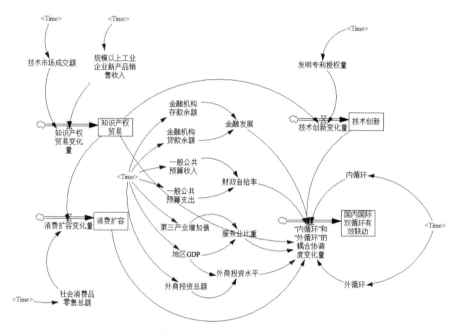

图 10 - 4   系统动力学流图

（1）知识产权贸易子系统。

技术市场成交额 = WITH LOOKUP（time，[（0，0）-（10，10）]，（2001，782.7），（2002，884.2），（2003，1084.7），（2004，1334.4），（2005，1551.4），（2006，1743.4），（2007，2119.6），（2008，2523），（2009，2860.6），（2010，3629.4），（2011，4463.8），（2012，5841.1），（2013，7119），（2014，8073.4），（2015，9368.3），（2016，10930.9），（2017，12920.6），（2018，17137.2），（2019，21748.3），（2020，27293））

规模以上工业企业新产品销售收入 = WITH LOOKUP（time，[（2001，8793.9）–（2020，238070）]，（2001，8793.9），（2002，10837.8），（2003，14097.7），（2004，22808.5），（2005，24097.1），（2006，31232.8），（2007，40976.2），（2008，57024），（2009，65833.1），（2010，72863.9），（2011，100581），（2012，110528），（2013，128458），（2014，142895），（2015，150851），（2016，174596），（2017，191559），（2018，197076），（2019，212037），（2020，238070））

知识产权贸易变化量 = ln（年度技术市场成交额

+规模以上工业企业年度新产品销售收入）

知识产权贸易 = INTEG（知识产权贸易变化量，9.2）

（2）技术创新子系统。

发明专利授权量 = WITH LOOKUP（time，[（0，0）–（10，10）]，（2001，4952），（2002，5286），（2003，10330），（2004，16259），（2005，18247），（2006，22229），（2007，28177），（2008，40612），（2009，58507），（2010，73804），（2011，105797），（2012，137096），（2013，138293），（2014，157745），（2015，256360），（2016，294784），（2017，320200），（2018，339542），（2019，354032），（2020，433675））

技术创新变化量 = ln(年度发明专利授权量)

技术创新 = INTEG(技术创新变化量，8.5)

（3）消费扩容子系统。

社会消费品零售总额 = WITH LOOKUP（time，[（0，0）–（10，10）]，（2001，39264.9），（2002，43492.1），（2003，46681.9），（2004，49790.7），（2005，59187.7），（2006，66401.1），（2007，74415.5），（2008，87375.3），（2009，102767），（2010，115056），（2011，126376），（2012，140732），（2013，162063），（2014，185865），（2015，209450），（2016，230853），（2017，250395），（2018，256920），（2019，269955），（2020，258873））

消费扩容变化量 = ln(年度社会消费品零售总额)

消费扩容 = INTEG(消费扩容变化量，10.6)

（4）国内国际双循环有效联动子系统。

金融机构存款余额 = WITH LOOKUP（time，[（0，0）-（10，10）]，（2001，138551），（2002，165034），（2003，202428），（2004，236295），（2005，279609），（2006，325745），（2007，374017），（2008，452011），（2009，579612），（2010，694872），（2011，786329），（2012，900330），（2013，1.02053e+06），（2014，1.10431e+06），（2015，1.30679e+06），（2016，1.44729e+06），（2017，1.55064e+06），（2018，1.67102e+06），（2019，1.81803e+06），（2020，2.01936e+06））

金融机构贷款余额 = WITH LOOKUP（time，[（0，0）-（10，10）]，（2001，106811），（2002，125934），（2003，153657），（2004，174970），（2005，192219），（2006，219725），（2007，256299），（2008，292916），（2009，387273），（2010，464316），（2011，534160），（2012，610013），（2013，693885），（2014，782867），（2015，889754），（2016，1.00547e+06），（2017，1.1259e+06），（2018，1.27774e+06），（2019，1.44242e+06），（2020，1.6316e+06））

一般公共预算收入 = WITH LOOKUP（time，[（0，0）-（10，10）]，（2001，7797.2），（2002，8507.7），（2003，9841.8），（2004，11683.4），（2005，14872.2），（2006，18289），（2007，23552.5），（2008，28624.9），（2009，32572.5），（2010，40576.4），（2011，52492.4），（2012，60991.7），（2013，68916.1），（2014，75752.3），（2015，82864.9），（2016，87083.3），（2017，91283.5），（2018，97673），（2019，100859），（2020，99922.2））

一般公共预算支出 = WITH LOOKUP（time，[（0，0）-（10，10）]，（2001，13030），（2002，15143.6），（2003，17083.9），（2004，20459），（2005，24968.9），（2006，30231.1），（2007，38063.9），（2008，48867.8），（2009，60574），（2010，73333.4），（2011，91975.6），（2012，106283），（2013，118726），（2014，128030），（2015，148954），（2016，158763），（2017，171546），（2018，186226），（2019，201555），（2020，208373））

第三产业增加值 = WITH LOOKUP（time, [（0, 0）-（10, 10）]，（2001, 41301.7），（2002, 46150.1），（2003, 51850.9），（2004, 66885.8），（2005, 77722.5），（2006, 90506.6），（2007, 108535），（2008, 126374），（2009, 149937），（2010, 176169），（2011, 209854），（2012, 238152），（2013, 265863），（2014, 305008），（2015, 340574），（2016, 382033），（2017, 426706），（2018, 472934），（2019, 528525），（2020, 549206））

GDP = WITH LOOKUP（time, [（0, 0）-（10, 10）]，（2001, 107968），（2002, 119837），（2003, 137362），（2004, 167367），（2005, 198958），（2006, 232525），（2007, 279395），（2008, 332919），（2009, 364862），（2010, 436534），（2011, 520835），（2012, 575851），（2013, 633530），（2014, 683429），（2015, 721742），（2016, 778919），（2017, 845829），（2018, 913230），（2019, 983635），（2020, 1.01051e+06））

外商投资总额 = WITH LOOKUP（time, [（0, 0）-（10, 10）]，（2001, 6.91031e+06），（2002, 7.91975e+06），（2003, 8.92919e+06），（2004, 1.07157e+07），（2005, 1.25625e+07），（2006, 1.42654e+07），（2007, 1.60838e+07），（2008, 1.61736e+07），（2009, 1.69473e+07），（2010, 1.83621e+07），（2011, 1.95596e+07），（2012, 2.08454e+07），（2013, 2.21178e+07），（2014, 2.44086e+07），（2015, 2.91387e+07），（2016, 3.50254e+07），（2017, 4.70968e+07），（2018, 5.12749e+07），（2019, 6.10746e+07），（2020, 9.4089e+07））

金融发展 = ln（金融机构存款余额÷金融机构贷款余额）

财政自给率 = ln（一般公共预算收入÷一般公共预算支出）

服务业比重 = ln（第三产业增加值÷GDP）

外商投资水平 = ln（外商投资总额÷GDP）

国内国际双循环有效联动采用熵权法计算。首先，运用熵权 TOPSIS 法测算"内循环"和"外循环"的发展水平。内循环系统的影响指标主要包括：消费基础、消费意愿、消费结构、生产规模、生产结构、生产效率六个因素，外循环系统的影响指标主要包括：外商直接投资、对外直接投资、进口贸易额、出口贸易额、技术引进五个因素。其中，消费基础以居民人均可支配收入测度，消费意愿以居民人均消费支出测度，消费结构以居民人均家庭设备及服务、交通与通信、文教娱乐用品及服务、医疗保健、其他用品及服务占消费总支出的比重测度，生产规模以全社会固定资产投资额增长率测度，生产结构以三大产业部门产出占比与劳动生产率乘积之和测度，生产效率以三大产业部门平均劳动生产率测度，外商直接投资以外商直接投资额增长率测度，对外直接投资以非金融类对外直接投资额增长率测度，进口贸易额以进口贸易额占 GDP 的比重测度，出口贸易额以出口贸易额占 GDP 的比重测度，技术引进以规模以上高技术产业企业技术引进支出增长率测度。经过指标标准化处理、计算信息熵和权重、构建加权矩阵、确定最优方案和最劣方案、测度最优和最劣方案的欧氏距离等步骤，计算出内循环和外循环的发展水平和耦合值；其次，根据中国超大内部市场规模的现实情况，确定内循环的权重为 0.7，外循环的权重为 0.3；最后，根据耦合度调度模型计算国内国际双循环有效联动的耦合协调度，公式如下：

国内国际双循环有效联动的初始值 =［（2×（（初始内循环系统耦合度×初始外循环系统耦合度）÷（初始内循环系统耦合度 + 初始外循环系统耦合度）^2）^0.5）×（0.7×初始内循环系统耦合度 + 0.3×初始外循环系统耦合度））^0.5

国内国际双循环有效联动受知识产权贸易、技术创新、消费扩容的影响，用 INTEG 函数表达式来计算。知识产权贸易、技术创新和消费扩容的系数，借助 Stata 软件回归获得。

国内国际双循环有效联动的变化量 = 0.026×知识产权贸易 + 0.04×技术创新 + 0.019×消费扩容 + ｛［2×（（年度内循环系统耦合度×年度外循环系统耦合度）÷（年度内循环系统耦合度 + 年度外循环系统耦合度）^2）^0.5］×（0.7×年度内循环系统耦合度 + 0.3×年度外循环系统耦合度）｝^0.5

国内国际双循环有效联动 = INTEG（国内国际双循环有效联动的变化量，10.4）

第四节 模型检验分析

一、IPT – ELDIC 系统动力学模型的检验

在对 IPT – ELDIC 系统进行仿真模拟之前，首先对其进行检验，以确定该模型具有稳定性和可靠性。检验模型稳定性及可靠性的方法主要包括模型结构与量纲一致性检验、系统稳定性检验以及极端情况测试。

（一）模型结构与量纲一致性检验

模型结构检验主要是看其与实际系统一致性，包括外观检验和参数含义及其数值。外观检验主要是看模型的结构与实际系统的匹配度，模型中的速率变量、状态变量和反馈结构能够合理拟合实际系统的主要特征。参数含义及其数值检验，主要是明确参数的含义，模型的参数能够识别实际系统中的自身含义，确保不存在为保持某些方程式量纲的平衡性而人为创造参数的情况，参数值的设置范围能较好地与实际反馈系统中可获得信息变化情况吻合。IPT – ELDIC 系统模型结构主要是基于第五章第三节知识产权贸易影响双循环有效联动的动力机制而构建的，且通过了 Vensim 软件中的 Checkmodel 模块检验（见图 10 – 5），证明 IPT – ELDIC 系统模型结构良好。

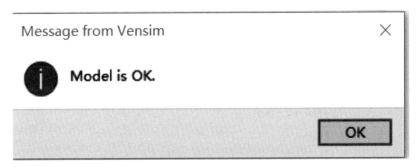

图 10 – 5 IPT – ELDIC 系统模型结构检验

量纲一致性检验主要是确保方程式中各变量量纲一致、合理且符合实际。在本书中，借助 Vensim 系统软件中的 Units check 模块来确保系统量纲一致性，结果见图 10-6。

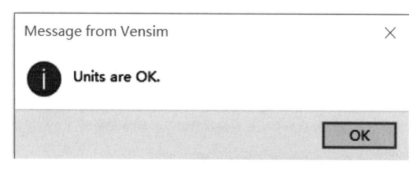

图 10-6　IPT-ELDIC 系统量纲一致性检验

（二）系统稳定性检验

设置不同仿真步长，若系统发展趋势不变，则证明系统稳定。本书选择 0.25、0.5 和 1 三个仿真步长来检验系统的稳定性。基于步长越小，精确度越高的原则，初始仿真步长设置为 0.25，图 10-7～图 10-10 分别为知识产权贸易、技术创新、消费扩容和国内国际双循环有效联动的稳定性检验结果，各图中的曲线 1 为步长 0.25，曲线 2 为步长 0.5，曲线 3 为步长 1。从以下四图可以看出，三种仿真步长下，各系统的模拟结果基本重合，证明系统稳定性较好，可以通过稳定性检验。

（三）极端情况测试

本书将某一参数的取值设置为零，即极限状态，来观察 IPT-ELDIC 系统的变化情况，以确定 IPT-ELDIC 系统的运行结果具有可靠性，为后续系统仿真讨论提供参考。

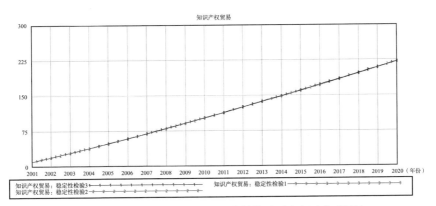

图 10 – 7　IPT – ELDIC 系统稳定性检验（知识产权贸易）

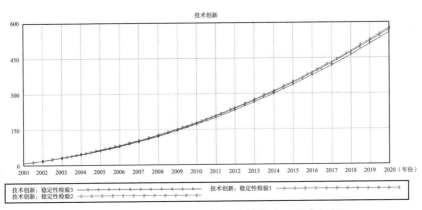

图 10 – 8　IPT – ELDIC 系统稳定性检验（技术创新）

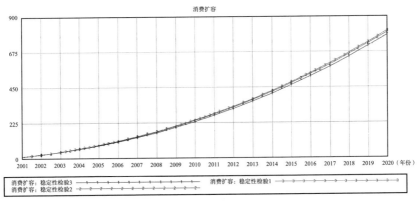

图 10 – 9　IPT – ELDIC 系统稳定性检验（消费扩容）

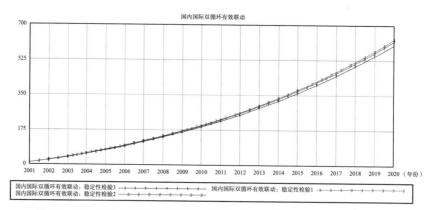

图 10 – 10　IPT – ELDIC 系统稳定性检验（国内国际双循环有效联动）

极端情况测试：将知识产权贸易的初始值调整为 0，图 10 – 11 和图 10 – 12 为模型仿真结果。通过图 10 – 11 和图 10 – 12 可以看出，当知识产权贸易初始值设置为 0 时，其在仿真模拟周期内一直为 0，且国内国际双循环有效联动的趋势也出现下降，这与实际情况相吻合。因此，本章构建的系统模型通过极端情况测试。

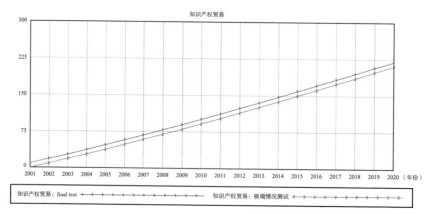

图 10 –11　IPT – ELDIC 系统极端情况测试（知识产权贸易）

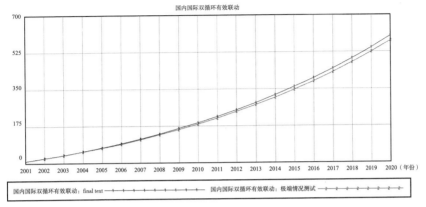

图 10 - 12 IPT - ELDIC 系统极端情况测试（国内国际双循环有效联动）

二、IPT - ELDIC 系统动力学模型的仿真分析

在对知识产权贸易促进国内国际双循环有效联动的模型进行检验后，借助 Vensim 软件进行仿真模拟，并对输出结果进行详细分析，以此了解IPT - ELDIC 各子系统和国内国际双循环有效联动的动态变化情况。

（一）国内国际双循环有效联动的动态变化趋势

图 10 - 13 为在知识产权贸易、技术创新和消费扩容的作用下，国内国际双循环有效联动的动态变化趋势。可以观察到，随着时间的递进，国内国际双循环有效联动呈现不断上升的趋势，且上升速率不断加快，说明国内大循环和国际大循环之间的畅通性和平衡性越来越好，内外双循环形成了良好的互动。国内国际双循环协调性呈现出的指数级发展趋势，与过去二十多年中国国内的知识产权贸易的快速发展、技术创新水平的提高、大陆地区消费能力提升、消费结构升级等密不可分。自改革开放以来，中国分别实施了科教兴国、人才强国、创新驱动等战略，逐步成为仅次于美国的世界第二大经济体，创造了具有中国特色的自主创新之路（段德忠等，2019），使得知识产权贸易额迅速增长，知识产权创造能力不断增强，知识产权环境不断改善。知识产权贸易的快速发展，成为加快技术创新、加强优质供给、激发消费市场活力、实现高水平开放的重要动力，进而促进了国内国际"双循环"

的有效联动。

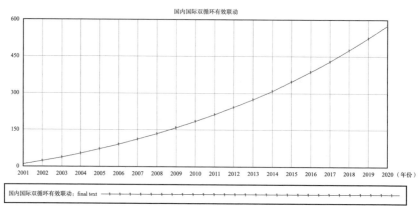

图 10 - 13　国内国际双循环有效联动变化趋势

（二）IPT - ELDIC 各子系统与国内国际双循环有效联动的变化趋势

图 10 - 14、图 10 - 15、图 10 - 16 分别为知识产权贸易子系统、技术创新子系统和消费扩容子系统的变化趋势。图 10 - 14 显示，知识产权贸易呈上升趋势，但几乎是固定斜率上升，并没有大幅度的指数级上升趋势，这与知识产权贸易的现实发展趋势比较接近。进入 21 世纪以来，发展中国家知识产权贸易快速发展，在世界知识产权贸易中的比重逐渐提升。作为世界第一大新兴经济体，随着中国服务贸易规模的扩大，以及改革开放的加持，中国的知识产权贸易也迅速发展。但中国依然是发展中国家，与世界发达国家相比，中国的知识产权贸易仍相对薄弱，新兴行业的知识产权贸易开放较晚，长期服务贸易发展结构不平衡，国内经济循环依然不够顺畅，导致国内知识产权贸易呈现低斜率线性增长态势。

图 10 - 15 显示，技术创新呈指数级上升趋势，这与国内大力发展科技创新、产学研协同创新、完善知识产权保护等措施，以及知识产权贸易额的增加密不可分。首先，中国政府一直致力于加快推进科技自立自强，通过深化科技体制改革、深化科技评价改革、增加高校等科研机构的研发投入、推动产学研协调发展、增加多元化科技投入、完善知识产权法律制度等措施，

不断优化技术创新环境，从而推动全社会技术创新。其次，在政府相关税收、产权保护等优惠政策和法律保护的助推下，作为创新主体的企业，在研发和技术创新方面加大投入，企业研发经费投入不断增加，研发人员占比不断提高。当今，国内研发人员总数已位居世界首位。再次，以知识产权为标的的知识产权贸易的增加，有助于加快专利技术区域间的转移转化，促进技术的集成创新、专利技术的产业化，提高新产品的开发能力，激发国内市场的消费潜力，提高企业经营收入，进而反哺技术再创新（顾晓燕等，2023）。因此，良好的技术创新环境、完善的知识产权保护措施、不断增加的知识产权贸易额，使得国内技术创新呈现井喷式发展态势。

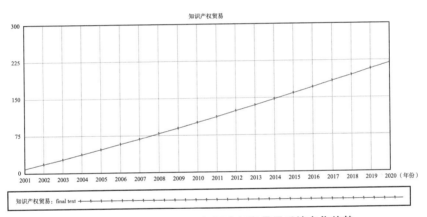

图 10 – 14　IPT – ELDIC 知识产权贸易子系统变化趋势

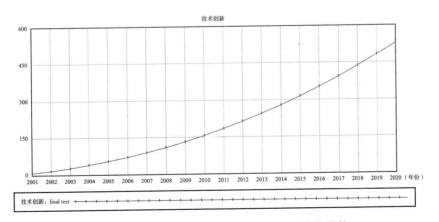

图 10 – 15　IPT – ELDIC 技术创新子系统变化趋势

　　图 10 – 16 显示，消费扩容呈指数级上升趋势。首先，中国经济的快速发展，导致居民收入增加。中国人均 GDP 的提高，为消费升级提供了购买力支持，推动消费结构调整，消费升级速度加快。其次，消费升级使得居民的消费意识和消费观念发生巨大变化，对新产品和新服务的需求更为强烈，居民更加注重追求更好的产品和更高质量的服务，居民的消费结构在不断升级。而知识产权贸易的发展，满足了居民需求进入高质量发展阶段的需要，高端产品催生创造新需求，增加消费者对新产品和新服务的消费欲望，激发国内超大规模的市场消费潜力。

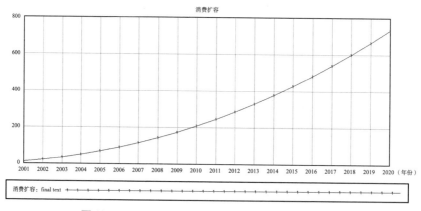

图 10 – 16　IPT – ELDIC 消费扩容子系统变化趋势

　　图 10 – 17 显示了 IPT – ELDIC 系统中知识产权贸易子系统、技术创新子系统和消费扩容子系统三个子系统与国内国际双循环有效联动的共同变化趋势。正是因为以上三个子系统的变化，以及内循环和外循环中的各个影响因素，共同引发了国内国际双循环有效联动的变化趋势。从图中可以看出，技术创新和消费扩容与国内国际双循环有效联动的变化趋势比较类似，都呈指数级变化，说明技术创新和消费扩容与国内国际双循环有效联动的协同性更高。消费扩容的曲线高于技术创新，说明消费扩容对双循环有效联动的促进作用更大，这也反映了扩大内需的重要性，符合"以国内大循环为主体、国内国际双循环相互促进的新发展格局"。知识产权贸易的发展与国内国际双循环有效联动保持了同向增加趋势，但没有呈现同样的指数级增长，这可

能是由国内知识产权贸易地区发展不平衡、知识产权贸易在服务贸易中的比重偏低等原因造成的。

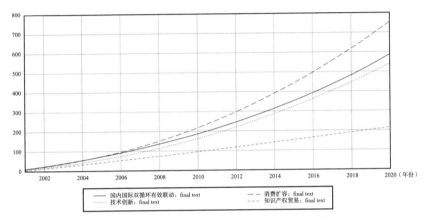

图 10-17　IPT - ELDIC 各子系统变化趋势

（三）基于地区异质性效应的国内国际双循环有效联动的变化趋势

为反映我国不同区域近 20 年的国内国际双循环有效联动变化趋势，根据中华人民共和国国家统计局关于东中西部和东北地区划分方法，将我国大陆的经济区域划分为东部、中部、西部和东北部四大地区，因西藏自治区统计数据缺失，在进行系统分析时未计入在内。东部地区包括北京市、天津市、河北省、上海市、江苏省、浙江省、福建省、山东省、广东省、海南省；中部地区包括山西省、安徽省、江西省、河南省、湖北省、湖南省；西部地区包括内蒙古自治区、广西壮族自治区、重庆市、四川省、贵州省、云南省、陕西省、甘肃省、青海省、宁夏回族自治区、新疆维吾尔自治区；东北部地区包括辽宁省、吉林省、黑龙江省。

图 10-18 显示了中国大陆四个不同区域的 IPT - ELDIC 系统国内国际双循环有效联动的近二十年变化趋势。从图中可以看出，中国大陆地区国内国际双循环有效联动具有明显的地区异质性。首先，从双循环联动走势高低视角看，东部地区的国内国际双循环有效联动的曲线走势最高，且一直高于其他三个地区；中部地区次之，但与东部地区相比，还是有很大差距；东北

部地区和西部地区紧随中部地区之后，且东北部和西部地区与中部地区的差距没有东部地区与中部地区之间的差距大。其次，从阶段性特征视角看，东部、中部、西部、东北部四个地区均保持了平稳增长的态势，东北部地区在2001～2013年的国内国际贸易双循环有效联动的效率一直略高于西部地区，且保持了相对平稳的上升态势，但从2013年开始，东北部地区的国内国际贸易双循环有效联动的效率开始慢慢地低于西部地区，虽与西部地区差异不大，但已成为当前中国大陆地区国内国际贸易双循环有效联动最弱的地区。

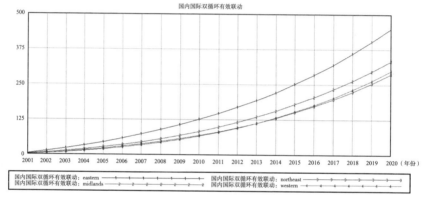

图 10－18　基于地区异质性效应的 IPT－ELDIC 系统

国内国际双循环有效联动变化趋势

第⟨十一⟩章

跨案例研究框架下知识产权贸易促进国内国际循环有效联动的激励策略研究*

第一节　知识产权贸易跨案例的研究设计

一、研究方法

（一）扎根理论

扎根理论是格拉泽（Glaser）和施特劳斯（Strauss）于 1967 年提出的一种质性研究方法，其基本宗旨是在经验资料的基础上建构理论（Glaser and Strauss，1967）。应用该方法时，研究者要直接并持续从经验资料中提炼信息，在不断比较中抽象出反映社会现象的概念范畴，进而建立范畴间关联，直至将其升华为理论。作为一种自下而上的归纳性研究方法，直接扎根于现实资料的理论便是其成果体现，其操作特点决定了扎根理论研究特别适用于考察未经清晰界定或难以用现有理论进行识别和解释的社会经济现象（罗茜等，2018）。在我国本土管理理论尚不具备系统性和科学性的情况下，扎根理论被学者们认为是当下开展管理研究的必要且适宜的研究工具，是与西方主流管理理论进行比较和对接的重要手段。在全球经济和社会发展的新

＊ 本章案例来源均为作者根据相关网站公开资料和调研访谈时获取的资料整理。

格局下，本章旨在通过揭示我国企业知识产权贸易促进国内国际双循环的策略与路径，为更多的企业进行技术创新、参与国际竞争提供经验借鉴，属于典型的探索性研究，因此适合采用扎根理论进行跨案例研究。

（二）跨案例研究

案例研究方法在观察和研究企业发展及变革方面有独特作用，因此被广泛运用于组织管理学研究。在实际应用中，案例研究已经形成了规范的研究流程和明确的分析原则。目前，学术界及实践管理领域都认可基于多案例的跨案例研究一方面是建构理论的有效工具，另一方面可以通过多维度案例比较来支持检验相关理论，以达到具有较高的研究效度与信度的目的，从而保证研究质量，提升结论科学性。跨案例研究是要通过多案例间对比分析，以推演出相应的结论，在一定程度上可以克服单案例研究结论存在的普适性问题和外在效度不足等（王振波，2022）。本章采用跨案例比较研究，细述目标案例每个阶段的发展特征，通过案例比较探析知识产权贸易促进国内外循环有效联动的激励策略。

二、案例选择

研究选择的两个目标案例分别为恒瑞医药股份公司和华为技术有限公司。所选企业均属战略性新兴产业，是国家自主创新战略的重要实施领域。两家公司在国外均有子公司，均已在本领域拥有较高知名度和市场地位。资料梳理显示，恒瑞和华为的初期发展阶段均可追溯，中间的发展阶段脉络清晰，而且连续性强，两个公司都没有发生过经营中断的情况，其演进过程也是可以回溯的。两家公司相关信息完备，能较为完整地呈现知识产权贸易的发展历程及促进内外部循环联动的激励因素。

（一）江苏恒瑞医药股份有限公司（以下简称"恒瑞"）

恒瑞公司1970年成立，主营业务领域为生物医药创新和高品质药品的研发、生产、销售。恒瑞目前已成为我国最大的抗肿瘤药和手术用药的研发和生产基地之一。公司现已有 11 个创新药上市，尚有 60 多个创新药正在临床开发。恒瑞在国外销售的产品主要有口服制剂、注射剂和吸入性麻醉剂等，已实现了在欧美日区域的规模化销售。2021 年底，恒瑞累计申请发明专利 1806 项，PCT 专利 494 项，拥有国内有效授权发明专利 360 项，欧美日等国外授权专利 478 项。恒瑞医药在全球医药智库信息平台 Informa Pharma Intelligence 发布的《2022 年医药研发趋势年度分析》中，排名为第 16 位。恒瑞连续多年被评选为中国医药工业百强企业，2021 年位居中国医药研发产品线最佳工业企业的榜首。

（二）华为投资控股有限公司（以下简称"华为"）

华为是全球领先的信息与通信基础设施和智能终端提供商，成立于 1987 年。华为坚持每年将 10% 以上的销售收入投入研发。目前，华为已成为全球最大的专利权人之一。华为 2021 年底在全球共持有有效授权专利超过 11 万件，其中发明专利占比 90% 以上。同年，华为专利授权量在美国专利商标局相关排名中位居第五，在中国国家知识产权局和欧洲专利局的年度专利授权量均排名第一，这说明华为所持有的知识产权价值得到了行业充分认可。经第三方专业机构对相关领域专利全景调研分析，华为在 5G、Wi-Fi6、H.266 等多个核心技术标准领域都被评价为行业领先地位。

三、数据收集

本章研究目标是对通过知识产权贸易有效促进双循环的典型企业进行了探索性研究。研究数据的收集有三个阶段，三阶段资料数据相互印证和校验，形成了逻辑严密且过程严谨的自洽体系，以确保本章研究结果的科学有效性。案例数据来源包括访谈与调研等一手资料，也包括企业及行业发布的专业发展报告、内部资料以及网上文献等二手资料。第一阶段：基于公共渠道收集二手资料，从近年发表的大量知识产权贸易促进双循环的文献、权威新闻媒体报刊、企业年报以及相关书籍中收集整理。第二阶段，对案例企业有关管理人员实施深度访谈，通过访谈获取关键信息与数据，并对已收集到的资料或初期观点进行审查或证实。通过对涉及资料的审核，对研究中尚不清晰和不确定的内容进行过滤和澄清。第三阶段，将初步建构的理论提供给访谈人员，请受访人员协助廓清关键范畴，提升研究效度与信度。对存疑数据和互有冲突的地方请求访谈人员提供准确数据和相关资料。通过三个阶段的反复论证和数据资料的互相补充，保证研究归纳和推演分析的可靠性和严谨性。同时，也保证相关资料具有支撑研究的数量基础，可以提炼相关论据，对构建理论进行证实或证伪。

第二节　目标案例知识产权贸易发展进程

一、恒瑞知识产权贸易的发展进程

第一阶段（1970～1992年）：公司起步阶段，创新意识萌芽，立足于国内市场求发展。这一阶段，因发展资金有限，且企业利润率较低，恒瑞缺乏进行研发及生产品牌药的能力，专利技术欠缺，知识产权产品匮乏。恒瑞的主要业务仅为配置与销售基础的医疗外用擦剂以及生产用于常见病治疗的基础药品。恒瑞尚没有属于自己的核心知识产权产品，主要进行医药原料加工，产品科技含量不高，市场以国内为主，成片剂销往苏北、鲁南市场。

第二阶段（1993～2004年）：仿制药品牌创立阶段，知识产权贸易规模扩大，在国内市场建立竞争优势。恒瑞在这一阶段实施了"做大厂不想做的，做小厂做不了的"市场定位差异化竞争战略。恒瑞为突破创新瓶颈，将抗肿瘤药品作为创新着力点，通过购买抗肿瘤新药异环磷酰胺专利以及成立"药物研究所"，对这一技术的中试投产进行研究，由此开启了技术创新加速期。1995年，抗肿瘤新药异环磷酰胺获批上市，恒瑞第一次拥有了自己仿制药的品牌。之后几年，该药在国内市场的产销规模不断扩大，使恒瑞药业的利润实现了快速增长，由此带动了恒瑞市场销售规模的扩大和产品竞争力的显著提高。2000年，恒瑞在上海建立了药物研发中心，技术研发速度加快，知识产权战略开始构建。

第三阶段（2005～2010 年）：整合国际创新资源，规范知识产权管理，国际化经营起步。2005 年，开始申请 PCT 专利。与此同时，恒瑞开始进入国际化经营阶段，由此开启了专利的海外布局。公司于 2006 年在美国设立了技术研发中心，招聘优秀的国外研发团队作为核心技术骨干力量开展创新研发。2008 年，恒瑞成立了知识产权部门，通过项目负责制模式推进专利管理，同时建立了知识产权的集中管理制度和流程，并安排专业的专利人员负责专利检索、分析和申请等工作，其他职能部门与专利相关的事务要与专利事务部直接沟通，确立了知识产权管理在企业经营中的重要地位。随着国际研发能力的提升，恒瑞药业明确了打造"中国人的跨国制药集团"的总体目标。

第四阶段（2011 年至今）：知识产权战略管理阶段，国内外市场有效联动，成为全球行业领先者。恒瑞逐步完善了技术创新体系和知识产权管理制度，制定了全流程的专利管理规程，建立从研发立项到运营管理的高价值专利全流程培育机制，公司的专利预警系统、新技术专利跟踪机制、专利转化与应用等子系统的管理应用进一步规范与成熟。在这一阶段，恒瑞立足创新战略和国际化经营战略，密切跟随医药产业的国际前沿，加快药品研发创新和国内外市场开拓。2012 年，恒瑞的注射剂药获得美国 FDA 与欧盟 EDQM 的认证。2015 年，公司将具有自主知识产权的肿瘤免疫治疗单克隆抗体国际专利许可给美国 Incyte 公司，实现了中国企业从进口美国医药技术变成出口创新药技术的转变。伴随知识产权贸易的快速发展，恒瑞的国际化经营实现了跨越式发展。2016 年底，恒瑞的全球员工共有 12000 多人，在美欧日和中国多地建有医药研发中心。知识产权贸易有力支撑了恒瑞国内外市场的竞争优势构建，使两个市场在知识产权贸易的促动下有效联动，恒瑞由此逐渐成长为全球行业领先者之一（李珮璘和黄国群，2018）。

二、华为知识产权贸易的发展进程

第一阶段（1987～1994 年）：企业初创期，立足于国内，知识产权战略还未建立。华为 1987 年创立于深圳，是一家生产用户交换机的香港公司销售代理。华为以国内农村市场为主，1994 年获得了 15 亿元人民币的销售额，并以此为基础开始拓展城市市场。

第二阶段（1995～2000 年）：知识产权战略意识启蒙，国外贸易起步。1995 年华为成立了独立的知识产权部。作为公司的辅助部门，虽然在初期并未得到企业的高度重视，但意味着华为已注意到知识产权对企业发展的重要性。1998 年，华为已将市场拓展到中国主要城市，为其国际化进程的推进奠定了稳固的基础。1999 年，华为分别在印度和俄罗斯成立研发中心。俄罗斯数学研究所吸引了当地顶尖的数学专家从事基础研究，班加罗尔的研发中心则为母公司各产品线开发和交付优质的软件平台、零部件和应用。俄罗斯和拉美市场是华为进入国际市场的首个目标，2000 年，华为海外市场销售额达 1 亿美元。

第三阶段（2001～2007 年）：知识产权战略逐渐成熟，知识产权贸易稳步发展，国外事业进入拓展阶段。2000 年以后，华为开始战略性推进海外市场的开拓，基于海外市场实现了规模性收入的大幅增长。华为持续推进海外研发中心的建设，并通过与国外公司签署许可协议，为知识产权国际贸易创造了良性的发展环境，其海外市场不断扩大。华为从 2004 年开始逐渐进入欧洲市场，主要包括德国、法国、英国、西班牙等国家，并于 2007 年底成为欧洲所有顶级运营商的合作伙伴。

第四阶段（2008～2015 年）：知识产权战略效应凸显，知识产权贸易促进国内外业务全面发展。据世界知识产权组织统计，2008 年专利申请公司排名榜上华为排名第一，LTE（无线数据通信技术标准）专利数占全球 10% 以上。2012 年，华为通过广泛的多国本地化战略强化了在欧洲市场的投资。2015 年，华为智能手机发货超 1 亿台，在中国市场份额位居首位，在全球智能手机市场也稳居全球前三。尽管在 2010 年，华为遭遇到欧盟"三反"调查，但最终通过与比利时设备厂商 Option 达成合作研发协议，而迫使调查终止。

第五阶段（2016 年至今）：知识产权贸易遭遇阻滞，知识产权战略重心调整，继续巩固品牌国际化领导地位的同时，进一步夯实国内市场。2016

年以来，华为遭遇了以美国为首的多轮国外打压和封锁，华为开始了新的战略转型。华为 2021 年年报对供应战略进行了明确说明，包括开展"业务连续性管理体系建设"，"华为坚定不移地拥抱全球化、多元化的供应战略，不依赖于任何独家供应商或单一地区，构建长期、持续、稳定的供应能力"。华为通过不同时期的战略部署以及相应举措的系统推进，实现了企业在国内国际层面的竞争力提升。2020 年中国专利申请量稳居世界第一，2020 年在中国申请的专利中，华为凭借 5464 件申请量位居第一（杨震宁等，2017；胡曙虹等，2019）。

三、目标案例知识产权贸易发展进程的比较

通过对恒瑞和华为知识产权贸易发展进程的梳理，可以将知识产权贸易的发展进程分为四个阶段，即知识产权贸易发展的准备期、起步期、加速期和瓶颈期（见表 11 - 1）。准备期的企业都处于刚创业阶段，普遍立足于国内市场，专利产品缺乏，在具备了一定的发展条件，为了获取更多的市场，开始进行技术创新，知识产权贸易才有了发展的可能性。到了起步期，企业专利产品增加，知识产权贸易初具规模，知识产权战略管理势在必行，此时，企业已在国内市场建立了竞争优势，为国际化经营建立了坚实的基础，企业国际化经营起步。恒瑞公司知识产权贸易经历了比较长的起步期，这与生物医药产业创新周期较长有关。恒瑞在起步期前期（1993～2004 年）将重心置于国内市场的培育，后期（2005～2010 年）则将企业战略重心转移至国际市场的开拓。进入加速期，企业知识产权管理成熟，国外业务全面发展，企业注重在国内外配置创新资源，研发速度加快，企业产品创新优势凸显，知识产权贸易规模扩大，国内外市场优势互为相长，双循环联动效应显现。华为公司在加速期前期（2001～2007 年）注重技术创新的全球布局和欧洲为中心的国际市场布局，后期（2008～2017 年）则在更多的业务领域和区域市场积极实施多国本土化战略，使公司具有了国内外相关经营领域的领先地位。当企业在某一战略性新兴技术领域获取了全球性竞争优势，就可能遭遇到美国等技术领先国家的贸易组织和技术封锁，从而进入知识产权贸

易的瓶颈期，除了华为，我国的中兴、大疆等企业也先后遇到了这一问题。而我国生物医药产业的技术创新领先程度目前尚无法追赶美国等优势显著的国家，因此恒瑞目前还处于知识产权贸易发展的加速期。

表 11 - 1　　　　　　　　目标案例知识产权贸易发展进程比较

知识产权贸易发展进程	特征	恒瑞	华为
准备期	①立足国内市场；②专利产品缺乏；③创新意识启蒙	1970 ~ 1992 年	1987 ~ 1994 年
起步期	①初具知识产权战略意识；②专利产品数量增加；③国内市场竞争优势建立；④国际化经营起步	1993 ~ 2004 年；2005 ~ 2010 年	1995 ~ 2000 年
加速期	①知识产权管理成熟；②国外业务全面发展；③双循环联动效应显现	2011 年至今	2001 ~ 2007 年；2008 ~ 2017 年
阻滞期	①知识产权贸易遭遇阻滞；②专利诉讼增加；③市场风险加大		2018 年至今

第三节　促进双循环有效联动的激励策略

一、激励策略的跨案例扎根理论分析

根据扎根理论的抽样方式，可派生出三种对应的编码方式，即开放性编码、主轴性编码和选择性编码，实现趋于收敛的抽样与逐层推进的编码，通过"一阶范畴"到"二阶主范畴"，再到"三阶核心范畴"的理论提炼，最终在信息条件饱和下建构理论。以恒瑞与华为为目标案例进行知识产权贸易促进国内国际循环有效联动激励策略的跨案例研究。在目标案例知识产权贸易不断发展的过程中，通过扎根理论研究方法对恒瑞与华为若干文献资料的逐层渐进式分析，使知识产权贸易促进国内外有效联盟的激励策略逐渐清晰（见图 11-1）。

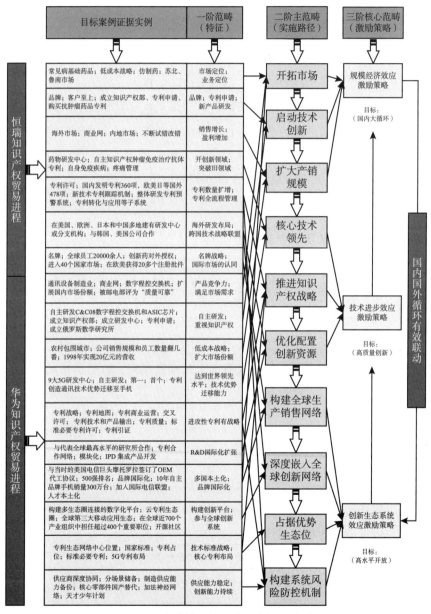

图 11-1 激励策略的跨案例扎根理论分析

（一）基于开放新编码提取一阶范畴

扎根研究的初期是开放性编码。开放性编码的具体操作方法是将观测到的现实现象与收集到的文献及政策法规等原始资料进行碎片化处理，形成意义明确的词语、句子或者段落，从中甄选与研究对象及目标相关的内容，而后重新建构概念，并对新概念持续归纳至范畴的提取。本章研究扎根于目标案例的文献资料中，通过开放新编码，对知识产权贸易发展的不同阶段提炼出频次最高的关键事件，这些获得各个群体共同关注与认可的关键事件可以被视为目标案例这一阶段知识产权贸易的发展的证据实例，恒瑞 31 条，华为 51 条。经过对同类概念整理、分析和归类的范畴化过程，最后提炼出 33 个一阶范畴。

（二）基于主轴性编码提取主范畴

随着扎根研究进入到中期，需要反复思考与分析各范畴间的相互关系，如情景关系、因果关系、过程关系、功能关系与时间序列关系等，并提取出最能体现研究主题的主范畴，这一过程就是主轴性编码。主轴性编码的目的是发现与建立上一阶段中概念化范畴之间的关系，以对现象形成更精确的解释。针对上一阶段提取范畴的相关概念进行细致梳理，以厘清不同概念和范畴之间的关系与差异。经过该阶段分析，共取出 10 个二阶主范畴，使激励策略研究进一步聚焦。

（三）基于选择性编码提取核心范畴

扎根研究的最后环节是进行区别性编码，即要从众多主范畴中提炼出一个或几个概括性强、关联度与抽象性高的核心范畴，从而形成研究问题的核心范畴。经过反复比较与提炼，核心范畴在所有范畴中应处于核心位置，能够与最大数量的范畴发生意义关联，并对绝大多数概念范畴具有统领作用。该阶段要使核心范畴逐渐趋于饱和，体现出建构理论的雏形并最终形成"扎根"理论。因此，本轮对目标案例单位进行了关于 10 个主范畴的补充访谈，在其基础上进一步扩充资料信息，并持续提取出 3 个三阶核心范畴

（罗茜等，2018）。

跨案例扎根研究过程形成了本章研究对知识产权贸易促进国内外循环有效联动激励策略的推导逻辑。扎根研究最终提取出的 3 个核心范畴，分别对应知识产权贸易促进国内外循环有效联动的三个激励策略，即规模经济效应激励策略、技术进步效应激励策略与创新生态系统效应激励策略。

二、激励策略的实施目标分析

（一）规模经济效应激励策略目标分析

基于发展经济学的研究视角，规模经济是指当产品生产规模持续扩大，所引致的单位产品成本降低的经济现象。但是随着产量继续扩大，将会出现规模不经济的现象，就是指随着规模扩大，由于管理难度加大、资源耗费、质量降低等问题导致的单位成本上升的经济状态。从恒瑞和华为的案例分析来看，两个企业在知识产权贸易准备期都是以扩大企业经营规模获得企业初始发展的资本积累。在追求规模经济效益的过程中，为技术创新创造条件，实现创新数量的增长，进一步扩大市场，获得国内竞争优势。因此，规模经济效应激励策略的目标是能够建立国内大循环。以国内市场的繁荣为战略基点，畅通国内大循环的本质就是要发挥母国市场效应。基于本土市场需求支持产业发展，通过企业持续壮大，并在知识、技术和品牌等方面构建和增强核心竞争力，提升经济发展的质量和水平，本质上是由需求引致创新，是由需求侧引发供给侧层面变化的过程。

（二）技术进步效应激励策略目标分析

在企业知识产权贸易推进过程中，创新能力增强，技术迭代速度加快，产品竞争力不断提高，从而促进国外市场循环畅通的激励策略。这一策略的主要目标是实现高质量创新。从目标案例知识产权贸易的发展进程来看，恒瑞和华为都经历了创新数量引导到创新质量引导的过程。创新质量指创新过程的总结果，其高低取决于企业是否通过创新行为实现了既定目标。高质量的创新产物一般具有明显的成本、技术或时间优势，低质量甚至失败的创新则可能带来经济损失，创新质量对企业绩效的提升具有重要意义（侯贵生等，2021）。在进入知识产权贸易发展的加速期后，两个企业都在原领域取得突破性进展，或者开辟新领域，并在新领域保持可持续竞争优势。

（三）创新生态系统效应激励策略目标分析

创新生态系统是创新主体在一定区域内（地方、国家或全球）形成的基于构件或模块的知识异化、共生共存、共同进化的创新体系。创新生态系统由企业、服务机构、投资机构、政府部门、科研机构等多主体组成。系统主体之间通过竞合机制保持生态系统的相对平衡（Oh et al.，2016）。创新生态系统效应激励策略就是企业在加速发展知识产权贸易的过程中，通过建立创新生态系统畅通国内外要素融合渠道、提升全球研发和产销网络效率，促进国内国际循环有效联动的策略。这一策略的主要目标是实现企业的高水平开放。党的十九届五中全会曾对"高水平开放"进行过定义，即"要实行高水平对外开放，开拓合作共赢新局面；坚持实施更大范围、更宽领域、更深层次对外开放"。可见，更高水平开放主要就是指更大范围、更宽领域、更深层次对外开放（张二震和戴翔，2023）。恒瑞和华为在进入知识产权贸易加速发展期后，都侧重于构建完善的全球产销体系，与国内外的科研机构建立深层次的协同创新关系，使自己深度融入全球创新网络。所不同的是，华为自主创新起步较早、发展更快，在产业关键技术环节已占据领先地位，在全球研发、生产与销售一体化的创新生态系统中已占据了网络优势位置。此外，华为早于2010年就遭遇过欧盟的"三反"调查，知识产权贸易发展受到多方阻滞，因此华为较早布局了系统风险防控机制。通过目标案例分析，可以看出两个企业都通过创新生态系统效应激励策略实现了更大范围、更宽领域和更深层次的高水平开放。

三、激励策略的实施路径分析

（一）规模经济效应激励策略实施路径分析

第一是开拓市场，即确定企业的主营业务方向以及重点市场，并积极扩大市场份额，恒瑞在发展初期是以苏北和鲁南市场为重点，华为则重点发展了农村市场。第二是启动技术创新，当企业在局部市场取得竞争优势后，市场需求和竞争压力会激发创新动能，企业开始启动技术创新。第三是扩大产销规模，当产品加载创新要素，具有品牌和技术上的优势，知识产权贸易开始起步，进一步激发了市场规模的扩大，从而获得在国内市场上的全面优势，实现国内大循环的激励目标。恒瑞和华为都在这一环节实现了畅通的国内循环，并开始开拓国际市场。

（二）技术进步效应激励策略实施路径分析

技术进步效应激励策略的实施包括三个环节：第一，掌握核心技术。恒瑞在这一环节在常用基础药领域获得了突破，并在抗肿瘤药物领域取得了进展。华为则通过技术迁移能力，围绕通信制造基础领域延伸更多的业务范围，达到了相关技术领域的世界一流水平。第二，持续推进知识产权战略。目标企业的知识产权部门成立较早，在这一环节更注重专利的全流程管理和专利战略管理。第三，优化配置创新资源。通过在国内外优化配置创新资源，实现了技术创新的效率与效益。从知识产权贸易发展的起步期到加速期，案例企业通过掌握核心技术、持续推进知识产权战略和在全球范围内优化创新资源配置，实现了由创新数量到创新质量的跨越。

（三）创新生态系统效应激励策略实施路径分析

创新生态系统效应激励策略的实施有四个环节：（1）构建全球产销网络。恒瑞与华为都采取了名牌战略，通过打造国际化的品牌提升企业产品在国内外市场的识别度和忠诚度。华为还通过本土化战略有效的控制成本和国外市场的开拓。从而建立了全球范围内主要区域的生产与销售网络。(2)深度嵌入全球创新网络。基于全球范围的创新资源配置以及生产销售网络的国际化，企业可以深度嵌入全球创新网络。(3)占据优势生态位。生态位可以理解为，当一种群在生态系统中的时间以及空间上所占据的位置以及该种群与相关种群之间的功能关系与作用。优势生态位是指企业所在的生态位宽度与生态位态势都能够比较好的支撑企业技术创新和业绩提升。生态位宽度反映了企业对环境单元资源的占有情况。生态位态势表征了企业现有的能力及未来发展的潜力（何郁冰和伍静，2020）。恒瑞和华为在相关领域创新系统中的生态位宽度和态势都凸显了较好的网络优势，尤其是华为。(4)构建系统风险防控机制。随着创新生态系统的构建，系统风险逐渐呈现，设计有针对性的系统风险防控机制对激励国内外市场畅通循环并有效联动具有重要意义。恒瑞与华为创新起步和发展时间不同，恒瑞处于创新生态系统的发展期，华为则因为外部市场环境和技术环境的重大变化而处于创新生态系统的变革期。恒瑞面临的系统风险更多的是协同创新风险，因此着力于专利的全流程和精细化管理；华为则布局了更多的前摄行为，致力于构建主动的学习机制，通过打破路径依赖与结构惯性，重新整合资源，发现新机会，重新创造或获取创新要素，不断优化强化原有发展模式下的领先优势，培育出新模式下的主导能力（王发明和朱美娟，2021）。

四、激励策略的实施重点分析

基于以上激励策略的实施目标和路径分析，本节认为知识产权贸易促进国内国际循环有效联动激励策略的实施重点应聚焦于以下几方面。

（一）提高知识产权贸易质量，完善创新驱动政策体系

中国目前正处于全球价值链跃迁的追赶期，知识产权贸易的高质量发展成为化解反制成本压力、降低贸易摩擦的有效路径。因此，持续推进自主创新，实现在关键技术环节的创新突破，提升知识产权贸易在全球价值链中位阶高度，着力提升我国知识产权贸易的全球竞争力，推动"中国制造"向

"中国智造"转变，实现部分行业全球价值链分工位置的跃迁，对实现国内国际循环有效联动具有重要意义。当前国际贸易面临复杂严峻的形势，中国应加快推进各领域改革以应对国际经贸变局，全面提高对外开放水平。政府、企业、中介组织等都应增强创新意识，积极推进创新驱动发展战略，通过加大知识、技术等高级生产要素的投入，加强技术研发投入力度，提升知识产权贸易中专利等知识产权的含量，提高知识产权贸易质量，在战略性新兴产业、高新技术产业等领域加快形成产业优势，抢占新兴产业链重构主导权，提升对全球产业链关键环节的掌控能力，进而提升中国产业在全球价值链中的地位，加速赶超步伐，实现知识产权贸易高质量发展（宋林和张永旺，2018）。

（二）扩大知识产权贸易规模，构建统一大市场政策体系

大规模的国内市场是国内外循环有效联动的战略基石。超大规模的国内市场所具有的规模经济效应能有效提升企业效率，激励创新，同时大规模市场所带来市场竞争效应也能刺激企业不断创新，创新的加快扩大了知识产权贸易的规模。超大规模的国内市场还具有"虹吸"效应，吸引知识、技术等全球性高级生产要素向中国聚集，成为促进技术创新、产业升级、经济高质量发展的重要支撑，与此同时，还能吸引资金和人力资本等要素，共同推进经济创新发展，助推本土企业创新能力的提升，使更多企业成长为主导全球价值链的"链主"，加快形成国内国际双循环相互促进的新发展格局（刘志彪和凌永辉，2021b）。双循环的推进离不开统一大市场这一基本优势，而且双循环以内需为主体，会逐步消除区域间的障碍，解决法律法规、监管、交通、物流、社保等一系列问题，厘清市场的边界，进一步拓展市场的广度和深度，实现国内统一大市场的升级。

（三）降低知识产权贸易风险，构建高水平开放政策体系

随着中国技术的不断发展，与发达国家在全球价值链的分工位置越来越接近，全球贸易摩擦将会长期存在，并且可能在某些特殊时期贸易摩擦可能还会加剧。企业知识产权贸易面临巨大的系统风险。"双循环"新发展格局

构建中，要强调实施更高水平开放，即更大范围、更宽领域、更深层次的开放，以此引领经济高质量发展，降低企业可能面临的知识产权贸易风险。任何一个国家和地区，即便是大国，也无法解决在经济发展过程中所面临的资源稀缺，甚至可以说资源短缺问题，因此，必须通过开放以实现与外部世界之间的资源、能源、物质、知识和信息的交流和交换，以互通有无、取长补短、优化资源配置。

第十二章

知识产权贸易促进国内国际循环
有效联动的政策体系分析

第一节 创新驱动的政策体系

一、提升知识产权创造水平打造企业知识产权贸易竞争能力

提升知识产权创造水平意味着创新主体及产业主体，即高校、科研院所与企业需要具有坚实的基础研发能力和应用能力。尤其是企业兼有创新主体与产业主体二重身份，是开展知识产权贸易的主体，通过打造其关键技术领域创新能力，提升其产品质量，提高 PCT 专利比例，积极推进国际品牌工程等措施，可有效提升其知识产权贸易竞争能力。

（一）突破关键核心技术提升创新能力

聚焦重点领域关键核心技术集成创新，推动行业龙头发挥核心引擎作用，带动上下游中小企业和科研院所组建产业技术联盟，联合攻关，不断实现在关键零部件、元器件和核心技术等领域的自主知识产权的突破，全方位提升产业集群中各企业协同创新能力。支持科研院所深化体制机制改革，激活核心人员研发创新活力，鼓励技术骨干以专利入股、技术转让、共同持股

等方式成立科技创新平台，协同多方资源加大关键核心技术攻关力度、促进企业创新能力提升。引导社会资本组建专项产业基金，重点投向拥有关键核心技术专利和具备核心技术攻关潜力的中小科技型企业，进一步缓解科技型中小企业资金压力、激发创新内生动力。

（二）技术创新赋能实现产品质量制胜

以"质量强国"为引领，引导企业牢固树立"质量至上、质量制胜、质量为王"理念，坚持对标对表国内外一流水准不断提升自身产品质量。分行业分领域定期评选全国"百强"质量品牌，扩大高品质产品及其企业的知名度、美誉度和影响力；鼓励地方政府出台专项政策支持企业提高产品质量，并将产品质量综合影响力纳入科技创新评估体系。组织行业知名专家和检验检测检疫机构，不定期对重点领域产品质量进行评比、评估和抽检，编制出台产品质量白皮书、产品质量标准、优质产品推荐目录等，构建"奖优罚劣、优胜劣汰"的"质量制胜"产业环境，引导企业以实际行动落实"质量制胜"理念。

（三）优化创新结构提高 PCT 专利比例

以加快建设现代化产业体系为导向，提高核心领域创新产出比重和 PCT 专利数量及占比。聚焦半导体、软件、先进材料和关键装备等关系国家、区域产业安全发展的核心领域，鼓励企业在研发投入、技术人员投入等方面适度加大投入，提升相关领域 PCT 专利数量占比。首先，从顶层设计上，需要注重激励市场主体把提升知识产权创造水平放在第一位，专注于基础型和具有核心技术的专利创造；其次，在制定相关知识产权政策时，应该更加注重高质量的发明专利的激励，加强对其创造运用的引导，促进我国专利结构的进一步优化，促进创新驱动发展战略的实施。

（四）转变企业经营策略打造国际品牌

以打造国际知名品牌为抓手，加快建设世界一流企业集群。引导行业龙头聚焦核心优势，着眼全球价值链分工构建产业集群，设立海外研发中心和集成加工基地，全面提升产业集群核心竞争力和影响力，积极培育和重点打造具有一定国际影响力的品牌集群。

全面对标对表国际市场质量标准，打造国际知名品牌。支持专精特新等高成长企业持续发力，深研国际市场质量标准体系，面向全球集聚相关领域一流人才，提升品牌国际知名度。鼓励中小科技型企业深耕细分市场专业领域，全面对接海内外委托定制和加工生产等，统筹利用本土营商环境和统一大市场优势，尽快在细分领域打造企业形象和品牌形象，整合渠道优势，优化渠道要素，加大品牌的国际影响力。

（五）优化奖评体系强化创造水平激励

加大科技创新奖励力度，提升以企业为主体的知识产权创造水平。扩大企业科技创新奖励应用范围，将发明专利申请和发明专利授权等纳入政府奖励补助政策标准、金融机构信用评级指标体系和技术平台申报评比标准等。设立企业科技创新个人成就奖，重点奖励为企业技术开发、产品转化等作出重大贡献的领军型技术人才，并与评定职称、晋升更高职级等挂钩。健全创新奖励支持体系，扩大原始创新、基础创新奖励规模，增加交叉学科融合型创新奖励比例，构建涵盖企业主体、科研院所和先进个人的多层次、广覆盖的奖励评价体系。

二、提升战略性新兴产业的关键环节创新水平建立贸易优势

重视战略性新兴产业的研发、专利布局、高价值专利培育、转化，通过打通战略性新兴产业的关键环节，提升其整体创新水平。这对建立贸易优势，实现经济高质量发展和双循环有效联动具有重要意义。

（一）增加技术研发费用提升研发水平

进一步增加研发投入，提高研发效率。经济增长依赖产业发展，土地劳动力等传统要素在新兴产业，特别是高新技术产业中的贡献不足，而研发，特别是高效的知识产权投入越来越成为产业发展的重要推动力。促进企业、

高校科研院所增加研发投入，提供研发效率，加快知识产权成果转化，为产业发展提供内生动力。高新技术产业的投入产出结构已经发生了巨大的变化，对知识要素特别是知识产权化的要素包括专利、版权、商标等要求更高。需要增加前期的投入，提高研发强度，优化投入结构，提高产业的附加值。借助第三方知识产权服务平台、金融机构等进一步提高投入产出效率。

（二）加速转化扩大新兴产业贸易规模

增进产学研协同创新效能，推动关键技术环节研发成果的加速转化，推动更多高技术产品进入市场交易环节，扩大新兴产业贸易规模。创新投入带来了专利等知识产权产品，还需要进一步促进科技成果的应用，如专利许可授权、产业运营、产业化，最终为企业带来市场效益。从研发要素投入到专利等知识产权产出，再到产业化，从技术到产品、从产品到商品，是企业研发投入产出的关键两个环节，只有实现了市场的盈利，才能实现新兴产业的投入产出的良性循环。推动关键技术环节研发成果的加速转化，需要企业、高校、研发机构等创新主体的深度协同，需要政府、中介等主体加强服务协同，推动更多高技术产品进入市场交易环节，扩大新兴产业贸易规模。

（三）加强国际专利申请布局海外竞争

首先，把握战略性新兴产业发展机遇和产业升级方向，增加 PCT 申请量及提高 PCT 专利占比。重点面向新一代信息技术、人工智能、生物技术、新能源、新材料、高端装备、绿色环保等增长引擎新兴领域，支持企业开展协同创新、设立海外研发中心、联合设立产业学院等，不断扩大新兴领域的技术创新产出，增加 PCT 专利申请量及专利占比，有效增强我国重点领域和核心领域企业海外知识产权保护力度。

其次，加快高技术产品国际化的进程，让更多的自主专利技术走向国际市场，特别是根据产品出口目标区域、技术生命周期、模仿难易程度等具体情况，选择适当的布局策略，从时间选择、国别选择、保护内容选择等方面做好规划，对海外知识产权进行合理布局。

（四）培育高价值专利增强产业竞争力

对于新兴优势产业而言，在其核心技术领域，通过构建专利池形成专利族和专利群等高价值知识产权网络，保持并增强其核心竞争力，同时以知识产权推动传统劳动密集型产业和资本密集型产业转型升级。针对不同产业的发展需求，结合最终市场的需求，加大对高价值专利的创造和自主国际知名品牌的培育，在重点产业、关键环节培育核心知识产权，形成竞争优势，推进新产品的开发，建立自主品牌和营销渠道，努力使知识产权优势成为出口贸易的新的核心竞争优势，推动知识产权贸易的发展。

三、促进产业链与创新链融合提升知识产权贸易国际竞争力

通过共同推进在境外投资、国际创新资源融通、龙头企业主导突破以及产业链升级几个方面的政策措施，加速促进产业链与创新链的融合，使我国知识产权贸易的国际竞争力有所提升。

（一）鼓励境外投资全面融入全球产业链

鼓励企业积极开展海外境外投资，特别是瞄准在核心知识产权领域包括专利、品牌等具有领先优势的国外企业，以迅速提升企业知识产权含量，攀升全球产业链高端环节。把海外创新中心建在主要创新国家及主要关键城市，便于对接创新资源，建设国际知识产权合作渠道，促进产业链创新发展。在海外境外设立创新服务站点，为企业"走出去"提供平台支撑及有关公共咨询服务。支持企业开展 PCT 专利申请，支持企业参与各类国际认证，支持企业打造国际知名品牌，借助"一带一路"等科技合作计划，进一步扩大知名度，提升竞争力。

（二）融通国际创新资源融入全球创新链

引进国际优质创新资源，加强国际科技交流与合作，融入全球创新链，优化我国知识产权贸易在全球创新链中的产业和技术布局。一方面，"走出

去"，积极建立海外创新中心和国际产业园，充分利用当地丰富的科技创新资源和人才优势，另一方面，"请进来"，创造条件引进境外创新主体，包括科技园、大学、研究机构及个人，共享共建实验室、创新中心、产业技术研究院，促进创新资源的双向高效流动，提高资源的使用效率。

（三）龙头企业主导突破创新链阻滞环节

集中政策优势，推动龙头企业在关键核心技术环节取得新突破，扩大核心技术领域的知识产权布局，提升全球产业链体系中的主导地位。从我国的实践情况来看，在我国一些产业内的头部企业，不仅具备了包括基础研究、产业化的能力，也具备了全球营销、打造国际知名品牌的能力，而且还具备了一定的对有关产业链、供应链的控制能力，具有突破创新链阻滞环节的主体能力。因此，应集中政策和资源优势，支持头部企业开展长周期的基础研究、应用研究，以此激励头部企业提高核心竞争力，特别是在关键领域、核心环节取得全球领先的优势，从而在全球价值链分工中取得主导地位。

（四）以产业链跨层跃升提高国际竞争力

产业链的跨层跃升可尽快建立产品创新优势，为了提高我国知识产权贸易国际竞争力，应大力培育产业链、价值链和技术水平高端的高新技术企业，提高有关产业在我国产业体系中的比重，推动具有核心竞争力的企业、产业面向国际市场，推出中国制造、中国服务，参与国际市场竞争，培育一批全球领先的具有核心知识产权的产业头部企业，占据产业链高端，进一步提升我国在国际产业分工中的地位，助力提升我国知识产权贸易的国际竞争力（彭晓辉和于潇，2020）。

四、加快培育知识产权密集型产业嵌入高端产业链循环系统

产业的发展是贸易发展的重要基础，美国、欧盟知识产权密集型产业的快速发展，推动了其知识产权密集型产品的出口，从国际经验来看，大力培育知识产权密集型产业，包括专利密集型产业、商标密集型产业和版权密集

型产业，使我国产业嵌入全球高端产业链循环系统，是推进知识产权贸易发展的重要抓手。

（一）发展专利导航培育专利密集型产业

首先，进一步完善专利导航工作机制，围绕专利技术密集的产业，特别是高科技新兴产业，建立产业专利数据库、重点产业专业预警平台，提供包括国内外专利申请、运用、许可、服务和保护等多方面的系统支撑。其次，引导有关产业、重点企业有效开展专利布局设计，提供专利审查、预警、保护等服务，在核心环节、关键领域培育高价值专利，提升产业、企业的核心竞争力。再次，建设专利导航工程，通过典型、重点产业、企业的示范，引导更多产业、企业加入到专利导航工程中来，促进产业链与创新链更好融合，提高产业专利密集度，提升专利价值，为企业、产业发展带来更高的收益。在专利导航示范区，需进一步出台相关规划或方案促使专利导航产业创新发展，落实专利导航的创新成果；在过程方面，需从保障机制、任务分工、配套方案等方面确保专利导航方面的创新成果落地；最后，在绩效评估方面，建立专利导航产业发展绩效评价体系，以科学评估相关工作成效。

（二）推进示范工程培育商标密集型产业

首先，聚焦于区域产业优势领域，建设商标战略实施示范区、品牌培育基地，培育知识产权密集型产业。完善商标等知识产权海外维权机制和畅通海外维权渠道，保障我国企业的品牌商标国际权益不受侵害。其次，扶持培育商标战略实施示范企业。充分发挥行业主管部门作用，鼓励相关行业协会及其他组织注册公用集体商标，促进公共品牌和企业品牌融合发展，优化自主品牌成长机制，扶植本土企业形成一批具有中国特色和国际影响力的拥有自主知识产权的品牌，构建我国"世界品牌"形象，促进从知识产权大国跨越到知识产权强国。最后，实施商标战略示范工程。以先进制造业和现代服务业等为重点，提高商标的知名度，树立品牌形象，发挥企业在市场中的主体地位，激发其开展商标许可和跨国经营的积极性，扩大品牌国际知名度及产品市场份额。

（三）加强基地建设培育版权密集型产业

第一，建设版权示范园区，集聚版权产业。结合各地自身的产业文化资源优势，及未来产业发展趋势，选择特色版权文化产业，培育重点企业，打造知名度高、竞争力强的特色品牌。第二，促进优质版权出口。鼓励版权产业发展，促进优质企业开展对外交流合作，设立海外站点，开展投资，进一步扶持版权出口。第三，完善版权产业交易体系。建设版权交易服务中心，进一步降低版权交易成本，提高交易效率。第四，完善版权等知识产权的价值评估体系，基于信息技术，整合各方数据资源，合理估值，为市场交易提供科学的价格参考。

第二节　统一大市场政策体系

一、提高知识产权要素配置效率精准适应统一市场需求

建立统一大市场是实现国内大循环，国内国际双循环的重要战略举措。统一大市场的建设需要融通要素配置，提高资源配置效率与质量，知识产权要素作为重要的市场要素之一，其配置效率与质量关系到统一大市场的建立，要从促进知识产权要素流动、促进人才、资金、数字要素一体化以及推进内外贸一体化几个方面构建政策体系。

（一）破除区域壁垒以促进知识产权要素流动

打破知识产权区域间流动的行政壁垒，加快推进全国统一大市场建设，推动知识产权国内贸易协同发展，更好推进"双循环"有效联动。各地区不仅应进一步加快当地知识产权国内贸易发展，为更好地发挥知识产权国内贸易对国内国际循环有效联动的空间溢出效应，也应积极促进区域间的协调融合，增强区域协同创新能力。地方政府应积极建设知识产权跨区域合作机

制，包括加大跨区域知识产权服务业集聚区和知识产权示范园区建设力度，为企业知识产权跨区发展提供统筹服务，协同推进知识产权密集型产业和知识产权密集型企业的发展等。

（二）强化培养流动机制促进人才要素一体化

通过强化知识产权人才培养流动机制，实现知识产权人才的专业化高级化，提升知识产权人才的创新活力是基于统一大市场背景下的人才要素一体化配置要求。第一，丰富知识产权贸易人才培养载体。鼓励有条件的高校、科研院所设立知识产权研究方向或相关培养专业，推进知识产权本科、硕士学历教育。建设高水平的知识产权贸易人才培训基地，大力开展规范化、体系化的高水平知识产权专业人才培训教育工作。加强知识产权贸易各级各类人才智库建设工作，鼓励高校、科研院所建设知识产权贸易理论研究人才智库，扶持企业组成联合体，建设知识产权贸易应用人才智库。第二，健全知识产权高端人才提升机制。通过为高端人才搭建引荐平台，畅通人才开发通道，完善知识产权高端人才的职称晋升、绩效考核、薪酬股权、流动使用等多种多样的激励策略，激发高端人才创新活力。为知识产权人才提供全过程服务，了解现有人才目前任职现状、关键职能、发展方向等内容，提供定制的人才培养项目满足高端人才的个性化需求。

（三）完善交易融资模式促进资金要素一体化

知识产权交易融资模式的完善创新是资金要素一体化建设的重要内容，而资金要素一体化是支撑统一大市场建设与运行，促进双循环有效联动的基本保障。首先，构建涵盖政府、金融机构、中介和企业管理的知识产权融资服务体系，完善相关法律法规，解决知识产权交易融资存在法律制度不完善、价值评估难、金融机构不愿贷、不敢贷等问题。进一步增强企业的知识产权意识，规范信息披露，提高企业经营管理水平。其次，加快研究制定专利、商标等知识产权鉴定专业标准，完善鉴定体系，夯实知识产权评估体系和市场交易基础。有序扩大知识产权质押融资范围，创新知识产权金融服务模式，支持地方政府结合区域分布、行业特色和企业实际等情况，对知识产权质押有关的风险和补偿进行引导。通过知识产权交易融资模式的创新与完善，使知识产权要素流动具有稳定且高效的资金保障。

（四）加快信息技术发展促进数字资源一体化

信息技术和数字资源是实现知识产权贸易繁荣发展，国内外市场规模扩大的基础条件。首先，可采用逐步辐射，有效带动的方式，通过构建起以某些信息技术和数字要素为增长极的典型区域，逐层渗透，并配合各种产业政策，从供需两端推动信息技术和数字资源的应用与推广。其次，逐步构建起信息技术和数字资源的全国统一平台，具体而言包括以下三方面内容：一是突出数据安全治理的科技之维，共创共享数据权益。二是优化数据交易定价机制，以公共数据开放扩大可交易数据范围。突出"市场评价贡献"原则的数据交易平台定价机制，推动公共数据开放，增强可交易数据供给。三是维护数据交易市场公平竞争，推动数据交易平台互联互通。强化数据交易平台竞争执法，构建互联互通的去中心化数据交易网络。通过接入这一平台，采用可嵌入、可实现的路径，逐步发展区域信息技术和数字资源基础，提升信息使用频率，最终融入全国统一大市场的信息和数字要素市场，服务中国乃至全球用户个性化需求。

（五）深化全球分工合作推进内外贸易一体化

通过深化国内及国际分工合作，推进内外贸易一体化，可带动内外市场的统一发展，夯实大市场建设和双循环联动的基础。首先，提升企业基础研发能力，获取更多与国内外优势创新主体及产业主体实现分工合作的机会。通过广泛引进人才、搭建平台等方式建立提升基础研发能力，深化企业参与国内国际产业分工及贸易环节，如跨区域跨国开展企业合作、参与国内区域经济及全球产品分工、创新分工等。其次，占据创新及生产制造网络优势位，增强对国内外区域市场的辐射带动效应，促进国内贸易国际贸易的一体化发展。在夯实基础研发能力的基础上，通过专业化、差异化等战略路径形成市场领先优势，通过正式的、以我国为主的研发及生产制造过程，整合国内国际产业链上下游或跨产业的分散资源，建立在前沿技术、领先产品、全球市场上的领导地位和影响力，增强对国内外区域市场的辐射带动效应，促进国内贸易国际贸易的一体化发展。

二、深度参与全球知识产权贸易有效承接国际市场需求

承接国际市场需求是市场扩容、带动双循环有效联动的重要内容，增强全球产业联动、要素联动，提升贸易数量和质量，并且加快统一市场规则，可使我国深度参与全球知识产权贸易，有效承接国际市场需求。

（一）增强全球产业联动深化贸易参与程度

加快建设国内统一要素市场，厘清国内政府和市场主体的边界，构建起以市场化竞争为主导的资源配置营商环境，理顺知识产权贸易的要素与商品匹配关系，增强我国产业与全球产业在高价值环节的联动，最大限度满足国内消费市场需求，最大程度扩大国外消费市场需求。国内市场已经为知识产权贸易的多样化供给提供了"试验田"，通过我国全面系统的工业体系和大规模的市场优势，可逐步将产业链条治理模式和满足客户需求的应用解决方案，迁移复制到全球市场。通过内外联通的方式深化我国创新主体知识产权贸易的参与程度。

（二）增强全球要素联动激发市场交易动能

基于国内外产业链的联动，可将全球具有比较优势的要素资源逐渐纳入以我国企业生产制造创新为主导的知识产权贸易当中，培养我国自有技术和自主品牌，构建起生产——供应——销售一体化的知识产权运营路线，提高我国企业在全球化过程中的利润分配权，向价值链的高端位置攀升，从而激发知识产权主体的市场交易动能。

（三）提升贸易数量质量承接国际市场需求

进一步促进知识产权贸易提档升级，促进创新要素和生产体系的互相嵌套、深度融合，我国的国内市场巨大，优势明显，可有效对接国际需求。首

先，可以通过税费减免，进一步扩大市场购买力。其次，通过优化投资渠道，采取差异化的政策措施，引导企业投向国家战略支持的基础设施、新兴产业等。再次，通过预期引导扩大市场需求，优化公共投入，加快数字技术发展，壮大新的经济增长点，形成高质量发展的内生动力。最后，进一步扩大生活服务业开放，引导国际市场高质量服务进入国内，激发需求，促进良性竞争，从而提高国内有关产业的竞争力。

（四）统一市场规则降低国际市场运营成本

国内市场普遍存在制度壁垒，导致市场竞争失范，不仅影响了不同地区企业间公平竞争，降低了市场主体创新的能动性，更阻碍了国内市场与国际市场的贸易对接与跨境合作。必须推动从商品和要素市场开放向制度开放转变，对标最高标准、最高水平，推动规则、规制、管理和标准等制度型开放，降低国际市场的运营成本，加快国内大循环与国际大循环有机衔接，推动两个市场、两种资源相互促进，实现中国与世界的合作共赢。因此，应尽快废除影响经济循环的制度障碍，建立统一的市场竞争制度、市场监管制度、社会保障制度等，降低市场主体对接的制度成本，在公平竞争的制度环境中增强"双循环"的经济活力。一方面，要全面清理和废除市场领域中的区域性歧视政策，包括财政补贴、资金奖励、税收优惠、信贷政策、准入门槛以及其他带有政策倾斜性质的附加条件，取消不同所有制企业的区别性待遇政策，为市场主体创造平等的竞争起点和竞争环境。另一方面，必须转变地方保护主义形式下的内耗型低效竞争模式，鼓励不同区域的市场主体在全国统一大市场中开展合作基础上的竞争和竞争前提下的合作，形成竞争与合作相互促进的良性市场运行模式。

三、强化知识产权服务体系健全国内国际市场服务功能

知识产权服务为知识产权产业发展提供了"软件"支持，目前，知识产权服务存在着服务体系不完善、服务运作不规范、服务效率低下等现象，为健全国内国际市场服务功能，推进知识产权贸易有序、健康、高质量的跨

越式发展，迫切需要加强知识产权服务体系建设。

（一）建立信息服务架构完善服务体系

完善知识产权信息服务体系，构建以高校、科研院所、产业园区、行业组织、市场化服务机构等的知识产权服务平台为衔接网点的信息公共服务平台体系。全面推动全国知识产权公共信息服务关键节点的区域布局，督促各省市加强公共信息服务网点建设，促进省、市、区知识产权信息公共服务节点、网点的统筹和联动发展，建立公共信息服务体系的服务协作、成果共享和经验交流机制，开展知识产权信息公共服务区域间合作，建立和完善跨区域跨领域的知识产权信息公共服务协同合作机制。弱化各区域行政壁垒，统一知识产权服务标准，强化区域间资源共享、平台共建。完善知识产权信息公共服务体系运行体制机制，探索建立知识产权信息服务在资源配置、质量管控、绩效评价等方面的配套标准体系。

（二）加强知识产权贸易监测评价制度

以大数据为基础，加强知识产权评估检测制度，为国家和各级地方政府全面评估检测国内包括跨境的知识产权发展状况、科技和投资项目实施状况、人才引进决策情况、特定主体和技术创新及布局情况、知识产权规划和战略推进和实施效果提供有效支撑。在生物医药、集成电路等重点知识产权贸易领域试点开展数据跨境流动和交易安全评估，建立和完善知识产权数据跨境流通备案审查制度、跨境知识产权数据流动安全管理制度、知识产权贸易风险评估机制。优化知识产权贸易统计监测系统工作机制，落实国家和省市统计工作要求，建立统计监测系统数据核查、退回和通报制度，提高数据质量。

（三）建立重点企业联系制度直报系统

建立重点企业知识产权统计数据直报系统，调查对象在规定上报时限内通过互联网登录国家知识产权统计数据直报系统，完整填报统计调查表并提交市、省、国家各级知识产权部门审核，最终形成知识产权数据直报数据库。将拥有较多商标、专利等知识产权，拥有发明专利、高价值专利、优势商标等高价值知识产权的高新技术企业、示范企业、知识产权密集型企业和地方优势企业，纳入重点企业库。并对重点企业库实行动态专人专项管理。完善知识产权贸易重点企业联系制度，开展企业数据直报工作，督促企业通过"知识产权贸易统计监测管理信息系统"按月及时报送数据。特别关注并及时跟进解决重点企业知识产权贸易有关的问题。同时，对全社会加强宣传引导，在网站和公众号上深入展示工作成果，加强全社会尊重和保护知识产权的意识。

（四） 健全知识产权服务贸易标准体系

紧跟时代发展趋势，继续完善知识产权等基础标准，指导实施专利、商标等确权和侵权判断标准、执法标准及其他相关标准。整合精简行业标准和国家标准，形成统一的规范化、标准化、国际化、智能化标准。健全新领域标准体系建设，比如人工智能、5G、区块链、大数据、工业互联网、物联网、基因技术、智能家居、安防等领域的标准和规范，分层次分类型按重点领域重点区域逐步推进标准。加强培训工作，提高知识产权标准制定工作者的思想道德水平、专业技能水平、信息化智能化服务水平。

（五） 完善知识产权服务贸易统计体系

构建外汇收支和各行业统计相关数据相结合的知识产权贸易服务统计体系，充分了解知识产权对外附属机构的贸易服务活动。外汇管理、知识产权等相关部门联合构建知识产权贸易统计数据库。明确各类知识产权贸易指标，包括货物、产品、技术等进出口所涉及的产权问题、专利、版权输入和输出指标等情况，知识产权的服务和商品贸易出口总额及其所占比例的高质量发展指标体系，知识产权贸易风险提升指标，完善现有的指标体系和检测系统。

（六） 加快服务贸易发展提升服务水平

第一，进一步加强服务贸易基地建设。基地承载集聚和辐射带动功能进一步提升，产业发展要素进一步集聚，一批高端化、国际化和规模化服务贸易企业和重大项目在基地落地。第二，优化服务贸易布局。促进现代服务业和高端制造业深度融合，进一步整合集聚相关产业发展要素，延伸拓展服务贸易相关领域产业链，强化贸易和产业的联动，推动区域特色化、专业化发展，以提升服务业国际化、高端化、集约化为引领，推动服务贸易高质量发展，扩大品牌知名度，增强服务贸易（服务外包）发展动能和国际竞争力。第三，优化重点产业领域服务贸易环节。主要包括数字服务（软件及信息技术服务、集成电路设计服务、云计算服务、大数据服务等）、生物医药研发服务（包括医疗器械研发）、工业设计服务、中医药服务、文化服务、旅行服务、检验检测服务、船舶海工设计及维修维护服务、工程承包及建筑服务、物流运输服务等。

四、发挥公共平台作用有效支撑技术交易市场高效运行

高效率运行的技术交易市场是统一大市场的重要组成部分，发挥公共平台的作用，是对技术交易市场高效运行的有效支撑，是完善统一大市场建设的重要战略领域。

（一）建立公共信息平台推进情报共享

建立公共信息平台推进情报共享，提升国内国际技术交易市场运行效率。首先，要着重打造"互联网＋知识产权"公共信息服务平台，依托公共信息服务平台，通过提供交易信息、质押评估分析、咨询和法律维权服务平台等业务，建立知识产权业务链条。其次，要充分发挥国家高技术服务业基地的引领作用，在高新技术开发区等产业集聚区，集聚知识产权服务业，为相关企业提供知识产权等相关业务信息检索、专利申请、海外专利布局、海外专利风险预警、海外风险防范等高端知识产权服务业务。

（二）建设纠纷联动平台发挥组织作用

建设纠纷联动平台，借助组织力量，系统推进国内国际技术交易市场的

有序运行。第一，以司法保护为主导，加强纠纷联动平台建设。以司法保护为主导，深化知识产权民事、行政和刑事司法审判"三合一"改革，加强纠纷联动平台建设。建立有关部门的联席会商机制，进一步明确行政职能部门的分工，提高综合协调能力，完善网络空间知识产权立法、司法保护，加强网络空间知识产权保护国际合作。第二，建设完善联动平台风险预警机制。为保护企业的正当权益，帮助企业海外知识产权维权，建设和完善平台风险预警机制。依托联动平台，建立知识产权贸易国际争端预警与解决机制，增强国际话语权，在关键领域、核心环节建立风险防控机制，积极妥善处理国际知识产权纠纷，在国内国际两个市场保障创新主体合法高效的技术交易行为。

（三）建设行业服务平台提供组织保障

构建全链条的行业服务平台，提供特定技术交易领域的专业援助，使国内国际市场的技术交易保障更具针对性和高效性。知识产权服务涉及产业发展、创新创业全过程，内容多，业务复杂，很多企业，特别是中小企业没有能力完全依靠自身的部门人员处理好知识产权业务。通过知识产权行业服务平台，企业可以根据自身的需求，选择全流程的服务，包括知识产权的创造、运用、转化、许可及保护等，还可以根据自身优势提供相关服务，或与其他组织开展多样化的知识产权服务协同。基于行业提供技术交易专业援助，是对中小企业在国内国际两个市场推进知识产权贸易发展的有力保障。

第三节　高水平开放政策体系

一、构建企业创新生态系统建立内外联动知识产权运营网络

2021 年 5 月，习近平总书记在两院院士大会上提出：要构建开放创新生态，参与全球科技治理。2022 年 10 月，习近平总书记在党的二十大报告

中再次强调，加强国际化科技环境建设，形成具有全球竞争力的开放创新生态。可见，构建创新生态体系，尤其是开放的创新生态体系的重要意义。通过企业创新生态系统可搭建起企业内外联动的知识产权运营网络，降低知识产权贸易风险，实现高水平开放的双循环联动新格局。

（一）打造国际创新体系提高创造能力

企业一直是科技创新的主体，也是市场经济活动的主体。在对外开放、走向国际市场的同时，加强与国际市场的合作，特别是要融入有关产业的全球创新体系中，加入开放型产业创新生态中。特别是头部企业，有资源、有能力率先进入国际市场，瞄准产业前沿，开展科技创新合作，打造协同创新平台，深化产业内、区域间的国际合作。

鼓励科研院所与国内外知名企业合作，建立联合研究机构、平台等，融入开放的全球产业创新生态中。推动行业联盟深化与国内外知名企业合作，重点引导产学研各界主体对接国际资源，开展多方位合作。支持企业科技创新"走出去"，加强前沿科技成果、科技产品的交流互鉴，拓展国际市场科技合作广度。

（二）构建国际市场体系激发运营活力

顺应科技发展和国际贸易扩大趋势，加快培育壮大知识产权国际贸易市场。鼓励国内知名知识产权运营服务机构搭建平台，协同行业龙头共同推动国际间知识产权交易市场体系培育，建立具有国际通用性的新型知识产权价值评价体系。鼓励国际机构设立分支服务机构，加快推进与我国知识产权合作交流机制、畅通合作渠道、拓宽国际间知识产权合作。面对知识产权的国际纠纷，强化司法、行政的协同，特别是新兴产业、新兴领域，需要加强与国际社会的合作，形成多方共治的国际知识产权保护体系。

（三）规范运营机构强化贸易运营体系

对标国际知名知识产权运营机构，重点培育一批具有"国际基因"的知识产权综合运营平台。建立健全知识产权公共服务线上服务平台，重点面向企业主体提供高效、便捷、专业地综合性服务，包括但不限于检索分析、专利申请、企业服务、法律援助、交易运营、教育培训、政策法规等。探索推动我国知识产权保护中心与美国、德国、法国、英国、日本、芬兰等互设知识产权问询点，面向重点领域优化国际间知识产权跨境服务。多元化解决知识产权纠纷，夯实知识产权法院和知识产权巡回法院保护知识产权主导作用，探索知识产权行政调解协议的司法确认。开展知识产权数字化服务，支持知识产权服务机构利用区块链等数字技术提供知识产权存证、监测、取证等服务。

（四）构建服务网络加强跨境电商保护

加快制定电商知识产权保护指南，构建以保护跨境电商为主旨的应急处置和风险防范体系；设置专项培育教育项目，重点为中小微型电子商户提供教育、引导和服务；督促行业协会发挥中介平台作用，必要时启动集体应诉预案、维护电子商户利益；加强对国内跨境电商有关企业和组织的知识产权方面的管理和培训，引导其了解和熟悉国际知识产权法律法规，提升其知识产权保护意识和能力。形成与国际有关机构的司法、行政有效合作，切实维护我国企业的合法知识产权权益。

（五）组织外部交流合作借鉴先进经验

现今的世界已经是一个信息共享、资源流动的世界，知识产权本身是一种国际化的制度，知识产权服务体系建设必须要与国际相衔接。对接国际主要的知识产权组织，熟悉主要贸易国的知识产权法律法规，围绕知识产权的创造、运用、许可、投融资、服务、保护等方面，深入沟通交流，了解不同的做法，争取国际知识产权领域的话语权；开展信息交流沟通，包括知识产权文化传播、人员培训、知识产权管理与服务等。

二、构建知识产权风险系统管理机制突破知识产权贸易壁垒

在全球贸易壁垒高筑的严峻现实面前，构建知识产权风险系统管理机制

是有效防控风险，化风险为机遇，变被动为主动，突破壁垒，更深层次融入国际市场的必要举措。

（一）深化体制机制改革增强风险防控能力

推进与创新相关的体制机制改革，提供更系统的创新制度保障，提升创新主体与产业主体的知识产权风险防控能力。推动科研院所深化体制机制改革，健全第三方科技创新和技术开发供给体系，以市场需求为导向、企业主体为核心搭建知识产权和技术创新撮合平台。推动大中型企业发挥统筹协调能力和技术前瞻优势，探索"企业＋外围式"的研发订单分包机制，实现技术领域专业化分工、激发第三方市场活力，隔离潜在风险，最大化提高技术转化价值。设立专项财政支持基金，支持第三方机构承接中小微企业需求和市场化交易撮合，不断深化技术攻关的"揭榜挂帅"机制和"政产学研金"多方协作机制，减少中小微企业研发投入风险。

（二）优化综合布局深化知识产权国际合作

加快打通知识产权全链条，以更大的支持力度加强知识产权保护国际合作，推动我国知识产权创新发展、市场交易、成果等全面对接国际市场、融入国际大循环，推动知识产权制度建设。学习和对接国际知识产权有关法律法规和常规做法，健全知识产权国内治理体系和保障体系；优先推动"一带一路"国际知识产权合作，形成中国特色知识产权发展经验。支持本国企业与国际企业、知名大学和科研院所等加强合作创新，探讨国际技术转让合作新模式、新机制和新渠道，共同营造更具创新活力、发展动力的国际知识产权市场体系。

（三）强化系统维权降低知识产权贸易风险

完善知识产权的维权援助体系，建立包括仲裁、调解、鉴定等服务内容的立体维权体系，聚焦国际知识产权贸易领域加强法律法规及制度建设。特别是建立知识产权信用体系，监管机制和服务平台。对跨境电商等涉及国际知识产权保护的领域，建立特别的海外援助机构和机制，针对性开展指导，搭建平台，集中有效提高国际援助的能力和效率。优先为广大中小科技型企业提供知识产权维权支持。完善知识产权授权审查及授权后的确权制度及快速维权机制，遏制恶意诉讼和非法侵权行为。加大企业知识产权保护教育力度，不断提高企业自身知识产权保护和维权意识。

三、完善知识产权立体保护体系提升知识产权贸易保护力度

知识产权保护为知识产权贸易保驾护航，在国际知识产权贸易摩擦不断增加，贸易环境日趋复杂的环境下，完善知识产权的保护体系尤为重要。

（一）提升行政执法体系权威性高效性

提高行政执法的质量和效率可以提升知识产权贸易保护强度，这就需要全面贯彻新发展理念，进一步完善知识产权行政执法体系，完善知识产权保护相关法律法规。根据时代变化趋势和知识产权贸易法律法规面临的新问题，适时进行制度创新，加快人工智能、大数据、工业互联网、物联网、云计算等新技术、新产业等领域知识产权立法执法护法。

完善行政保护体系。科学配置知识产权相关行政部门的调查权、处罚权、强制权，提高知识产权行政执法的专业化水平。统一全国知识产权执法标准，提高全国行政执法的高效性。统筹区域知识产权部门联合行政执法，并与国际相关机构进行执法合作。实时对知识产权行政执法人员进行培训，提升其法律素养和业务能力。利用现代化技术手段建设数字化、智能化行政执法监管平台，及时公开执法信息，实现行政执法与刑事司法充分衔接，推进行政执法体系的高效运行。

强化知识产权民事、刑事、行政案件"三审合一"机制。成立知识产权法官人才培养基地，加强知识产权法官、技术调查官等高层次人才的专业化、智能化、职业化和国际化建设。以智能化诉讼平台实现高效远程审判，提高行政执法的高效性。

（二）　梳理高危风险案例实施护航工程

扎实做好高危风险防范化解工作，切实守好底线，着力从源头上防范、化解高危风险，最大限度减少不稳定因素。梳理各行业知识产权高危风险案例，形成各行业知识产权问题白皮书，为知识产权贸易保驾护航。比如拟上市的企业在 IPO 问询阶段，几乎所有申报企业都会收到关于企业核心技术、技术路线迭代风险、技术研发能力、专利纠纷等知识产权问题问询，梳理高危风险案例库，根据历史问询数据分析监管层对知识产权问题的常规审核关注方向、关注重点，并对经典知识产权风险案例剖析复盘，知识产权法律风险进行提示，以案释法。

（三）　强化重点领域海外知识产权保护

针对重点产业、重点发展行业及重点和典型企业，围绕常见的知识产权维权领域，建立海外知识产权法律法规库和知识产权纠纷应对案例库，编制《海外知识产权维权援助与海外纠纷应对指南》，成立海外知识产权纠纷援助专家库，设立企业知识产权纠纷维权互助基金，海外维权服务绿色通道，降低企业应对纠纷的成本。海外知识产权保护促进会通过微信公众号、官网等服务平台实时发布海外知识产权政策、纠纷资讯、纠纷进展等内容；针对外向型企业开展专题合规培训和风险排查，推动形成海外纠纷应对服务网络。

（四）　构建代理监管体系实现全域监管

构建政府、社会、行业、机构"四位一体"的监管体系，提升知识产权服务供给质量。以政府监管为主导，积极推动知识产权代理法律法规章制度的改革与完善。创新监管方式，重点监管严重破坏市场公平竞争秩序，造成社会恶劣影响的违法行为，加大案件查处和整治力度，加强对平台型知识产权机构监管，充分运用人工智能、互联网等现代技术手段，加强政府对知识产权审查、行政机构执法、司法等行动的大数据监测监管。

以行业自律为引领，大力推进地方行业组织建设，多维发力，引导行业协会自律管理，积极主动配合政府相关部门监管。强化行业诚信体系建设，定期开展行业信用自查和互查活动，以同业相互监督保护知识产权贸易良好环境。

以社会监督为保障，完善监管举报投诉规则，充分发挥网络平台作用，畅通举报投诉信访渠道。加快推进知识产权代理机构、从业人员信用体系建设，以知识产权信用评价结果为依据，构建知识产权代理行业分级分类评价管理机制，及时将评价结果在相关平台上公开，加强社会公众监督管理。

以机构自管为重点，建立全面特别是在国家关键环节重点监管的事项上自检自查自纠长效机制、内控合规报告制度，机构积极推进合法合规信用承诺工作。分层次分类型制定知识产权基础标准、产品与服务标准，商品质量标准、鉴定标准等，提高机构服务质量和服务水平。

（五）建立预警平台完善风险防范机制

为应对知识产权纠纷和摩擦，保护企业国内外知识产权正当权益，帮助企业维权、专利预警、知识产权纠纷解决，开展国内外交流与合作。建立集海外知识产权预警信息、风险预警服务、专业指导、纠纷处理、通知公告于一体的知识产权风险预警和应急平台，对海外国际形势和发展趋势进行深入研究，为国内企业提供知识产权全程服务，提升企业涉外风险预警意识，提前规划，有效跨越知识产权壁垒。

四、连贯知识产权国际标准以助推国内国际市场循环促进

作为全球有重大政治影响力的发展中大国，我国相关部门机构应当积极调整法律规则，深化国际合作，在国际知识产权保护规则的调整和完善中发挥作用，积极主动地推动知识产权国际规则沿着正确方向发展和调整，在国际规则变革中最大可能地维护我国国家利益，助推国内国际市场循环促进。

（一）调整法律规则加快接轨国际标准

首先，调整和完善相关法律。参考《民法典》建制，适应国情修订《专利法》《商标法》《著作权法》等内容，制订统一的知识产权法典，包

括原则性规则和具体规则，以适应国内国际知识产权领域出现的新问题。完善《数据安全法》对于数据属性及权益归属、政务以外的数据安全与开放、侵犯数据权益司法赔偿标准等相关规定，依据数据资源演进现状，制订颁布配套的行政法规、司法解释予以弥补缺漏。其次，完善制度规则体系。在全国各地大、中城市多设置一些独立的知识产权法院，在较小城市设置知识产权法庭，为知识产权维权提供更便利和专业的审判。根据案情不同的情况，改进审理的程序和形式，实现性质不同、复杂程度不一的案件轻重分离、快慢分道，构建一套与国际接轨的知识产权司法审理体系。统筹国内法治和涉外法治，做好国内相关改革，为加入《全面与进步跨太平洋伙伴关系协定》（CPTPP）创造合适条件。

（二）参与国际规则制定维护创新利益

秉持更加公平、公正、合理、开放、包容、合作共赢等发展理念，大力推进全球知识产权治理体系的改革创新。积极倡导修订更加公平合理、更能体现发展中国家权益的弹性条款。利用 TRIPS 协议中的弹性条款，在与发达国家及在发达国家参与的双边和多边对外谈判中，为发展中国家争取更大的政策空间和收益空间。

以上海合作组织等由我国倡导创立的国际合作组织为支点，构建双边、多边等多种国际合作形式的知识产权保护法律体系和规则，不断加强知识产权贸易国际合作体系建设。

加快牵头构建“一带一路”国际知识产权规则体系。积极探索在沿线国家和地区发展中，可能被发达国家忽视的知识产权领域或新型领域，牵头构建国际知识产权规则，不断输出知识产权公共产品。

鼓励知识产权较多的企业加盟国际知识产权平台建设、规则制定等事项中。鼓励企业持续关注区块链、元宇宙在发达国家和其他发展中国家的发展态势，加深技术领域的交流和合作，探索并制订符合共同利益的知识产权国际规则。

（三）细化反垄断法举证加强垄断监管

细化知识产权贸易领域反垄断法举证的具体内容。深入了解专利许可特征、用途、价格等，科学地界定企业一定时期内知识产权的商品范围和地域范围。评估企业在相关国际市场内是否具备能够控制相关知识产权交易的条件、是否具备能够阻碍或影响竞争对手进入市场能力。界定企业是否存在不公平交易行为、是否存在没有正当理由拒绝与交易对方进行的交易行为、是否存在在交易时附加或被附加其他不合理的交易条件等行为。对知识产权领域反垄断法具体内容进行政策解读，并逐步形成具体典型案例库，即对相关企业垄断行为的警示，也为遭受被垄断行为侵犯权益的企业提供诉讼指南。

（四）开展国际合作保障我国企业利益

持续推动"一带一路"知识产权合作。加强与美、日、韩、欧盟等发达国家和地区的在知识产权战略、知识产权国际标准和规则制定与实施等方面的交流与合作。强化与非洲和拉美地区的知识产权交流。加强国际技术与知识产权转移转化、海外风险防范、知识产权预警、知识产权仲裁等方面与非洲和拉美地区的交流，增强知识产权领域的国际话语权。

积极拓宽数字经济、绿色环保、低碳技术等领域的国际合作研究与交流。积极参与境外培训、依托国际展会，与其他国家共同打击知识产权侵权行为，共同维护企业合法权益。

（五）实施优惠政策促进贸易良性发展

为鼓励我国知识产权贸易的发展，可实施一系列的知识产权贸易优惠政策，包括财政性补贴，如：中央和地方政府的税收补贴针对特定行业知识产权贸易进行补贴；根据企业知识产权贸易额针对特定企业进行出口退税等；简化企业的通关手续，直接结汇；完善知识产权的价值评估，鼓励有关主体开展知识产权质押，通过贴息或者补助方式对知识产权质押融资项目进行支持，为知识产权贸易的企业提供金融支持等。

参考文献

［1］白俊红，王钺，蒋伏心等．研发要素流动、空间知识溢出与经济增长［J］．经济研究，2017，52（7）：109－123．

［2］曹璋，李伟，陈一超．知识产权保护、知识产权贸易壁垒和中美贸易三者关系研究——基于向量自回归与格兰杰因果关系检验［J］．宏观经济研究，2020，255（2）：92－101．

［3］陈昌兵．我国技术创新要素最优化配置的新型举国体制研究［J］．社会科学辑刊，2023，264（1）：132－140．

［4］陈昌兵．中国"双循环"的测度及其新发展格局模式——基于全球投入产出（ICIO）表调整缩并的分析［J］．北京工业大学学报（社会科学版），2022，22（5）：123－141．

［5］陈初昇，王玉敏，衣长军．海外华侨华人网络、组织学习与企业对外直接投资逆向技术创新效应［J］．国际贸易问题，2020（4）：156－174．

［6］陈丰龙，王美昌，徐康宁．中国区域经济协调发展的演变特征：空间收敛的视角［J］．财贸经济，2018，39（7）：128－143．

［7］陈普，傅元海．全球价值链视角下经济内循环测度与应用［J］．统计研究，2022，39（11）：19－31．

［8］陈强．高级计量经济学及Stata应用［M］．北京：高等教育出版社，2014．

［9］陈全润，许健，夏炎等．国内国际双循环的测度方法及我国双循环格局演变趋势分析［J］．中国管理科学，2022，30（1）：12－19．

［10］崔艳新．中美知识产权服务贸易发展战略研究［J］．国际贸易，

2019（4）：68－77.

　　[11] 代中强. 我国知识产权贸易竞争力分析及发展对策 [J]. 国际贸易问题，2007（8）：73－77.

　　[12] 戴翔，宋婕. 中国 OFDI 的全球价值链构建效应及其空间外溢 [J]. 财经研究，2020，46（5）：125－139.

　　[13] 戴翔，王如雪，谈东华. 畅通国内大循环对重塑竞争新优势的影响研究——基于长三角地区的经验分析 [J]. 世界经济与政治论坛，2021（6）：28－54.

　　[14] 丁晓强，张少军. 中国经济双循环的测度与分析 [J]. 经济学家，2022（2）：74－85.

　　[15] 董庆前，柳源，李治宇. "双循环" 视域下国内居民新消费趋势及引导政策研究 [J]. 重庆社会科学，2022，327（2）：56－66.

　　[16] 段德忠，谌颖，杜德斌. "一带一路" 技术贸易格局演化研究 [J]. 地理科学进展，2019a，38（7）：998－1008.

　　[17] 段德忠，杜德斌，谌颖. 知识产权贸易下的全球地缘科技格局及其演化 [J]. 地理研究，2019b，38（9）：2115－2128.

　　[18] 冯志刚，张志强，刘昊. 国际技术贸易格局演化规律研究——基于知识产权使用费数据分析视角 [J]. 情报学报，2022，41（1）：38－49.

　　[19] 葛扬，尹紫翔. 我国构建 "双循环" 新发展格局的理论分析 [J]. 经济问题，2021（4）：1－6.

　　[20] 顾晓燕，刘丽. 知识产权贸易对中国高新技术产业技术创新的影响 [J]. 经济问题探索，2014（12）：50－54.

　　[21] 顾晓燕，史新和，刘厚俊. 知识产权出口贸易与经济增长—基于创新溢出和要素配置的研究视角 [J]. 国际贸易问题，2018（3）：125－136.

　　[22] 顾晓燕，陶静. 知识产权贸易对 "双循环" 有效联动的促进作用——基于跨国数据的经验证据 [J]. 江海学刊，2023（3）：96－101.

　　[23] 顾晓燕，田家林. 知识产权贸易对创新驱动战略实施的影响机制 [J]. 现代经济探讨，2014，394（10）：23－26.

　　[24] 顾晓燕，薛平平. 知识产权贸易、消费升级与 "双循环" 有效联

动 [J]. 东岳论丛, 2023, 44 (10): 154 - 160.

[25] 顾晓燕, 薛平平, 朱玮玮. 知识产权保护的技术创新效应: 量变抑或质变 [J]. 中国科技论坛, 2021, 306 (10): 31 - 39.

[26] 顾晓燕, 朱玮玮, 符斌. 空间视角下知识产权保护、技术创新与产业结构升级 [J]. 经济问题, 2020, 495 (11): 68 - 75.

[27] 顾晓燕, 朱玮玮. 新发展格局下知识产权贸易对经济高质量发展的影响 [J]. 经济问题, 2022 (10): 39 - 47.

[28] 顾晓燕, 朱玮玮, 薛平平. 知识产权贸易对 "双循环" 有效联动的影响及动力机制研究 [J]. 经济问题, 2023 (6): 1 - 8.

[29] 郭强, 张明, 肖尧. 拜登政府财政政策评析 [J]. 经济学家, 2021 (11): 119 - 128.

[30] 何郁冰, 伍静. 企业生态位对跨组织技术协同创新的影响研究 [J]. 科学学研究, 2020 (6): 1108 - 1120.

[31] 侯贵生, 宋文轩, 杨磊. 创新节奏与创新速度、创新质量对企业绩效的影响——基于时间视角的研究 [J]. 软科学, 2021 (1): 89 - 94.

[32] 胡曙虹, 杜德斌, 范蓓蕾. 中国企业 R&D 国际化: 时空格局与区位选择影响因素 [J]. 地理研究, 2019, 38 (7): 1733 - 1748.

[33] 黄群慧, 倪红福. 中国经济国内国际双循环的测度分析——兼论新发展格局的本质特征 [J]. 管理世界, 2021, 37 (12): 40 - 58.

[34] 黄仁全, 李村璞. 中国经济国内国际双循环的测度及增长动力研究 [J]. 数量经济技术经济研究, 2022, 39 (8): 80 - 99.

[35] 黄晓寅, 张效莉. 我国省际消费升级溢出效应测度及其对策研究 [J]. 商业经济研究, 2022 (18): 41 - 45.

[36] 黄一松. 政治关联程度、政治关联成本与企业税收优惠关系 [J]. 江西社会科学, 2018, 38 (2): 50 - 59.

[37] 纪玉俊, 李超. 创新驱动与产业升级——基于我国省际面板数据的空间计量检验 [J]. 科学学研究, 2015, 33 (11): 1651 - 1659.

[38] 江小涓, 孟丽君. 内循环为主、外循环赋能与更高水平双循环——国际经验与中国实践 [J]. 管理世界, 2021, 37 (1): 1 - 19.

[39] 焦方义，张东超．新型城镇化构建"双循环"新发展格局的机制与路径［J］．新疆大学学报（哲学·人文社会科学版），2021，49（4）：1-7.

[40] 焦敬娟，王姣娥，程珂．中国区域创新能力空间演化及其空间溢出效应［J］．经济地理，2017，37（9）：11-18.

[41] 靳玉英，王琦凯，王开．美国产业补贴对中国非出口企业生产率的影响［J］．经济管理，2022，44（6）：5-23.

[42] 黎峰．国内国际双循环：理论框架与中国实践［J］．财经研究，2021，47（4）：4-18.

[43] 黎峰．双循环联动的大国特质与一般规律：贸易视角的考察［J］．世界经济研究，2022（5）：102-116+137.

[44] 李国平，王春杨．我国省域创新产出的空间特征和时空演化——基于探索性空间数据分析的实证［J］．地理研究，2012，31（1）：95-106.

[45] 李浩．我国知识产权贸易存在的问题及对策［J］．国际贸易问题，2005（11）：118-122.

[46] 李惠．中间品替代弹性、生产国内循环与中国国际分工地位［J］．上海对外经贸大学学报，2022，29（5）：38-51.

[47] 李建明，罗能生．高铁开通改善了城市空气污染水平吗？［J］．经济学（季刊），2020，19（4）：1335-1354.

[48] 李俊锋，李鲲鹏．透视内循环与外循环的变迁——基于外商投资视角的PVAR分析［J］．经济体制改革，2022（1）：127-134.

[49] 李珮璘，黄国群．我国跨国公司知识产权战略演进及影响因素分析——基于恒瑞和海正的案例研究［J］．情报杂志，2018，37（12）：56-64.

[50] 李昕，徐滇庆．中国外贸依存度和失衡度的重新估算——全球生产链中的增加值贸易［J］．中国社会科学，2013（1）：29-55+205.

[51] 刘斌，李川川，李秋静．新发展格局下消费结构升级与国内价值链循环：理论逻辑和经验事实［J］．财贸经济，2022，43（3）：5-18.

[52] 刘秀玲，陈燃，刘晓静．中国工业产品双循环的测度及时空演化

分析 [J]. 统计与决策, 2023, 39 (1): 97-102.

[53] 刘洋. 完善知识产权制度, 促进技术和数据要素市场化配置 [N]. 中国知识产权报, 2020-05-22 (8).

[54] 刘昱洋. 中国五大要素市场化配置的制约因素及完善策略 [J]. 区域经济评论, 2021, 54 (6): 32-39.

[55] 刘志彪, 凌永辉. 论新发展格局下重塑新的产业链 [J]. 经济纵横, 2021a (5): 40-47.

[56] 刘志彪, 凌永辉. 双循环新发展格局的研究视角、逻辑主线和总体框架 [J]. 浙江工商大学学报, 2021b (3): 83-93.

[57] 刘志彪. 重塑中国经济内外循环的新逻辑 [J]. 探索与争鸣, 2020 (7): 42-49.

[58] 陆江源, 相伟, 谷宇辰. "双循环" 理论综合及其在我国的应用实践 [J]. 财贸经济, 2022, 43 (2): 54-67.

[59] 吕健. 地方债务对经济增长的影响分析——基于流动性的视角 [J]. 中国工业经济, 2015, 332 (11): 16-31.

[60] 罗茜, 高蓉蓉, 曹丽娜. 高校科技成果转化效率测度分析与影响因素扎根研究——以江苏省为例 [J]. 科技进步与对策, 2018 (3): 12-28.

[61] 马艳, 王琳, 严金强. 习近平经济思想的逻辑架构及其学理研究 [J]. 上海经济研究, 2022 (9): 31-49.

[62] 毛中根, 谢迟, 叶胥. 新时代中国新消费: 理论内涵、发展特点与政策取向 [J]. 经济学家, 2020 (9): 64-74.

[63] 潘文卿. 中国区域经济发展: 基于空间溢出效应的分析 [J]. 世界经济, 2015, 38 (7): 120-142.

[64] 逄锦聚. 深化理解加快构建新发展格局 [J]. 经济学动态, 2020 (10): 3-11.

[65] 彭晓辉, 于潇. 对外开放与内生发展: 更高水平开放型经济与现代化经济体系协同联动研究 [J]. 河南社会科学, 2020, 28 (10): 92-103.

[66] 钱馨蕾. 国际知识产权贸易效应研究 [D]. 北京: 中国社会科学

院研究生院，2020.

[67] 任保平，苗新宇. 新经济背景下扩大新消费需求的路径与政策取向 [J]. 改革，2021，325（3）：14－25.

[68] 任保平，宋雪纯. 中国新经济发展的综合评价及其路径选择 [J]. 中南大学学报（社会科学版），2020，26（1）：13－21.

[69] 沈坤荣，赵倩. 以双循环新发展格局推动"十四五"时期经济高质量发展 [J]. 经济纵横，2020（10）：18－25.

[70] 宋大强，朱帆. 服务业具有本土市场效应吗——基于分位数面板模型的研究 [J]. 产业经济评论，2017（1）：60－72.

[71] 宋德勇，文泽宙. 双循环的贸易分工逻辑与经济效益 [J]. 经济学动态，2022（7）：51－69.

[72] 宋华，杨雨东. 中国产业链供应链现代化的内涵与发展路径探析 [J]. 中国人民大学学报，2022（1）：120－134.

[73] 宋林，张永旺. 贸易摩擦背景下我国发展知识产权贸易的对策研究 [J]. 国际贸易，2018（8）：60－66.

[74] 宋渊洋，王墨林，阎海峰. 中国地区知识产权保护强度测量的综述与展望 [J]. 研究与发展管理，2023，35（2）：173－186.

[75] 谭志雄，罗佳惠，韩经纬. 比较优势、要素流动与产业低端锁定突破：基于"双循环"新视角 [J]. 经济学家，2022（4）：45－57.

[76] 汪建新，杨晨. 促进国内国际双循环有效联动的模式、机制与路径 [J]. 经济学家，2021（8）：42－52.

[77] 王发明，朱美娟. 互联网平台企业主导的创新生态系统演化风险识别及规避 [J]. 中国科技论坛，2021（3）：75－83.

[78] 王黎莹，虞微佳，王佳敏，张迪，王雁. 影响知识产权密集型产业创新效率的因素差异分析 [J]. 科学学研究，2018（4）：662－672.

[79] 王欠欠，田野. 中国经济双循环的测度及增长结构分解 [J]. 经济学动态，2022（11）：58－74.

[80] 王晓东. 创新驱动背景下我国知识产权贸易发展路径分析 [J]. 特区经济，2019，369（10）：81－83.

［81］王一鸣. 百年大变局、高质量发展与构建新发展格局［J］. 管理世界，2020，36（12）：1-13.

［82］王颖，郤志雄. 世界知识产权国际贸易出口影响因素的实证研究——基于美国的面板数据［J］. 软科学，2021，35（1）：12-18.

［83］王振波. 国内案例研究方法的图景概况与审思评判［J］. 管理案例研究与评论，2022，15（3）：335-346.

［84］吴群锋，杨汝岱. 网络与贸易：一个扩展引力模型研究框架［J］. 经济研究，2019，54（2）：84-101.

［85］谢伟伟，邓宏兵，王楠. 地理邻近与技术邻近对区域创新的空间溢出效应研究［J］. 华东经济管理，2019，33（7）：61-67.

［86］谢小平，傅元海. 大国市场优势、消费结构升级与出口商品结构高级化［J］. 广东财经大学学报，2018，33（4）：27-37.

［87］薛秋童，封思贤. "双循环"新发展格局下数字金融对产业结构升级的影响［J］. 暨南学报（哲学社会科学版），2022，44（9）：82-105.

［88］闫东升，王玥，孙伟等. 区域经济增长驱动因素与空间溢出效应的对比研究［J］. 地理研究，2021，40（11）：3137-3153.

［89］严成樑. 新常态下中国经济增长动力分析［J］. 中国高校社会科学，2017（6）：44-51+154.

［90］杨盼盼，徐奇渊，张子旭. 中美经贸摩擦背景下越南的角色——中国对越南出口的分析视角［J］. 当代亚太，2022（4）：134-164+168.

［91］杨天宇，陈明玉. 消费升级对产业迈向中高端的带动作用：理论逻辑和经验证据［J］. 经济学家，2018（11）：48-54.

［92］杨震宁，侯一凡，李德辉，吴晨. 中国企业"双循环"中开放式创新网络的平衡效应——基于数字赋能与组织柔性的考察［J］. 管理世界，2021，37（11）：184-205+12.

［93］杨震宁，赵红，徐俪菁. 跨国技术战略联盟风险、合作障碍与稳定——跨案例研究［J］. 经济管理，2017（8）：60-71.

［94］姚东旻，宁静，韦诗言. 老龄化如何影响科技创新［J］. 世界经济，2017，40（4）：105-128.

［95］詹新宇，王蓉蓉．财政压力、支出结构与公共服务质量——基于中国 229 个地级市面板数据的实证分析［J］．改革，2022（2）：111－126.

［96］张二震，戴翔．"双循环"新发展格局引领经济高质量发展：理论逻辑与实现路径［J］．南京社会科学，2023（1）：51－59.

［97］张涛，李奥，冯冬发，侯宇恒．人流动向、规模与结构变迁能解释国内大循环吗？——基于网络搜索大数据的研究［J］．中国软科学，2021（9）：34－44.

［98］张曾莲，邓文悦扬．国家审计推动经济双循环发展的效应与路径研究［J］．审计与经济研究，2022，37（2）：13－23.

［99］赵文举，张曾莲．中国经济双循环耦合协调度分布动态、空间差异及收敛性研究［J］．数量经济技术经济研究，2022，39（2）：23－42.

［100］周小柯，李保明，时保国．RCEP 对东亚区域价值链重构及两岸经贸合作的影响［J］．亚太经济，2022（3）：143－152.

［101］周璇，陶长琪．创新要素集聚、制度质量与产业结构高端化［J］．数量经济研究，2021，12（4）：127－151.

［102］朱孟晓，田洪刚．双循环视角下国内价值链体系演进与升级战略选择［J］．东岳论丛，2022，43（5）：153－158＋192.

［103］朱卫平，陈林．产业升级的内涵与模式研究——以广东产业升级为例［J］．经济学家，2011（2）：60－66.

［104］Aghion P，Howitt P. A Model of Growth through Creative Destruction ［J］. *Econometrica*，1992（60）：323－351.

［105］Arrow K J. The Economic Implications of Learning By Doing ［J］. *The Review of Economic Studies*，1962，29（3）：155－173.

［106］Barro R J，Sala-I-Martin X. Technological Diffusion，Convergence，and Growth ［J］. *Journal of Economic Growth*，1997（2）：1－26.

［107］Branstetter L，Glennon B，Jensen J. Knowledge Transfer Abroad：The Role of US Inventors within Global R&D Networks ［R］. NBER Working Paper，2018，No. 24453.

［108］Clarida R H，Findlay R. Government，Trade，and Comparative Advantage [J]. *The American Economic Review*, 1992, 82 (2): 122 –127.

[109] Dixit A. K, Norman V. D. *Theory of International Trade* [M]. Cambridge University Press, 1980

[110] Dollar D. Technological Innovation, Capital Mobility, and the Product Cycle in North – South Trade [J]. *The American Economic Review*, 1986, 76 (1): 177 –190.

[111] Dollar D, Wolff E N, Wolff E N. *Competitiveness, Convergence, and International Specialization* [M]. MIT Press, 1993.

[112] Fisher E. O. N, Kakkar V. On the Evolution of Comparative Advantage in Matching Models [J]. *Journal of International Economics*, 2004, 64 (1): 169 –193.

[113] Glaser B. G, Strauss A L. *The Discovery of Grounded Theory, Stragies for Qualitative Research* [M]. Chicago: Aldine, 1967.

[114] Grossman G. M., Helpman E. *Innovation and Growth in the Global Economy* [M]. Cambridge, Mass: MIT Press, 1991.

[115] Grossman G. M., Helpman E. Quality Ladders and Product Cycles [J]. *Quarterly Journal of Economics*, 1991, (106): 557 –586.

[116] Grossman G. M, Helpman E. Trade, Knowledge Spillovers, and Growth [J]. *European Economic Review*, 1991, 35 (2 –3): 517 –526.

[117] Grossman G. M, Maggi G. Diversity and Trade [J]. *The American Economic Review*, 2000, 90 (5): l255 –1275.

[118] Hansen B. E. Sample Spliting and Threshold Estimation [J]. Econometrica, 2000, 3 (3): 575 –603.

[119] Helpman E. Innovation, Imitation and Intellectual Property Rights [J]. *Econometrica*, 1993, 61 (6): 1247 –1280.

[120] Helpman E, Krugman P. *Market Structure and Foreign Trade: Increasing Returns, Imperfect Competition, and the International Economy* [M]. MIT Press, 1987.

[121] Jun K. Technology Spillovers, Agglomeration, and Regional Eco-

nomic Development [J]. *Journal of Planning Literature Incorporating the Bibliographies*, 2005, 20 (2): 99 – 115.

[122] Koopman R, Wang Z, Wei S J. Tracing Value – Added and Double Counting in Gross Exports [J]. *American Economic Review*, 2014, 104 (2): 459 – 494.

[123] Krugman P. Scale Economies, Product Differentiation, and The Pattern of Trade [J]. *The American Economic Review*, 1980, 70 (5): 950 – 959.

[124] Leontief W. Input – Output Economics [M]. Oxford University Press, 1966.

[125] Li Y, Rizzo J. Timing and Payoff of Patent Purchases: the Role of Firm Size and Composition [J]. *Applied Economics*, 2020 (6): 5894 – 5908.

[126] Martin P, Ottaviano G. Growth and Agglomeration [J]. *International Economic Review*, 2001, 42 (4): 947 – 968.

[127] McAvoy S, Grant T, Smith C, et al. Combining Life Cycle Assessment and System Dynamics to Improve Impact Assessment: A Systematic Review [J]. *Journal of Cleaner Production*, 2021, 315: 128060.

[128] Melitz M J. The Impact of Trade on Intra – Industry Reallocations and Aggregate Industry Productivity [J]. *Econometrica*, 2003, 71 (6): 1695 – 1725.

[129] Melo P C, Graham D J, Levinson D, et al. Agglomeration, Accessibility and Productivity: Evidence for Large Metropolitan Areas in the US [J]. *Urban Studies*, 2017, 54 (1): 179 – 195.

[130] Nordhaus W D. *Invention, Growth and Welfare: A Theoretical Treatment Of Technological Change* [M]. Cambridge, MA: MIT Press, 1969.

[131] Oh D, Phillips F, Park S, et al. Innovation Ecosystems: A Critical Examination [J]. *Technovation*, 2016, 54 (8): 1 – 6.

[132] Robinson P M. Root – N – Consistent Semiparametric Regression [J]. *Econometrica*, 1988, 56 (4): 931 – 954.

[133] Romer P M. Endogenous Technological Change [J]. *Journal of Polit-*

ical Economy, 1990, (98): 71 – 102.

[134] Sachs J, Yang X, Zhang D. Globalization, Dual Economy, And Economic Development [J]. *China Economic Review*, 2000 (2): 189 – 209.

[135] Scherer, F M. Nordaus' Theory of Optimal Patent Life: a Geometric Reinterpretation [J]. *American Economic Review*, 1972, 62 (3): 422 – 427.

[136] Tian K, Dietzenbacher E, Jong – A – Pin R. Measuring Industrial Upgrading: Applying Factor Analysis in a Global Value Chain Framework [J]. *Economic Systems Research*, 2019, 31 (4): 642 – 664.

[137] Wang Z, et al. Measures of Participation in Global Value Chains And Global Business Cycles [J]. *NBER Working Papers*, 2017, No. 23222.

[138] Wang Z, Wei SJ, Yu X, Zhu K. Characterizing Global Value Chains: Production Length and Upstreamness [Z]. NBER Working Paper, 2017.

[139] Yang X, Borland J. A Microeconomic Mechanism for Economic Growth [J]. *Journal of Political Economy*, 1991, 99 (3): 460 – 482.

[140] Yang X, Zhang D. Economic Development, International Trade, and Income Distribution [J]. *Journal of Economics*, 2003, 78 (2): 163 – 190.